신자유주의와 상생의 불교경제학

프라즈냐 총서
57

신자유주의와
상생의 불교경제학

| 불평등과 기후위기 극복을 위한 불교적 탐색 |

김광수 저

운주사

몸이 쾌활하니 한 조각 구름이요
마음이 맑고 한가하니 밝은 달이네.
한 덩이 밥과 한 벌의 누더기로
산새처럼 온갖 산을 날아다니네.

머리말

오래전 학위논문 준비를 할 때, 불교에서의 경제문제를 논하자면 우선 '왜 경제인가, 왜 사회인가'를 먼저 이야기해야만 한다고 생각했다. 왜냐하면 당시까지, 그리고 지금도 불교는 사회와는 유리된 종교, 혹은 개인 수도에 전념하는 종교로 알려져 있기 때문이다.

선불교에서는 사회에 대한 관심과 참여를 금기시한다. 물론 그것은 잘못된 생각이다. 그러나 불교를 공부할수록 불교야말로 사회문제와 경제문제에 관심을 가지고 적극적으로 참여해야 한다고 생각하게 되었고, 부처님께서도 그것을 너무도 간절히 강조하고 계시다는 것을 수많은 경전을 통해서 알게 되었다.

그래서 논문을 작성할 때는 그러한 이론적 근거를 밝히고자 했다. 즉 전반부를 불교의 이타사상과 보살사상으로 하고, 후반부를 불교의 경제사상으로 작성하고자 계획했었다. 그러나 그러다 보니 분량이 너무 많아졌고, 전반부인 보살사상은 따로 글을 준비하기로 했다. 실상 이 부분은 다른 책으로 나와 있기도 하고, 한 책으로 이 모두를 전부 다루기에는 너무 방대한 주제이기도 하다.

이 글의 전반부에서는 자본주의 시장경제의 폐해를 다루었다. 주지하다시피 현대사회에서 시장경제, 그리고 신자유주의의 폐해는 지나치게 커져서 이제는 지구멸망, 인류파멸의 지경까지 위협하게 되었다. 이는 너무 크고 심각한 문제이기에 누구나가 느끼고 있고, 또한 수없이 다루어진 문제이다. 그래도 제1장에서는 일단 이 문제를 내 나름대로 정리해 보았다. 무엇보다도 지구 파괴, 심성 파괴를 초래하는 것은 자본의 무한대적인 이윤추구와 그로 인한 과잉생산, 과잉소비, 그리고 그에 따른 무한경쟁과 실업문제이다.

제2장에서는 이러한 문제를 불교경제의 시각에서 고민한 여러 현인들의 사상을 모아보았다.

제3장에서는 좀 더 깊이 들어가서 인간의 심성문제를 다루었는데, 결국 과잉생산, 과잉소비를 가능케 하는 원인은 인간의 소유욕, 소비욕에 있으며, 그것을 잘 다스리지 않는 한 시장자본주의의 문제는 인간이 스스로 해결하기 어렵다는 것을 밝히고자 하였다. 그것을 심리적 차원에서 좀 더 깊이 밝혀 보고자 한 것이다.

제4장은 바람직한 대안을 여러 각도에서 논구해 본 것이다. 즉 경제문제는 사회집단의 문제이지만 그 해결은 사회 제도적인 방법과 개인의 자발적 가난(소욕지족)이라는 양 날개로 해결되어야 한다는 것을 구체적으로 밝혔다. 고삐 풀린 시장경제의 폐해는 역시 제도적 방법으로 해결되어야 하지만, 개인의 사익 추구가 스스로 제어되고 자발적 가난(소욕지족)이 전제되지 않는다면 결국 불가능하다는 점을 역설하였다.

제5장에서는 소욕지족을 위한 구체적인 수행법으로서 수행 공동체 운동을 제안하고, 기존 사례들을 모아 보았다.

장을 구분하자면, 1, 2장은 이론 부분이고, 3, 4, 5장은 실천 부분이다. 혹은 1, 2장은 사회적 측면이고, 3, 4, 5장은 개인 수행적 측면이다.

　　박경준 교수님은 동국대학교에서 오랫동안 불교경제학을 지도하면서 우리나라 불교경제학을 개척해 오셨다. 응용불교학이 척박한 우리나라 풍토에서 박경준 교수님이 계셨기에 그나마라도 불교경제학이 인정을 받고 자리를 유지해 오고 있다. 불교경제학에 관한 여러 가지 지견과 가르침을 인도해 주신 교수님께 감사드린다. 그리고 학위 과정에서 많은 도움을 주신 한양대학교 이도흠 교수님께도 감사드린다.

　　잊을 만하면 스님들의 비리가 방송을 타고, 불교가 시민들로부터 신뢰를 잃어 가고 있다. 불교가 중생을 걱정하는 것이 아니라, 시민들이 불교를 걱정하고 있다. 자본의 논리가 시나브로 청정 산문山門까지 침투하여 불교의 세속화를 부추기고 이를 무비판적으로 추종한 결과이다. 불교를 다시 일으켜 세우는 것도, 불교의 가르침으로 자본의 폭주를 막아야 하는 것도 우리가 해야 할 일이다. 지금 이 순간에도 중생들의 이고득락離苦得樂을 위해 정진하고 있는 수많은 수행자들, 그리고 정법 실현을 위해 헌신하고 있는 수많은 불교시민운동가들에게 감사드린다.

2023년 계묘년. 원통 김광수

머리말 • 5

제1장 시장자본주의의 문제점 15

1. 원리의 오류 • 17
    1) 이기심에 의한 시장 질서 • 18
    2) 자유시장이라는 오류 • 20
    3) 화폐의 자산축적적 기능 • 22
    4) 이윤율 저하 현상 • 23
    5) GNP라는 가정 • 25
    6) 부도덕한 경제학 • 27
2. 시장경제의 불공정성 • 29
    1) 조건의 불공정성 • 29
    2) 가격의 불공정성 • 31
    3) 독점의 불공정성 • 33
    4) 소유관계의 불공정성 • 34
    5) 통제불능의 자본 • 37
3. 경쟁과 성과주의 • 40
    1) 경쟁 기반 체제 • 40
    2) 수단과 목적의 전도 • 43
    3) 시간과 성과주의 • 45
    4) 시장을 위한 교육 • 46
4. 돈이 지배하는 사회 • 50
    1) 경제에의 종속 • 50
    2) 사회의 경제화 • 52
    3) 생산과잉 • 54

4) 구매욕구 • 56

5. 노동 강요와 대중 빈곤 • 58

　1) 노동의 강요 • 58

　2) 가족 해체와 고향 상실 • 59

　3) 상대적 빈곤화 • 61

　4) 착각된 풍요 • 63

　5) 부의 편중과 불평등 • 64

6. 과잉소비와 소비창출 • 68

　1) 욕구창출 • 68

　2) 소비의 신화 • 69

　3) 무소유의 사회 • 72

　4) 풍요의 허상 • 73

7. 자연 파괴와 인간 파괴 • 76

　1) 자연 파괴 • 76

　2) 과학기술의 진보 • 78

　3) 인간 파괴 • 81

　4) 고독한 군중 • 84

8. 세계화에 의한 신식민지배 • 85

　1) 세계화의 본질 • 85

　2) 국제통화기금(IMF) • 92

　3) 세계무역기구(WTO) • 93

제2장 대안으로서의 불교경제사상들 99

1. 슈마허의 불교경제 • 99

　1) 생산과잉과 자연 파괴 • 99

　2) 탐욕에 의한 경제 • 100

　　3) 노동으로부터의 소외 • 102

　　4) 작은 규모의 경제 • 103

2. 기계화와 개발주의 – 간디 • 106

　　1) 개발주의와 식민주의 • 106

　　2) 기계화에 따른 실업 • 108

3. 소득과 행복의 관계 • 110

　　1) 이스털린의 역설 • 110

　　2) 행복의 측정 • 115

　　3) 노동시간과 행복 • 122

　　4) 욕망과 만족 • 124

4. 지구를 구하는 불교경제 – 이노우에 신이치 • 125

　　1) 자리이타의 경제 • 126

　　2) 지구를 구하는 경제 • 127

　　3) '자발적 가난'의 소비생활 • 129

5. 연기 자본주의 – 윤성식 • 131

　　1) 이상적인 정부 • 131

　　2) 개인의 적극적 수행 • 134

6. 살림의 경제 – 공동체 경제 • 136

　　1) 상부상조의 경제 • 137

　　2) 자율적 생태 공동체 • 140

제3장 욕구와 자발적 가난 143

1. 소유의 문제 • 143

　　1) 사유재산의 근원 • 143

　　2) 재화의 효용성 • 147

2. 소유욕망과 소비욕구 • 148

　　1) 갈애와 욕구의 차이 • 148

　　2) 욕망의 비실재성 • 150

　　3) 욕망의 헛됨 • 151

　3. 생산과 소비생활 • 156

　　1) 생산과 근면 • 156

　　2) 검약과 절제 • 158

　　3) 과소비와 물신주의 • 160

　　4) 소비와 비소비 • 161

　4. 자발적 가난 – 소욕지족 • 163

　　1) 아난과 우전왕 • 163

　　2) 욕망의 극복 • 165

　　3) 번뇌의 극복과 수행 • 167

　　4) 선정수행 • 175

　　5) 간소하게 살기(頭陀行) • 177

　　6) 12두타행 • 181

　　7) 정명正命 – 불교의 직업관 • 187

　5. 보시행 • 190

　　1) 수행법으로서의 보시행 • 190

　　2) 반야경의 보시행 • 192

　　3)『승만경』의 보시행 • 193

　　4)『화엄경』의 보시행 • 194

　　5)『입보리행론』의 보시행 • 196

　　6) 복전사상 • 198

제4장 자족적 경제　201

　1. 사회와 개인 • 201

　　1) 경제의 광정적 정의 • 202

　　2) 사회가 먼저인가, 개인이 먼저인가 • 204

　　3) 개인의 변화로만 가능한가 • 206

　　4) 자족적 경제정책 • 208

　2. 자족적 생산 공동체 • 210

　　1) 자작농의 가치 • 210

　　2) 바람직하지 못한 농업 • 214

　　3) 농업생태 공동체의 사례 • 219

　3. 불교적 복지 • 220

　　1) 복지의 의의 • 220

　　2) 불교복지사업 • 223

　　3) 국가의 복지정책 • 226

　　4) 자치적 복지 • 227

　　5) 노동 유연화와 노동시간 단축 • 230

제5장 불교수행생활 공동체 233

　1. 여러 가지 수행 공동체 • 233

　　1) 초기불교 수행 공동체 • 233

　　2) 재가수행 공동체 • 235

　　3) 국내의 수행생활 공동체 • 237

　　4) 외국의 수행생활 공동체 • 241

　　5) 노동 운동, 환경 운동과의 연대 • 247

　2. 이상적 수행생활 공동체 • 248

　　1) 공동체의 의의 • 248

　　2) 공동체의 구조 • 253

　3. 결론 • 257

참고문헌 • 265

찾아보기 • 273

제1장 시장자본주의의 문제점

경제는 경세제민經世濟民의 줄임말이다. 이 단어는 중국 수나라 때 유학자 왕통(王通, 584~617)이 쓴 『문중자文中子』에서 "세상을 잘 다스려 백성을 구제한다"는 뜻으로 처음 쓰였다. 백성이 두루 잘 먹고 잘 살도록 세상을 잘 다스린다는 것이다. 여기에는 두 가지 뜻이 있는데 하나는 경제가 먹고 사는 것, 즉 살림살이라는 뜻이고, 다른 하나는 다스리고 구제한다는 말에서 보듯이 경제가 곧 정치라는 것이다.[1]

인간의 다양한 욕망을 충족시키기 위해서는 물자와 노동이 필요한데, 이를 재화財貨와 용역用役이라고 한다. 재화는 다시 두 가지로 나뉘는데, 자연 상태 그대로 사용되는 '자유재'와, 구하는 데 비용과

---

1 다시 19세기에 서양의 economics라는 말이 중국과 일본에 전해졌을 때 중국에서 엄복(嚴復, 옌푸, 1854~1921)이 이를 생계학으로 번역했고, 일본에서 간다 다카하라 (神田孝平, 1830~1898)는 이를 경제학으로 번역하였다. economics의 oikos는 가정을 뜻하고, nomos란 경영 또는 관리를 뜻한다.

16

희생이 요구되는 '경제재'로 분류할 수 있다. 이 가운데 경제활동의 대상이 되는 것은 경제재이며, 경제재에 포함되는 모든 재화의 총체를 부富라고 한다.[2]

사람들은 이처럼 〈희소한 재화와 용역〉을 지배해서 만족을 얻는데, 구체적으로는 소비활동을 통해 비로소 욕망을 충족시킨다. 그러나 모든 재화가 곧바로 생활에 이용될 수 있는 완성재, 즉 '소비재消費財'의 형태로 존재하는 것은 아니고, 대개는 단순한 형태로 존재한다. 따라서 이들을 결합해 필요한 상태로 만들어 내어야 한다. 여기서 생산수단이 되는 자료들을 '자원資源'이라 하며, 자원을 배분, 결합해서 재화를 만들어 내는 과정을 '생산生産'이라 하고, 이 생산의 주체가 생산수단을 소유하는데, 이를 자본資本으로 본다.[3]

이때 경제원칙이란 최소의 비용으로 최대의 효과를 거둔다는 것이다. 그 이유는 "인간의 욕구는 무한한데 재화는 유한하기 때문에 이 둘 사이에는 언제나 긴장이 존재하며, 사람들이 생명을 유지하고 생활을 영위하기 위해서는 이러한 긴장관계 속에서 끊임없이 합리적인 선택을 해 나가야 하기 때문"이라고 한다. 그러므로 제도 경제학의 이러한 가정에 따른다면 인간은 본질적으로 탐욕적인 존재이며 인간은 항상 결핍 상태이고 불만족인 상태이다.

그러나 불교의 진리에 의한다면 인간은 그렇게 탐욕적인 존재도 아니고 인간의 물질적 욕구가 무한한 것도 아니다. 또한 물질적 욕구가 채워진다고 해서 인간이 행복해지는 것도 아니다. 이런 것만 보더라도

---

2 조영기·김철우·김진수, 『경제학원론』, 비즈프레스, 2012, p.5.
3 김수행, 『정치경제학원론』, 한길사, 1988, pp.15~17.

근대의 제도 경제학은 기본적으로 잘못된 가정 위에 서 있음을 알 수 있다.

자본주의적 생산이란 시장판매를 위한 생산이며, 이는 인간의 노동력마저도 시장판매를 위한 상품으로 만드는 체제이며, 모든 경제행위자들을 시장에 의존하게 하는 체제이다. 즉 자본주의란 시장을 전제하는 체제이고, 그 생산행위의 목적은 생계나 생존이 아니라 시장에서의 판매행위이다. 그래서 학자들은 이것은 17세기 이후에 생겨난, 매우 특수한 경제체제라고 한다.[4] 현재 전 지구적으로 벌어지고 있는 이 시장자본주의 혹은 신자유주의의 문제점과 폐해는 오랫동안 많은 사람들에 의해서 다음과 같이 지적되었다.

1. 원리의 오류

"시장자본주의"는 지구상 대부분의 국가가 채택하고 있는 제도이다. 즉 이는 '자유시장'을 통해 경제활동이 이루어지는 제도이다. 일부 나라의 경우, 정부의 통제나 계획경제가 강하여, 자유시장 거래에 대해서 상당한 제한을 가하는 경우가 있고, 혹은 복지정책과 공공사업의 성격이 강한데, 시장자본주의라는 용어는 그렇지 않은 경제제도라는 뜻을 강조하는 표현이다.

예를 들어 사회주의 경제제도가 상당 부분 실시되어 분배와 복지가 실현되고 있는 유럽에는 시장자본주의라는 용어가 적당치 않다. 시장

---

4 엘린 메익신스우드, 정이근 역, 『자본주의의 기원』, 경성대학교 출판부, 2002, p.17.

18

자본주의는 공공재가 많고, 독과점이 없고, 외부효과나 정보의 비대
칭이 없는 상태가 아니라, 극심한 독과점과 정보의 독점, 일방적인
시장지배 등이 만연되어 있는 시장 만능적인 현실을 표현하는 말로
사용된다.

특히 이러한 시장자본주의의 폐해는 대부분 1980년대 이후부터
뚜렷해진 신자유주의(neo-liberalism) 경제체제 때문이다. 신자유주
의 경제는 정부에 의한 시장통제나 가격 통제, 무역통제, 계획경제
등을 부정하고, 그들에게 어떠한 제약도 주지 말 것을 요구한다.
그리고 미국과 영국을 중심으로 한 강대국들이 이러한 방법을 채택해
왔다. 이러한 시장자본주의가 전제하는 오류들은 다음과 같다.

1) 이기심에 의한 시장 질서

영국의 고전경제학자 아담 스미스(Adam Smith, 1723~1790)의 이론은
흔히 자유시장경제의 이론적인 근거로 애용되지만, 오히려 그는 무엇
보다도 '경제에는 도덕이 전제되어야 함'을 역설했다.

이러한 그의 사상은 『도덕감정론(The Theory of Moral Sentiments)』[5]
에 잘 나타나 있다. 즉 시장자본주의가 올바로 작동되기 위해서는
우선 사회가 윤리적이어야 함이 전제되어야 한다는 것이다. 그럼에도
시장주의자들은 사회의 윤리성을 무시하고 시장자본주의가 효율적
이라고 주장한다. 그러나 개인과 기업이 윤리적이지 못할 경우 '보이
지 않는 손'은 어떤 해악을 저지를지 모른다. 그래서 시장자본주의가

---

5 아담 스미스, 박세일 역, 『도덕감정론』, 비봉출판사, 2009.

인간의 이기심과 탐욕을 이용하여 좋은 결과를 낳겠다고 했지만, 그것은 위험하다.

인간의 이윤추구 욕구는 자산 거품을 낳고, 주기적으로 경제공황을 야기하여 세계 경제위기를 주기적으로 일으킨다. 불교경제학자 윤성식은 시장경제의 이론적 근거인 '이기심에 의한 자가 작동(self regulation)'의 불합리성을 다음과 같이 표현하였다.

논리적으로 생각할 때, 기계의 부속품이 좋아야 기계가 좋다. 그런데 부속품이 나쁜데도 보이지 않는 손에 의해서 기계가 좋을 수 있다고 주장한다면 아무도 믿지 않지만, 개인과 기업이 이기적인데도 보이지 않는 손에 의해서 시장이 효율적일 수 있다고 하면 제법 많은 사람들이 믿는다. 이것이 시장주의자들의 주장이 우리의 건전한 판단력을 흐리게 하는 대표적인 사례이다.[6]

또한 자본주의는 윤리보다는 효율을 강조한다는 오류를 가진다. "개인과 기업의 이기심이 자원분배의 효율성을 보장한다"라고 하는 전제는 윤리와 정면적으로 충돌한다. 이것은 인간이나 기업이 이기적이어도 결과적으로 효율적인 자원배분이 가능하다고 하는 전제인데, 결국 이는 효율성을 위해서는 얼마든지 비윤리적이도 좋음을 인정하는 것이다.

윤리는 이기심이라는 본성을 억제해야 하는데, "이기적이어도 좋다", 혹은 "자본주의는 개인의 이기심을 바탕으로 한다"는 논리는

---

6 윤성식, 『불교자본주의』, 고려대학교출판부, 2011, p.263.

윤리와 양립하기 어렵다. 그런데 이제 이기적인 인간이 자신의 악덕을 합리화하는 이론이 세계를 지배하게 되었다. 실제로 시장은 결코 그들의 주장처럼 공정하지 않다. 그러나 시장에서의 원리는 강자에게만 유리한 원리이다. 더 나아가 여기에 근거한 실정법이 비윤리를 정당화시켜 주는 것도 옳지 않다.

2) 자유시장이라는 오류

자본주의 사회에서 대기업의 이상 비대와 이에 따른 중소기업과 자영업의 몰락은 심각한 문제이다. 문제는 대기업이 아무리 많은 이익을 내더라도 이것이 국민들의 생활수준 향상에 사용되지 않고 무모한 시설투자나 자본 간의 경쟁, 혹은 금융투기나 다국적 투자로 이어지거나, 그도 아니라면 해외도피, 정치자금, 부도덕한 낭비와 사치로 귀결되어진다는 점이다.

특히 이러한 대기업의 이윤은 주로 서민과 자영업자, 혹은 중소기업의 희생을 통해 가능해진다. 대기업이 이윤을 많이 내는 것이 늘 나쁜 것은 아니라고 해도, 그것은 자영업자와 서민, 그리고 중소기업의 희생에 따른 결과이기 때문에 옳지 않다.

그러므로 이러한 일이 발생하지 못하도록 해야 하는 것이 국가가 해야 할 일이다. 그리고 그것은 행정규제와 법률이라는 방법으로 이루어지며, 만일 이러한 일이 불가능하여 대중 빈곤이 발생할 때는 결국 복지정책을 써서라도 대중의 빈곤을 해결하고, 구매력을 높임으로써 자립적이고 자생적인 경제체제를 이룩하여야 한다. 그럼에도 자본의 논리를 변호하는 일부 사람들은 시장에서의 자유방임주의가 옳다고 주장한다. 윤성식은 다음과 같이 말한다.

> 자유시장에서 자유란 강자의 자유이다. 약자의 자유는 보호받지
> 못한다. 강자는 정치, 언론, 학계에 영향을 미쳐서 강자의 자유가
> 더 많이 대변되도록 법과 제도를 만든다. … 세계 금융위기도
> 금융기관에 너무 많은 자유가 허용된 결과이다. 결국 금융기관에
> 대한 적극적인 규제가 필요하다는 것이다.[7]

또 대기업과 중소기업이나 자영업은 공정한 경쟁관계에 있지 않
다. 실제 시장경제에서 시장은 대개 강자의 마음대로 움직이게 되어
있다. 또한 노동자와 자본가의 관계도 전혀 평등하거나 경쟁관계에
있지 않다. 그것은 일방적인 지배와 피지배의 관계일 뿐이다. 그렇기
때문에 이러한 문제에 대해 국가나 공공부문의 적극적 개입이 필요
하다.

또한 '태초에 시장이 있었고 정부의 역할은 시장 실패를 교정하기
위함'이라는 주장도 오류이다. 오히려 시장은 사회에 의해 만들어지고
유지된 것이며, 그것도 최근에 이르러서야 시장이라고 부를 수 있는
제도가 탄생했다. 그럼에도 태초에 시장이 있었다고 하는 주장에는
'시장은 좋고 규제는 나쁘다'는 뜻이 들어 있는데, 이렇게 시장이
정부보다 우월하다고 하는 것이 자본가들의 주장이다.

시장의 성격에 대한 큰 오해는 시장을 정부, 시민사회와 구분되는

---

7 위의 책, p.60.

독립적 실체로 생각하는 관점이다. 그러나 실제로 시장은 독립적으로 존재하는 것이 아니다. 헝가리 출신 경제인류학자인 폴라니(Karl Polanyi)도 시장경제는 자연적으로 발생한 것이 아니고, 인간의 자연스러운 본성에 의한 것도 아니며, 그것은 자본권력에 의해서 의도적으로 생성된 것이라고 주장한다.[8]

3) 화폐의 자산축적적 기능

폴라니는 화폐와 시장이 불가분의 관계에 있다고 생각하는 것은 시장경제의 편견에 기초한 것이라고 주장한다.[9] 화폐는 원래 교환수단으로서의 기능을 가지고 있었다. 그리고 교환은 필요한 물품 간의 물물거래에서부터 출발했으며, 지금과 같은 재화의 축적은 원시인에게나 소규모 사회에서는 없었다. 그들은 생계를 위해 재화를 축적할 필요도 없었고, 자연에서 얻은 물질들을 축적하기도 쉽지 않았다. 고대국가에 있어서도 축적은 일부 왕족이나 귀족, 지주계급에서만 제한적으로 있었을 뿐이다.

그러나 화폐가 일반화되면서 화폐는 본래 기능을 떠나서 자산축적의 기능, 자산이동의 기능을 갖게 되었다. 즉 화폐를 매개로 해서 자산의 역외이동域外移動이 가능해졌고, 소유권의 변경이 손쉬워져서 원시자본축적의 기폭제가 되었다. 류코쿠(龍谷) 대학의 경제학자 나카무라 히사시(中村尙司) 교수는 인도네시아 원주민들이 어로나 사고(Sago) 야자열매를 채취하는 생계경제(Subsistence economy)에서

---

8 존 스탠필드, 원용찬 옮김, 『칼 폴라니의 경제사상』, 한울아카데미, 1997, p.186.
9 위의 책, p.211.

그들이 주로 물물교환에만 의존하는데, 그들은 돈을 일종의 재앙災殃으로 받아들이는 현상을 관찰하였다.[10] 만일 그것이 돈으로 교환될 경우 돈은 필연적으로 지역 외부로 유출됨으로써 지역경제에 큰 손실을 입힌다는 것을 그들은 자각하고 있었기 때문이다.

4) 이윤율 저하 현상

자본주의의 모순은 그 자체의 작동원리 속에 들어 있다. 그 하나는 경쟁력 혹은 생산성 자체가 갖는 자기모순이고, 둘째는 이윤율의 경향적 저하 현상이다.[11] 우선 생산성의 모순이란, 자본주의 하에서 생산성을 늘리자면 결국 생산에 투입되는 재화의 양을 줄이고, 그 결과로 생산되는 산출을 늘여야 한다. 그런데 이 방법 자체가 삶의 질 관점에서 보면 매우 파괴적이다. 이러한 생산은 고된 노동시간과 열악한 근로환경, 저임금 때문에 인간의 육체와 정신을 파괴하고, 생산 과정에서 많은 공해물질을 생산해 내어 자연을 파괴한다. 그리고 생산된 제품들은 포장, 운반, 이동, 소비의 과정을 거치면서 많은 자원을 낭비시키고 쓰레기를 대량으로 생산한다.

　둘째로 이윤율의 경향적 저하 현상이란, 생산이 증대되면 증대될수록 인간으로부터 추출할 수 있는 노동의 질은 떨어진다는 것이다. 노동의 피로도가 높아져서 노동 능률이 떨어지거나, 혹은 노동자들이 단체협상을 통해서 임금을 높임으로써 자본의 수익은 줄어들고, 결국

---

10 나카무라 히사시, 윤형근 옮김, 『공생의 사회·생명의 경제』, 한살림, 1995, pp.50~53.

11 윤성식, 앞의 책, pp.43~45.

생산이 어느 한계에 이르면 생산을 통해서 자본이 커나가기는 쉽지 않게 된다는 것이다.

오늘날에는 산업자본보다 금융자본이 더 우세한데, 이러한 현상은 생산을 통한 자본의 성장이 한계에 도달했음을 뜻한다. 즉 자본이 생산을 통해서 수익을 올리지 못하니까 금융을 통해서 수익을 올릴 수밖에 없는 단계에 와 있다는 뜻이다. 결국 이를 통해 전 지구적으로 볼 때 생산과잉이 매우 심각한 정도에 와 있음을 알 수 있다.

자본이 가진 무한 생산과 무한 이윤추구는 인간의 무한 소비욕구를 조장하지만, 인간의 소비에는 한계가 있다. 또 아무리 소비욕구가 있어도 결국 구매력이 따라주지 않으면 생산된 물자를 소비해 줄 수 없다.

이에 구매력과 가장 긴밀히 연결되어 있는 것이 대중 빈곤 현상이다. 즉 대중이 빈곤할 때는 생산된 상품이 팔리지 않기 때문에 기업도 도산하는 수밖에 없다. 그러나 기업은 생산비를 줄이기 위해서 노동자의 임금을 최저수준으로 유지해야 하고 결국은 대중 빈곤이 찾아오게 된다. 즉 노동자의 임금과 소비대중의 구매력은 일치하게 되기 때문에, 기업이 노동자의 임금을 낮추면서 소비대중의 높은 구매력을 기대할 수는 없다. 이것은 자본주의 체제의 숙명적인 모순이며, 자본가 스스로가 노동자의 임금을 올려주지 않는 한 해결되기 어려운 문제이다. 그러나 기업은 경쟁 때문에 다른 기업보다 임금을 많이 주기가 쉽지 않다. 이것도 자본주의의 경쟁체제가 갖는 숙명이다. 결국 이러한 모순이 노정되면 국가는 문제해결의 방법을 외부에서 찾게 되는데, 이것이 자본주의에서 전쟁이 상존할 수밖에 없는 이유이다.

5) GNP라는 가정

생산이 증가하고 소비가 증가하면 사람들이 행복해진다는 가정도
잘못된 것이다. 경제학에서는 소비가 증가하면 효용이 커진다고 하지
만, 그러나 소비가 증가할 때 발생할 수 있는 다른 부정적 요인들은
무시되어 버린다. 제품 생산에 필요한 물이나 공기에 대한 오염은
계산되지 않는다. 산을 깎아 길을 내거나 그 길 위에서 내뿜는 차량들
의 매연 등도 계산되지 않고, 자연경관이나 소음, 동식물에 대한
피해 등도 계산되지 않는다.

길에서 불량식품을 사 먹는 것은 생산이고 소득증대가 되지만,
가정에서 건강에 좋고 사랑이 넘치는 음식을 먹는 것은 생산으로
취급되지 않는다. 건강에 좋은 체조는 생산이 아니고 밤늦게까지
음주를 하며 건강에 해로운 업소를 찾아다니는 것은 매우 우수한
생산활동이 된다. 마찬가지로 90세까지 건강하게 살다가 죽는 것은
생산활동이 아니고, 수십 년 동안 병상에 누워서 수술을 받고 약을
먹고 많은 병원비를 내는 것은 병원과 제약업체에게 매우 우수한
생산활동이 된다. 또 투우 경기처럼 사람들이 소를 죽이는 것을 보러가
는 데에는 돈을 내지만, 나이든 노인이 길 건너는 것을 도와주었다고
해서 경제적 가치를 인정받지는 않는다. 개그맨이 무대에서 개그를
해서 사람들을 웃기고 휴식을 주는 일은 경제적이 된다. 거기에는
돈이 왔다 갔다 하기 때문이다. 그러나 한 회사원이 유익한 말로
주위 사람들을 즐겁게 해 주었다고 해도 그로 인해서 무엇을 생산했다

고 인정받지는 못한다. 그렇기 때문에 현재의 국민총생산 계산법은 오히려 "지구 및 인간 파괴량 계산법"이어서, 인간의 행복지수가 이러한 방법에 의해서 결정되어서는 안 되는 것이다.

국가나 개인은 국민총생산(GNP, 혹은 GDP)이라는 수치에 큰 의미를 부여하고 그것을 높이고자 애쓰지만, 사람들은 그것이 매우 불합리하고 잘못 계산된다는 점에 대해서 무감각하다. 이렇게 행해지는 GNP나 GDP 계산에는 생태 파괴, 환경호르몬, 오폐수 방류, 산업재해 등이 오히려 성장이라는 항목에 포함되지만, 가족이나 친지간의 보살핌, 숲이나 논의 가치, 지구온난화로 인한 사회적 비용 등과 같이 고려되어야 할 것은 배제된다. 미국의 법무부 장관이었던 로버트 케네디는 다음과 같이 말하였다.

국민총생산(GNP)은 시의 아름다움도, 신뢰의 힘도, 공개적 토론의 현명함도, 공무원의 단합된 정신도, 우리의 위트도, 용기도, 지혜도, 배움도, 혹은 우리 국가의 헌신적인 노력도 파악하지 못합니다. 다시 말해 그것은 삶을 살아갈 가치가 있도록 만드는 것들을 제외한 나머지 것들을 측정하는 것입니다.[12]

또 현대사회의 소비문제를 연구한 장 보드리야르(Jean Baudrillard, 1929~2007)도 GNP의 허구를 다음과 같이 지적한다.

---

12 하랄드 빌렌브룩, 배인섭 옮김, 『행복경제학』, 미래의 창, 2006, p.72.

경제학자들은 공공 서비스와 사적 서비스를 구별하지 않고, 모든
종류의 생산물과 서비스의 가치를 합계한다. 그렇게 하면 공해도,
공해대책도 '객관적으로 유용한 재화의 생산'이라는 동일한 이름으
로 그 속에 들어간다. 알코올, 만화, 치약의 생산도… 핵탄두의
생산도 그러하다. … 그 계산을 통해서 학교나 도로, 수영장 건립예
산의 부족액을 채운다.[13]

이런 GNP의 한계를 극복하고자 하는 시도도 나타났는데, 예를
들어 노드하우스(William Nordhaus)와 토빈(James Tobin)이 1972년에
발표한 경제후생지표(Measure of Economic Welfare)라는 지표도 있으
나 인간의 진정한 행복을 측정하는 일과는 역시 거리가 있다.

6) 부도덕한 경제학

아담 스미스는 『도덕감정론』에서 인간은 자신의 이익만을 생각해서
는 안 된다고 주장하였다. 그럼에도 자본은 경제행위에서의 도덕적
원칙을 무시하고 부도덕한 경제, 부도덕한 시장을 정당화하게 되었
다. 인간에게는 동류감정이 있어서 타인의 기쁨이나 슬픔을 함께
느끼는 동감同感이 있다. 그리고 그것이 사회도덕의 원리가 된다.
그럼에도 오늘날의 경제학은 이러한 원리와 가치를 무시하고, 이기심
에 근거한 탐욕과 이윤추구를 정당화해 왔다. 그래서 영국의 경제학자
조안 로빈슨(Joan V. Robinson, 1903~1983)은 "경제학을 배우는 목적은
어떻게 하면 경제학에 속지 않는가를 아는 것이다"라고까지 말했다.[14]

13 장 보드리야르, 이상률 옮김, 『소비의 사회』, 문예출판사, 1999, p.44.

28

물론 마샬(Alfred Marshall, 1842~1924)이나 케인즈(John Maynard Keynes, 1883~1946)도 경제에 있어서 도덕의 중요성을 말했고, 베블렌(Thorstein Veblen, 1857~1929)도 물질과 돈만의 경제학을 비판했으나 불행하게도 오늘날 시장경제는 그것과는 반대로 이어져 왔다. 그러면서도 경제학은 쓸데없이 어렵거나 지나친 전문화 경향을 걷고 있어서 국민대중의 생활과 유리되었다. 슈마허도 경제학 자체의 본질적인 문제점을 다음과 같이 지적하였다.

> 경제학은 재화를 다룰 경우 시장가치만 문제 삼으며 그 실질은 무시한다. … 바꾸어 말하면 경제학은 재화나 서비스를 "파는 이와 사는 이가 만나는 시장"이라는 관점에서만 다루고 있다고 할 수 있다. 사는 이는 팔려고 내놓은 물품을 찾고 있으며 물품의 생산자나 배경 따위에는 관심을 갖고 있지 않다. 그는 단지 물건을 싸게 사는 데 관심이 있을 뿐이다. … 어떤 의미에서 시장이라는 것은 개인주의와 무책임이 제도화된 것이라 할 수 있다. … 부자인 파는 이가 상대방이 불쌍하다고 싸게 팔거나, 부자인 사는 이가 파는 이의 가난을 이유로 비싼 값으로 사려 한다면 이는 비경제적인 것이다.[15]

간디도 경제적 고려와 윤리적 고려는 서로 분리될 수 없는 것이라고 했다. 그는 물질적 풍요에는 도덕적인 요소가 결여되어 있을 뿐만

---

14 이노우에 신이치, 박경준 역, 『지구를 구하는 경제학』, 우리출판사, 2008, p.42.
15 슈마허, 김진욱 옮김, 『작은 것이 아름답다』, 범우사, 2008, pp.44~45.

아니라, 실제로 그것은 도덕의 진보를 방해한다고 했다. 그는 "도덕적 가치를 무시하거나 경시하는 경제는 잘못된 경제입니다. 경제 분야에 있어서 비폭력의 확장이 뜻하는 바는 도덕적 가치가 국제적 상업질서 못지않게 중요합니다"[16]라고 했다.

2. 시장경제의 불공정성

1) 조건의 불공정성

(1) 자본과 소비자

자본의 힘이 과도하게 커질수록 생산자와 소비자 간의 형평성은 파괴될 가능성이 많다. 중소기업, 소비자, 노동자는 시장에서 우월한 위치에 있는 대기업이나 고용주와의 불공정한 경쟁관계를 감수해야 한다. 거대기업은 자본력을 이용하여 소비자들을 현혹하고 부당한 영향력을 행사한다. 그래서 소비자에게 주권이 있다는 말은 환상이다. 그렇게 시장에서 이긴 자가 모든 이득을 취하게 되지만, 실제로 기술이나 품질이 좋아서 시장지배를 하는 것은 아니다. 또 소비자가 항상 현명한 판단을 하는 것도 아니다.

오늘날 자본주의 사회에서 빈부격차는 개인의 능력이나 노력과 상관없이 야기되는 경우가 많다. 이렇게 불공정하고 불평등한 관계 하에서 경쟁하는 것은 경쟁이 아니다. 대기업은 경영에 실패하여도 정부가 구제금융으로 돕는다. 정부는 파산으로 인한 정치 사회적

---

16 아지뜨 다스굽따, 강종원 옮김, 『무소유의 경제학』, 솔, 2000, p.58.

손실을 두려워하기 때문이다. 이렇게 비효율적인 기업이 도태되지 못하는 현실에서는 구제되는 기업과 그렇지 못한 기업들과의 사이에도 불평등이 존재한다. 이 경우 구제되는 기업은 이익을 독점한다. 그러면서 손실이 발생할 경우에 국민과 사회가 그 손실을 메워준다.

(2) 이익의 분배구조

또 이익의 소유에 있어서도 자본을 제공한 자가 이익을 독점한다는 불공정성이 있다. 법에서는 "자본을 제공하는 자는 그에 따르는 위험을 감수해야 하기 때문에 그에 따른 이익도 독점한다"고 허용한다. 그러나 이러한 단순논리에 따라서 큰 오류가 벌어지는데, 결국 자본가는 자신이 가져가야 할 몫보다도 훨씬 더 많은 몫을 가져가게 되고 그에 따라 빈부격차가 벌어진다.

자본을 제공한다는 것이 이익을 독점해도 된다는 논리는 성립하지 않는다. 생산의 결과에 따른 이익은 생산에 참여한 모두가 공유해야 하며, 그 이익이란 단지 자본에 의해서 발생한 것만은 아니다. 영국의 고전경제학자인 리카르도(David Ricardo, 1772~1823)도 "노동이 물건의 가치를 결정하는 이상 모든 생산물은 당연히 노동자에게 속한다"고 하는 '노동가치설'을 주장하였다.[17] 이 몫의 논리는 수학적으로 계산하기 어려울 수 있겠지만, 그러나 자본주의 사회에서 부익부 빈익빈이 심해진다는 뚜렷한 결과를 보면 자본의 수익은 단순히 위험부담에 따른 대가로 간주될 만큼 공평한 것은 아님을 알 수 있다. 그리고

---

17 갈브레이드, JK, 김태선 역, 『불확실성의 시대』, 홍성사, 1978, p.49.

그것은 자본에 유리한 여러 가지 장치, 즉 '자유시장의 논리'가 있기 때문에 가능한 것이다.

기업의 부채가 과다하여 도산위기에 빠지면 정부가 부채를 탕감해 주는 경우가 허다하다. 한국은 개발독재의 시대에 기업에 엄청난 특혜를 주었다. 결국 자본가는 정부와 국민으로부터 많은 도움을 받으면서도 이익이 발생할 경우 이익을 독점하기 때문에 자신이 가져야 할 몫 이상을 가져가는 것이다. 또 주식회사가 도산할 경우 자본가는 무한책임을 지지 않는다. 이것도 상당한 특혜에 해당한다. 그러므로 자본가가 비용을 제외한 이익금의 모든 것을 차지하는 것은 공정치 못하다. 사유재산을 인정하는 자본주의 시장경제라 할지라도 이익을 공유하는 것이 공정한 분배방법이다.[18]

생산에 참여한 자가 함께 이익을 공유하는 분배방법으로는 법인세를 들 수 있다. 이 법인세의 징수에 따라서 사회가 자본의 이익을 공유할 수 있는데, 그러나 현재 법인세의 규모가 지나치게 작기 때문에 법인세만으로 기업의 이익을 사회가 공유한다고 말하기는 어렵다.

2) 가격의 불공정성

정보가 비대칭일 경우 가격은 일방적으로 정해지거나 불합리하게 정해지고, 혹은 기업이 거짓말을 하거나 적절한 정보를 제공하지

---

18 윤성식, 앞의 책, p.234.

않아서 돈을 버는 경우도 많다. 오늘날 정보들이 모두 공개되어 정당한 시장가격이 정해진다고 볼 수 있는 경우는 극히 드물다.

시장가격이 수요와 공급의 일치점에서 자동조절기능에 의해 정해 진다는 원칙도 옳지 않다. 실제로 가격은 그렇게 정해지지 않는다. 사회는 비대해지고 생산은 늘어나고 기업체는 많아짐에도 불구하고, 가격은 대기업의 독점가격에 의해서 정해진다. 그 이유는 무엇인가. 그것은 생산과 소비가 대기업에 의해서 일방적으로 주도되고 있기 때문이다. 중소기업과 자영업이 무력해진 이때에 가격이 시장의 자유 경쟁에 의해서, 즉 수요공급에 의해서 정해진다는 이론은 더 이상 의미가 없다. 그럼에도 자유주의자들은 마치 가격이 공정하게 정해지 는 듯이 주장한다.

또 빈부격차가 심해지면 가난한 사람들은 구매력이 없기 때문에 재화를 구입하지 못한다. 그래서 가난한 사람들이 필요로 하는 생활필 수품은 전보다 더욱 팔리지 않게 되고, 그래서 생산이 줄어든다. 그렇게 되면 가격은 오히려 더 오르게 된다. 빈부격차 때문에 오히려 가난한 사람은 더욱 가난해지는 것이다. 반면에 부유한 사람들을 대상으로 하는 물건들은 막강한 구매력을 바탕으로 해서 잘 팔린다. 부유한 사람들이 원하는 상품들의 생산은 더욱 늘게 되고, 품질도 좋아진다. 이렇게 시장은 부자들의 요구에 더욱 충실하게 된다. 그래 서 우리가 가진 한정된 자원은 부자를 위한 상품생산에 쏠리게 된다. 한정된 아까운 자원들이 가난한 사람들보다는 부자들을 위해서 쓰이 게 되는 것이다.[19]

심지어 이것은 인적 자원에서도 그러한데, 실력 있는 의사들이 부자들의 사소한 질병에 대부분의 시간을 쏟고 있다. 빈부의 격차가 심해질수록 시장은 점점 더 사치품 위주로 되어간다. 이를 보더라도 시장가격은 공정하지 않음을 알 수 있다.

3) 독점의 불공정성

자본주의의 폐해를 일으키는 주된 원인이 독점자본인데, 자본주의에서는 힘이 있는 몇몇 자본이 결국 시장을 지배한다는 것이다. 일본 고야산高野山 대학의 미야자카 유쇼(宮坂宥勝) 교수는 다음과 같이 '불교의 무소유 정신으로 보자면 자본주의의 독점과 계급차별은 옳지 못하다'고 말한다.

만약 일체중생의 이익과 안락을 위해서 불법이 존재한다고 하면 생산수단의 점유에 의한 재화의 편재는 인정하기 힘들다. 재화 그 자체의 가치가 모든 사람들의 생활 속에서 살려지지 못하고 있기 때문이다. 또한 소유와 노동과의 분리 역시 무소유의 이념과 합치되지 않는다는 점에서 반불교적이라고 하지 않을 수 없다.[20]

또한 그는 생산물로부터 생긴 이익을 자본가가 독점하는 것도 반불교적이라고 비판한다. 그는 "도심道心 속에 의식衣食이 있고, 의식 속에 도심이 있다"는 교훈을 들어, "이것은 인간의 존엄성, 다시

19 이정전, 『시장은 정의로운가』, 김영사, 2012, pp.140~141.
20 宮坂宥勝, 「불교와 자본주의」, 여익구 편, 『불교의 사회사상』, 민족사, 1981, p.317.

말해서 인간의 품위는 사회적으로 손상될 수 있는 것이 아님을 가리키는 말이다. 이와 같이 하여 모든 사람이 삶의 보람을 느끼는 사회라야만 비로소 인간의 경제생활이 가치 있는 활동으로 될 수 있을 것이다"라고 해서 경제생활의 과정을 통해서 인간이 인간으로서의 가치와 품위를 잃으면 안 되고, 동시에 인간을 인간답게 하지 못하는 경제생활은 잘못된 것이라고 지적하였다.

4) 소유관계의 불공정성
(1) 사회적 생산과 사적 소유

자본주의 사회에서 생산은 사유재산제도를 기초로 하여 생산수단을 소유하고 있는 자본가와, 생산수단을 소유하지 못하기 때문에 자신의 노동력을 자본가에게 팔지 않으면 안 되는 노동자가 결합함으로써 성립한다. 그런데 생산이 일정 목표에 도달하자면 인간의 노동력은 상품화되어야 한다. 생산에 필요한 풍부한 노동력을 돈으로 살 수 있어야 한다는 말이다. 그러나 아무리 돈을 주어도 돈이 무엇인지 모르는 전문명사회前文明社會에서라면 돈으로 사람을 부릴 수는 없다. 자급자족 경제에서의 단순생계형 생산이 자본주의적 생산으로 변화되는 순간부터 세상은 자본주의적 법칙으로 바뀐다.

그런데 생산에 참여하는 구성요소는 노동과 자본과 원료, 즉 자연자원과 기술력과 과학적 지식 등으로, 실제로 그것은 자본가 개인이 생산하는 것이 아니라 사회 전체가 생산하는 것이다. 그럼에도 생산의 결과로 얻어진 이익은 자본가만의 소유가 된다. 즉 자본주의 하에서 생산은 사회적 성격을 띠지만 소유는 사적 성격을 띤다는 것이다.

그리고 정치는 자본가들에 의해서 지배되기 때문에 이러한 관계가 정당한 것처럼 받아들여지게 되었다.[21] 이러한 생산의 사회적 성격과 자본주의적 사적 소유 간의 모순이 기본적 모순이다

(2) 비용의 사회화와 이익의 사유화

2007년 태안 앞바다 유조선 충돌에 따른 오염 사례를 보면, 기업활동 과정에서 매우 넓은 지역 바닷물이 오염되고, 자연훼손이 극심하였다면 당연히 기업이 원상 복구를 하거나 그 결과를 책임져야 함에도 불구하고, 그러한 피해는 사회적 부담이 되어 버렸다. 기업활동의 결과로 자연이 훼손되는 것은 당연한 귀결이다. 그렇다면 훼손된 자연에 대한 복구 책임은 당연히 기업에게 돌아가서, 기업은 그것을 원상 복구해 놓거나 혹은 배상해야 할 것이다. 그럼에도 기업은 그 책임을 지지 않는다. 이 기업활동이란 인간에게 필수불가결한 것도 아니고, 공익을 위한 것도 아니다. 그저 이윤추구라는 사적 이익을 위한 것일 뿐이고, 그들이 생산하는 제품이 인간에게 반드시 필요한 것도 아니다.

비용의 사회화는 사실상 모든 기업행위에서 쉽게 관찰된다. 폐수나 폐유를 함부로 방출한다든지, 원료를 무단 채취하거나 대기를 오염시키는 일 따위이다. 전 세계 약 1만 개의 스타벅스 매장에서는 매장이 열리는 동안 수돗물을 계속 틀어놓는다고 한다. 업소가 위생적으로 관리된다는 사실을 소비자에게 과시하기 위해서이다. 그러나 이렇게

---

21 양상철, 『경제사학습』, 세계, 1987, pp.233~234.

하루 동안 버려지는 2,300만 리터의 물은 가뭄에 시달리는 아프리카 나미비아의 전 인구가 하루 동안 쓸 수 있는 양이다.[22]

(3) 사적 이익의 추구

사회를 고려하지 않고 무책임하게 사적 이익만을 추구할 수 있는 자유는 사회 여러 부문에 해악을 준다. 그것은 사회를 위협하며, 사회에 불안정과 무질서를 낳게 하고, 그 결과 사회는 그 모순을 해소하기 위하여 권위주의와 전체주의로 흐르게 된다.

폴라니(Polanyi)는 19세기 이래 유럽 시장사회는 보편적 기반을 갖지 않고 매우 예외적인 조건 아래서 몇 개의 허구성을 전제로 성립했다고 비판한다. 그때까지 사회 시스템에 통합되어 있었던 경제 시스템이 산업혁명으로 인하여 이탈하여 독립한 결과, 이른바 자기 조정적 시장(self-regulating market)이라는 것이 성립하게 되었고, 그 내부에 살고 있는 인간은 이윤 극대화만을 추구하는 경제인으로만 받아들여지게 되었다는 것이다.[23]

이리하여 노동, 토지, 화폐는 본래 상품이 아니었음에도 상품으로 취급되고, 이것들이 시장 메커니즘에 맡겨지게 된 결과로 허구적인 것들이 인간관계를 희롱하게 되는 불행한 상황을 만들어 내었다는 것이다.[24] 인간의 경제란 원래 사회적 관계 속에 묻혀 있던 것이며, 시장은 사회적 권위에 의해서 관리되고 통제되던 하나의 부수적인

---

22 강수돌, 『살림의 경제학』, 인물과사상사, 2009, p.116.

23 칼 폴라니, 박현수 옮김, 『거대한 변환』, 민음사, 1991, p.91.

24 위의 책, pp.70~73.

것이었으며, 시장사회가 사회적 통합체에서 분리되어 나온 것은 단지 18세기 이후의 특수한 상황일 뿐이다. 그런데도 특수한 시장사회를 기초로 성립한 근대경제학만을 가지고 인류 전체의 사회경제 시스템을 설명한다는 것은 오류라는 것이다. 폴라니는 이에 대해 다음과 같이 말한다.

> 최근의 역사학적, 인류학적 탐구결과에 의하면 인간의 경제는 대개 사회적 관계 속에 묻혀 있었다는 것이다. … (오히려) 인간은 자신의 사회적 입장, 사회적 요구, 사회적 자산을 보호하기 위해 행동을… 할 때만 물질적 재화를 높게 평가하였다.[25]

또 그는 노동과 토지는 모든 사회를 구성하는 인간 자신들이자, 사회가 자리잡고 있는 자연적 환경이기 때문에, 그것이 시장 메커니즘에 포섭된다는 것은 사회 전체가 시장의 법칙에 종속된다는 것을 의미한다고 주장한다.[26]

5) 통제불능의 자본

오늘날 국가, 기업, 개인에게 있어서 가장 중요한 목표는 시장에서의 성공이 되었다. 그러나 이렇게 모든 것이 시장에 의해서 평가되는 현실은 바람직하지 않다. 민주화가 진전됨에 따라서 정부에 대한 시민의 통제는 커가고 있다. 반면에 시장에 대한 시민의 통제는 매우

---

25 위의 책, p.65.
26 위의 책, p.95.

미약하다. 특히 광고에 의존하는 언론은 자본을 옹호하는 세력일 뿐이다. 이렇게 자본의 힘이 지나치게 강해지는 것은 민주주의에 대한 위협일 뿐 아니라 시장의 건전한 육성을 저해하며, 결국은 시장 자체마저 붕괴하게 만든다. 이는 오늘날 현대 민주주의를 위협하는 가장 심각한 문제의 하나이다. 노무현 대통령도 "권력이 시장으로 넘어갔다"고 한탄한 바가 있다.[27]

자본이 정치를 구매함으로써 민주주의를 위협하고 있는 현실은 점점 더 심해지고 있다. 자본에 편향적인 정치가들은 "경제 살리기"나 "기업이 이익을 많이 내야 서민들도 잘살 수 있다"는 논리를 내세운다. 또 자본가들이 직접 정치가가 되는 일도 많아졌다. 그러나 자본가 출신 정치인은 매우 위험하다. 경제력과 정치력을 동시에 소유하기 때문이다. 또한 정경유착의 고리가 끊어졌다고 말하지만, 결국 이제 는 경제가 정치로부터 자유스러워짐으로서 자본은 더욱 많은 권력을 행사할 수 있게 되었다.

정치권력은 선거에 의해서 자주 바뀌기 때문에 정치가 시장권력을 장악하기 어렵다. 그러나 시장권력은 막강한 경제력을 수단으로 정치 권력에 영향을 미칠 수 있다. 시장의 강자는 언론, 사법부, 행정부에 대해서도 쉽게 권력을 행사할 수 있지만 언론, 사법부, 행정부는 쉽게 시장을 장악할 수 없다.

이제는 심지어 정부 자체도 시장 지향적이 되어서 정부의 대민업무 와 공익사업, 일반행정 업무조차도 행정 "서비스"라고 하고, "고객"

---

27 2005년 7월 5일 청와대에서 열린 '대·중소기업 상생협력시책 점검회의'에서. http://blog.hani.co.kr/astrodome/30979

중심주의라고 이름한다. 그러나 국민이 구매행위를 하는 고객은 아니며, 국민의 구매행위가 올바른 정보와 판단에 의한 것도 아니다. 소비자의 판단과 취향이 편향적인 정보와 자료에 의해서 매우 심하게 왜곡된다는 것은 오늘날 소비중심사회에서 여러 차례 지적받아 온 것이다.

이에 더하여 심지어는 "정부가 커지기 때문에 시장이 작아진다는 주장"까지도 한다. 이것이 이른바 자본가들이 주장하는 '복지국가 망국론'이다. 복지예산이 커질수록 국가가 약해진다는 주장이다. 그러나 오늘날까지 대표적인 복지국가들은 여전히 선진국이고, 가장 경쟁력이 앞선 국가들이다. 그리고 그들의 강한 경제력은 복지에 의해서 전체 국민들의 가계가 건실해져서 소비시장이 활성화되어 있기 때문이다. 실제로 선진국에서는 저소득층에 대한 복지가 시장에서의 소비를 증가시키고 시장의 활력을 증진시킨다.

그러므로 큰 정부인가 작은 정부인가가 중요한 것이 아니라, 정부가 과연 어떤 지출을 하는가가 중요하다. 작은 정부를 주장하는 것은 바로 국가의 운명을 기업가, 즉 자본가들에게 맡기자는 주장으로, 그것은 국민을 이기심과 탐욕의 희생양으로 삼으라는 말과도 같으며, 국가의 필요성, 국가의 공익적 기능을 무시하는 매우 불순한 주장이다.

한편으로는 국가가 지출을 하더라도 복지 지출이 아니라 경제성장을 위한 지출을 해야 한다는 주장이 있다. 그러나 기업이 부유해지면 자연히 전체 국민이 부유해진다는 낙수효과 이론도 근거 없는 일방적 주장이며, 그것은 대중 빈곤을 전제로 하는 것이다. 기업이 부유해지기 위해서는 기업이 자국민에 대해서건, 다른 나라 국민에 대해서건 불평등 교환조건과 불평등 임금을 강요해야 하기 때문이다. 그러나 다수국민의 구매력이 없는 사회에서는 기업도 클 수 없다. 윤성식도 복지국가 망국론이 옳지 않음을 다음과 같이 말한다.

가난한 사람을 지원하는 것보다 부자를 지원해서 가난한 사람들이 혜택을 받도록 하자는 주장도 허구이다. 이 빅파이(big pie)론은 파이가 더 커지면 가난한 사람들이 갖는 몫이 작더라도 가져가는 절대적 크기는 커진다는 주장이다. 또 부자 덕에 가난한 사람도 잘살게 된다는 낙수경제론(落穗經濟論, trickle down theory)도 허구이다. 이러한 주장은 경제학적으로 증명되지 않은 그럴싸한 논리에 불과하다. … 부자가 돈을 더 벌면 가난한 사람들에게 혜택이 조금은 갈 것이다. 그러나 문제는 어디에 지원하는 것이 더 효과적인가에 대한 문제이다. 복지에 대해 적대적인 사람들이 만들어 낸 '복지국가 망국론'과 '부자 덕에 잘살자'는 허구는 이제 다시 생각해 볼 필요가 있다.[28]

3. 경쟁과 성과주의

1) 경쟁 기반 체제

자본이 영속되려면 끊임없이 이윤이 발생해야 한다. 그리고 이윤이 발생하기 위해서는 높은 생산성을 유지해야 하며, 그것은 자연히

---

28 윤성식, 앞의 책, p.57.

기업 간의 경쟁, 유사업종 간의 경쟁, 노동자 간의 경쟁, 사용자나
자본가 간의 경쟁을 유발한다. 그래서 경쟁이란 자본주의 체제를
유지하는 기본 원리이다. 통제경제나 계획경제가 아니라 자유방임적
경제에서는 결국 경쟁에 의해서 사회가 조절된다고 본다. 다시 말해서
자본주의 사회에서 경쟁이란 필요악이며, 그것은 나쁜 것이지만 체제
유지를 위해서는 필요한 것이라고 본다.[29]

이 경쟁의 종류에는 시장 측면에서 보면 가격경쟁이나 판매경쟁이
나 생산물의 품질경쟁이 있고, 인력시장의 측면에서 보면 취업을
위한 경쟁, 높은 임금을 위한 경쟁, 관리직이나 자본가가 되기 위한
경쟁, 전문직종을 얻기 위한 경쟁들이 있다.

그런데 경쟁은 인간을 혹사시키고 인간성을 파괴한다. 그래서 이런
경쟁체제를 인정하거나 절대시하고 당연시하는 태도는 잘못이다.
일본의 환경경제학자인 쓰치다 아쓰시는 현대의 경제학을 '강자를
위한 학문'이라고 비판한다. 타인에게 손해를 끼침으로써 이익을
얻는 구조야말로 사회를 병들게 하는 핵심이라는 것이다.[30] 그리고
인력 시장에는 '사다리 질서'가 지배한다. 노동경제학자 강수돌도
이런 경제를 바로 "인간을 죽음으로 몰고 가는 경제"라고 했다. 이런
사회는 죽음을 부르는 경쟁과 이윤의 법칙에 따라서 움직이는데,
바로 우리가 살아가고 있는 시장자본주의 경제가 이런 것이라는
것이다.

이렇게 승자가 모든 것을 독식하고(Winner takes it all) 정글의 법칙이

29 김대환, 『자본주의의 이해』, 비봉출판사, 1986, pp.54~55.
30 강수돌, 『살림의 경제학』, 인물과사상사, 2009, p.100.

지배하는 경쟁 속에서 사람들은 더욱 비인간화되고 원자화된다. 경쟁은 성장기 아동과 청소년에게도 내면화되고, 사회가 서열화되고 위계화되면 아이는 자라면서 계속 생존전략과 눈치보기, 성과주의를 익히게 되며, 더 나은 대학과 일류직장을 얻기 위해서 고통받게 되고, 그 가운데 대다수의 청소년은 심한 좌절감에 절망하게 된다. 왜냐하면 이러한 경쟁사회에서 성공하는 사람은 극소수이기 때문이다.

자살과 정신병이 늘어나는 것도 이런 이유에서이다. 치열한 경쟁은 초등학생부터 노인까지 인간을 계속 괴롭히며, 이에 더하여 도시화와 지역 공동체 파괴와 가정 파괴가 더욱 인간을 불행하고 고독하고 취약하게 만든다. 동시에 학교는 즐거운 배움터가 아니라 노동력을 키우고 강화하는 공장이 된다. 학교교육의 더 심각한 폐해는 성적이 좋은 학생과 좋지 않은 학생 모두가 정신적 상처를 받는다는 사실이다. 공부를 잘하는 학생은 경쟁자를 이기기 위해서 스스로를 억압한다. 반대로 공부를 못하는 학생은 만성적인 열등감에 시달린다. 강수돌은,

실패하면 좌절하고, 성공해도 공허함을 맛본다. 이렇게 경쟁사회에서는 대부분의 인생이 노동력의 사다리 질서 위에서 고통받고 살아간다. … 또한 60세를 지나 정년퇴직을 하면 사회적으로도 무용지물로 취급된다. … 자본주의 체제에서는 너나 할 것 없이 이렇게 인생을 헛살기 쉽다. 자본주의 경제가 전개되면서 인간은 하나의 생산요소인 노동력으로만 훈육되고 그렇게 훈육된 인간은 삶의 토대인 자연을 자원으로만 여겨 자연을 원료나 부품, 기계

따위로 가공하는 데 앞장선다.[31]

라고 한다. 결국 인간과 자연은 서로 조화로운 삶을 영위하기보다는 자본주의라는 체제 속에서 단순히 인적 자원이나 물적 자원으로 치환되어 이윤을 창출하는 수단으로 도구화되고 만다. 그러므로 '하늘 아래 인간이 가장 존귀하다'고 가르치는 불교의 입장에서 본다면 시장자본주의란 불교의 가르침에 역행하는 제도인 것이다.

2) 수단과 목적의 전도

인간이 다른 사람과 경쟁을 하게 되면 수단과 목적의 전도 현상이 생긴다. 경쟁이 일단 시작되고 나면 도중에 그만둘 수 없다. 이렇게 되면 행복이라는 목적은 사라져버린다. 아담 스미스는 경쟁의 속임을 긍정했으나, 그도 경쟁 자체가 인간의 행복을 빼앗아 가기 때문에 경쟁으로 인하여 인간이 행복해지지 않음은 인정하였다. 이는 물론 불교에서 말하는 지족知足과는 거리가 먼 것으로, 고통의 원천이 되는 것이다. 그래서 불교경제학의 목표는 자본주의적 시장경제가 강요하는 경쟁을 하지 않고 만족과 행복을 이룰 수 있는 경제를 만드는 것이고, 그래서 불교경제학의 기본 원리는 분배와 평등, 복지, 그리고 자족自足과 비경쟁이다.

　흔히 노동자의 보수를 결정함에 있어서 성과급이냐, 능력급이냐를 따지기도 한다. 이렇게 생산성에 따라서 보수를 주는 것은 일의 과정보

31　위의 책, p.32.

다는 일의 결과를 근거로 삼는 것이다. 또 성과보다 능력을 기준으로 정당한 몫을 정한다면 그것은 능력주의가 된다. 어쨌든 이 두 원칙 모두 사람들을 경쟁과 금전적 보수로 움직이게 하는 주된 동인이다. 그리고 시장은 이 원칙에 따라서 움직인다. 그리고 이것이 사람들을 무한경쟁으로 유도한다.

〈인생 자체가 목적이다〉

시장주의市場主義 속에는 '사람들이 생산에 기여한 정도에 따라서 그 대가를 지불받지 않는다면 사람들은 열심히 일하지 않고 최선을 다하려고 하지도 않을 것'이라는 가정이 전제되어 있다. 그러나 많은 학문이나 과학, 문화, 예술 등은 돈벌이 목적과는 상관없이 생겨났다. 오히려 돈벌이를 생각하지 않는 데서 더욱 인간에게 가치 있는 것들이 생겨났다. 위대한 교육이나 종교가의 생애는 더욱 그러하다. 경쟁이 사회를 발전시킨다고 하지만, 그것은 인간을 고통으로 몰아넣는다. 그러한 가치관은 시장주의자들, 다시 말해서 자본주의로 이득을 보는 사람들이 생산과 소비를 위해서 사람들 머릿속에 심어넣은 생각이다.[32]

성과주의에 입각해서 차별대우를 한다면 돈벌이에 재능이 있는 사람은 점점 더 많은 이익을 얻게 되고, 그렇지 못한 사람은 점점 더 낙오될 것이다. 따라서 시장에서 성과주의가 누적되면 빈부격차가 심해지고 소득불평등이 심화된다. 만일 성과주의나 능력주의에 의해

---

32 이정전, 『시장은 정의로운가』, 김영사, 2012, pp.129~130.

서 소득분배가 저소득계층에게 불리하게 돌아가고, 이것이 누적된 결과로 대다수의 국민의 빈부격차가 극심해지고 민심이 흉흉해지고 사회가 불안해진다면, 사회정의의 면에서 볼 때도 옳지 않다.

3) 시간과 성과주의

평화로운 마을에서 고아 소녀 모모는 따뜻하고 친절한 마을 사람들과 즐거운 나날을 보낸다. 그러나 언제부터인가 '회색 도당'들이 마을에 들어와서 사람들로 하여금 시간을 절약하도록 꾀어서, 이들의 꾐에 빠진 사람들은 시간을 아끼려고 바둥대고, 사람들은 피곤하고 짜증스러운 모습으로 바뀌어 간다. 친절도, 사랑도, 삶의 기쁨도 사라지고 거리도 그저 규격품으로 바뀌어 간다.[33] 모모의 작가 미카엘 엔데(Michael Ende)는 바로 이 '시간을 빼앗아 가는 도당들'을 통해서 자본주의라는 괴물을 고발하였다. 사람들은 자본주의가 주는 말초적 편리라는 미끼에 빠져서 결국 삭막하고 짜증스러운 인간상실의 나날을 살게 된다. 자본주의는 사람들을 수단 삼아서 시간을 아끼도록 하여 성과를 내도록 하고, 상호 경쟁을 시켜서 더욱 많은 성과를 내도록 유도한다.

자본주의 성장기에 나온 '시간은 금'이라는 벤저민 프랭클린(Benjamin Franklin, 1706~1790)의 금언은 동시에 '사람은 돈과 시간의 노예'라고 하는 선언문과도 같다. 그는 시간을 절약하면서 노동을 하면 나중에 그 결과로 한가한 시간을 얻을 수 있다고 했지만, 그것은 자본의

---

33 미카엘 엔데, 차경아 역, 『모모』, 청람, 1988.

사악한 꼬임에 불과하다. 또 자본이 주는 풍요라는 것도 오늘날 인간과 지구를 파괴하는 것일 뿐임이 입증되었다.

현대사회에서의 소비중독을 악성독감 인플루엔자(influenza)에 비유한 『어플루엔자(affluenza)』에서도, "벤저민 프랭클린은 인류가 그와 같은 생산수단을 마음껏 이용함으로써 생활에 필요한 모든 재화를 생산하는 데 필요한 노동을 하루 서너 시간으로 줄일 수 있다고 했다. 하지만 현실은 그 반대로 진행되었다"라고 지적한다.[34]

당시 저명한 종교지도자들도 노동 시간에 대해서 심각한 우려를 나타내었다. 그들은 노동자들이 영적靈的 문제, 즉 가치관과 진리에 관한 문제를 돌아볼 시간, 하느님을 영접할 시간이 없다고 한탄했다. 유대교 지도자들은 토요일 근무를 안식일 위반이라고 비판했고, 주5일 근무를 위한 싸움을 이끌었다. 가톨릭 지도자들도 검소한 안락을 보장할 생활임금 혹은 가족임금을 요구하고 나섰다.[35] 반면에 실업자들은 시간이 많았겠지만 그들은 의식주의 생계유지로부터 고통 받았기 때문에 하느님을 영접할 여유가 없었을 것이다.

4) 시장을 위한 교육

자본주의는 학교의 모습도 심하게 변질시켰다. 학교는 이제 더 이상 훌륭한 인간을 기르는 곳이 아니다. 그곳은 자본주의 시장경제에 맞는 노동자, 영업사원, 관리자, 기술자를 양성하는 직업훈련소이다.

34 존 드 그라프 등, 박응희 옮김, 『소비중독 바이러스 어플루엔자』, 나무처럼, 2010, p.219.
35 위의 책, p.229.

오늘날의 학교는 과거의 학교처럼 〈올바른 인간이 되기 위해서 노력하는 곳, 진정한 인간의 가치를 실현시키기 위해서 훈련하는 곳, 인간의 예지가 전승되는 곳, 올바른 덕성과 품성이 함양되는 곳〉이 아니다. 그래서 오스트리아 신부 이반 일리이치(Ivan Illich)는 "학교는 죽었다"고 말하고, 인간을 더 이상 자본주의의 돈의 노예로 만드는 이런 학교는 해체되어야 한다[36]고 주장했다. 올바른 학교는 죽었고, 해체되어야 할 학교만이 남았다는 뜻이다.

과거에는 올바른 인간이 되기 위해서 학교에 다녔으나, 현재는 좋은 직장을 갖기 위해서 학교에 다닌다. 과거에는 학교를 안 다녀도 먹고사는 데 지장이 없었으나, 오늘날은 학교를 안 다니면 가장 소득이 낮고 힘든 직업조차 얻기 힘들다. 그렇다고 해서 과거의 농업사회로 돌아가서 농사를 지을 수도 없다. 자본이 농업을 망쳐놓았기 때문이다. 오늘날의 세계무역 체제는 가난한 나라의 농부가 연명하기조차 허용하지 않는다. 이에 대해 노동경제학자 강수돌은 다음과 같이 말한다.

학교체제는 돈이 되는 상품의 생산 과정에 필요한 인적 자원을 양성하는 훈련소이다. 학교 시스템은 한편으로는 일 잘하는 노동능력을 키우고 다른 편으로는 말 잘 듣는 노동자세를 기르는 교과과정을 포함한다. 졸업장과 자격증, 개근상과 정근상 등을 수여하는 것도 그 일환이다.[37]

---

36 이반 일리치, 황성모 역, 『탈학교의 사회』, 삼성미술문화재단, 1970.
37 강수돌, 앞의 책, p.80.

또 프랑스 파리 8대학 경제학 교수인 베르나르 마리스(Bernard Maris)도 다음과 같이 말한다.

학교교육이 아이들에게 현실을 가르치기보다는 시장경제라는 당위만 가르치는 까닭은 학생들을 만인의 만인에 대한 '경제 전쟁'에 투입되는 모범병사로 훈련시켜서, 오랫동안 노동만 하다가 결국 쥐꼬리만 한 연금으로 일생을 마치게 하기 위해서이다.[38]

오늘날 초등학교와 중고등학교 교육을 결정하는 것은 결국 대학진학률이다. 학생들이나 학부모, 교사 모두 학생이 이른바 좋은 대학에 들어가는 것을 최고의 목표로 삼는다. 그런데 그 좋은 대학이란 기준은 바로 '취업이 잘 되는 대학'이다. 이것은 오늘날 대한민국 교육부의 대학평가 기준에도 잘 나타나 있다. 학생들의 덕성이나 인격, 교양 등은 평가에서 아예 제외되어 있다.[39] 교사나 교수 임용 기준에서도 교양이나 인격 품성은 제외되어 있고, 논문이라는 것도 전문직종 분야의 수행능력을 평가하는 것이다. 졸업생이 선호하는 좋은 직장의 우선순위도 급여給與인데, 높은 소득이란 결국 높은 소비생활을 위한

---

38 베르나르 마리스, 조홍식 옮김, 『무용지물 경제학』, 창비, 2008; 강수돌, 『살림의 경제학』, 인물과사상사, 2009, p.224에서 재인용.

39 교육부의 2013년도 대학 교육역량강화사업 기본계획에서, 우수대학 평가비율을 보면 취업률은 20% → 15%, 재학생 충원율은 20% → 17.5%로 줄고, 학사관리 및 교육 과정 운영은 20% → 22.5%, 등록금 부담 완화지수는 10% → 12.5%로 상향 조정됐다.(뉴스와이어 2013. 05. 23. 16:28)

http://media.daum.net/press/newsview?newsid=20130523162819096

것이며, 높은 소비생활이란 물질적 가치를 가장 중요하게 생각하는
물질의 노예를 의미할 뿐이다. 동시에 높은 소비생활이란 많은 쓰레기
를 만들어 냄을 뜻하며, 많은 물질적 생산이란 많은 자연 파괴와
자원 파괴를 뜻할 뿐이다.

높은 소득을 얻기 위해 필요한 노력과 투자는 자기 자신을 위한
시간을 빼앗아 가며, 소득이 많다고 해도 결국은 소비생활을 하느라고
소중한 인생과 관계를 잃게 된다. 고소득 직종을 수행하는 사람에게는
자기 자신을 함양하고 종교적 수행을 할 시간이 허락되지 않는다.
그럼에도 불구하고 교육 과정은 학생들에게 좋은 직장을 얻는 일로만
채워져 있다. 슈마허(Schmacher)도 무엇보다 가치의 교육이 중요함을
다음과 같이 역설하였다.

> 그러기 위해서는 교육이 무엇보다도 먼저 가치관을, 즉 인생을
> 어떻게 살아갈 것인가에 대한 관념을 전해 주어야 한다. 기술적
> 지식을 전하는 일도 필요한 일임에는 틀림없지만, 그것은 부차적인
> 것이다. … 오늘날 인류가 무서운 위기에 직면해 있음은 의심할
> 나위가 없지만, 그것은 과학, 기술적 지식이 모자라서가 아니라,
> 예지가 결여되어 이 지식을 사물을 파괴하는 데 사용할 우려가
> 있기 때문이다. … 교육의 핵심은 가치를 전달하는 데 있다고
> 말했는데, 가치는 우리의 몸에 배어들고 정신의 일부가 되지 않는
> 한, 인생을 이끌어나가는 구실을 할 수 없다.[40]

---

40 슈마허, 김진욱 옮김, 『작은 것이 아름답다』, 범우사, 2008, pp.85~86.

4. 돈이 지배하는 사회

1) 경제에의 종속

사물의 진정한 가치는 그 자체에 내재內在하고 있다. 세상에는 인간 생존에 필수불가결한 공기나 깨끗한 물, 자연환경 등은 물론, 가족이나 친지와 이웃, 혹은 각종 사회제도, 도덕, 사상, 혹은 문화재나 문화생활 등 값으로 매기기 힘든 가치들이 얼마든지 있다. 무엇보다도 인생 그 자체에는 값이 없다. 사람이란 사고파는 물건이어서는 안 되기 때문이다. 사랑이나 명예, 우정 같은 것도 그러하다.

한편, 가격이란 경제적인 측면에서 시장에서 거래되는 교환가치이다. 그럼에도 사업가나 경제학자들은 가치라는 말을 독점하여 시장가격이 그 사물의 가치인 것처럼 호도糊塗하여 왔다. 그러나 시장에서 교환되지 않는다고 해서, 혹은 판매되지 않는다고 해서 가치가 없는 것이 아님은 물론이다. 이것은 너무도 상식적인 것임에도 불구하고, 오늘날에는 시장에서 판매되는 가격이 그 사물의 가치를 결정한다고 하는 사고방식이 사람들의 의식을 지배하고 있다. 시장은 상품과 서비스의 진정한 가치를 평가하는 곳이 아니지만, 시장은 교환가치를 사물 자체의 가치로 착각시킨다. 그러므로 그것은 시장경제 자체가 매우 부도덕한 제도라는 것을 뜻한다.[41]

인간이 살아가는 일은 경제행위 이외에도 많다. 거기에는 교육행위도 있고, 종교행위, 정치행위도 있고, 집회 및 결사 행위도 있고,

---

41 김수행, 『정치경제학원론』, 한길사, 1988, p.47.

또한 음악이나 미술, 문학, 연극 등의 문화예술행위도 있다. 폭력이나 마약, 전쟁과 같은 불건전한 행위도 있다.

그런데 경제행위의 특징은 그것이 인간의 물질적인 생존조건, 즉 의식주를 지배하고 결정한다는 점이다. 경제적인 문제가 잘 해결될 때는 인간 생활에서 의식주가 차지하는 영역이 넓지 않지만, 경제적인 문제가 올바르게 운행되지 않는다면 다른 여러 가지 인간 활동이 큰 제약을 받게 된다. 그래서 공산주의에서는 경제구조가 인간 생활의 기본을 결정하는 구조라는 뜻에서 경제구조를 하부구조라고 규정한다. 더 나아가서 이 하부구조가 상부구조를 결정하고 지배한다고 하여서 인간 생활에 있어서의 경제행위의 중요성을 강조하였다.

그런데 자본주의에서는 자본이 생산의 주체가 된다. 그리고 자본은 자본가에 의해서 운영된다. 이렇게 생산된 물자는 상품화되며, 상품의 판매를 위한 시장을 필요로 하게 된다. 그래서 한 사회가 자본주의 사회가 되면 생산은 생계유지를 위한 생산(subsistence economy)이 되지 못하고, 상품을 위한 생산(market economy)이 된다. 즉 더 이상 인간의 경제행위는 생계형 경제가 되지 못하고 자급자족형 경제가 되지 못한다. 그리고 인간은 상품을 생산하는 자본, 즉 기업의 일부분이 되거나 부속품이 된다. 자본주의 사회란 자본을 중심으로 상품을 생산하는 기업과 시장, 그리고 소비자가 전제된다. 그리고 자본의 원활한 활동을 위해서 자유경쟁이 허용되며, 사유재산이 보장된다. 이러한 것들이 자본주의 사회가 유지되게 되는 장치들이다. 일본의 경제학자 미야자카 유쇼(宮坂宥勝)는 원래 경제는 인간에 있어서 생활의 수단은 될망정, 인간이 지향하는 목표가 될 수 없다는 사실을 꼭 확인해 둘 필요가 있다. 또한 근대화를 특징짓는 것은 산업혁명이며, 근대화와 공업화는 밀접한 관계를 가지고 있다. 확실히 근대는 경제문제가 가장 중요한 중심적 의의를 지니고 있는 시대라고 할 수 있다.[42]

라고 해서, 경제가 인간 생활의 목표가 되고, 현대인의 생활을 결정하고, 물질의 문제가 사람들에게 있어서 가장 중요한 가치가 되면서 그 결과로 정신적 빈곤의 시대가 도래하였음을 우려하였다. 미국 경제학자이고 오랫동안 역대 대통령의 경제자문 역할을 한 갤브레이스(John Galbreith, 1908~2006)도 이 사회가 "경박한 자가 장님의 손을 이끌고 가고 있는 위험한 사회"라고 경고하였다.[43] 이 표현은 물론 「마태복음」에 있는 "소경이 소경을 인도하면 둘 다 구렁에 빠진다"는 표현의 원용이다.

2) 사회의 경제화

근대 이전 사회에서 경제는 익명적 존재였다. 사람들에게 있어서 돈을 번다는 일이 인간 생활의 전부도 아니었고, 인생의 목표도 아니었다. 다만 그들은 농사를 짓고 자신들이 먹을 식량을 생산했을 뿐이다. 그러나 사람들이 농업을 떠나고 고향을 떠나서 취업을 하고 사업을

---

42 宮坂宥勝, 『불교에서 본 경제사상』, 도서출판 여래, 1990; 宮坂宥勝, 앞의 글, p.318.

43 슈마허, 앞의 책, p.14.

하기 시작했을 때, 그들의 인생 목표는 돈이 되었다. 이제 대도시에서 나고 자란 아이들은 사업을 해서 돈을 벌거나 취업을 해서 돈을 벌거나, 혹은 돈과 지위가 있는 집안의 일원이 되는 것이 인생의 목표가 되었다.

폴라니(Polanyi)는 "경제는 인간이 항상 의식해 온 주제이다"라는 생각이 잘못된 것임을 이해시키려고 노력하였다. 그는 "근대 이전 사회를 살았던 사람들은 원래부터 현대인보다 더 이타적이고 덜 이기적이었다. 이기심과 이득이라는 동기는 확실히 현재와 관련된 것이다"라고 하였다.[44] 그런데 이러한 이득의 동기는 근대 이전에는 종교적, 가족적, 정치적 동기의 그물망 속에서 제약되고 규제되었는데, 이제는 종교적, 가족적, 정치적 규제를 넘어서 당당하게 사회에서 가장 우선적인 가치로 정당화되고 있다. 시장경제는 오로지 시장가격에 의해서만 지배되는 경제이다. 그러나 전근대 사회에서는 이처럼 시장이 사회 전체를 지배하는 경우는 없었다. 생산과 판매를 통한 이윤, 취업을 통한 소득이 인간 경제에서 이처럼 중요한 몫을 한 적은 일찍이 없었다. 이렇게 우리 사회는 경제화(economization)된 사회가 된 것이다. 폴라니는 이를 오히려 역설적으로 "시장경제가 말하는 자유란 동료를 착취하는 자유, 자본가가 사회적 이득을 부당하게 가지는 자유, 기술 발달을 돈벌이에만 이용할 자유, 사회적 위기를 틈타 돈벌이를 할 자유"라고까지 말한다.[45]

---

44 존 스탠필드, 원용찬 옮김, 『칼 폴라니의 경제사상』. 한울아카데미, 1997, p.148.
45 위의 책, p.187에서 재인용.

3) 생산과잉

자본은 생산을 계속해야 하고, 생산물의 판매를 통해서 이윤을 계속 창출해야 한다. 그렇지 않으면 결국 자본가는 손실을 보고 그의 생산활동은 끝나게 된다. 그러나 어느 자본가라도 그러한 상황을 원하지 않는다. 그래서 자본은 확대재생산을 목표로 한다. 적자가 나더라도 활동을 계속하거나 사업을 계속하는 경우는 국가나 공공기관에 의한 공익사업뿐이고, 자선사업뿐인데, 자본주의 시장경제에서는 자선사업을 생산활동으로 보지는 않는다. 여기에서 자본의 생산행위를 통제하지 않는 한, 자본들 간의 경쟁은 당연한 과정으로 전제되거나 혹은 필요한 과정으로까지 미화된다. 그러나 이들은 경쟁이 인간에게 혹독한 고통을 불러온다는 것에 대해서는 눈을 감아버린다.

이렇게 자본은 확대재생산을 통해서 성장을 꾀하고자 하고, 이러한 과정의 결과는 필연적으로 생산과잉으로 이어진다. 자본이 스스로 성장을 멈추는 것은 경쟁에서 패하여 도산하는 경우뿐이다. 이제 기업들에게 있어서 경쟁관계는 생산에 있어서의 경쟁(보다 더 잘 팔리는 제품을 만들고자 하는 경쟁과, 생산비를 더욱 낮추고자 하는 경쟁)으로부터 판매의 경쟁, 즉 시장지배의 경쟁으로 이어지고, 그 경쟁은 자연히 구매욕을 부추기는 수요촉발로 이어진다.

그래서 이제는 과잉생산에 의해서 지구가 파괴되고 자원이 고갈되며, 생산된 물건을 판매 소비시키기 위해서 사람들을 물질에 중독시키는 시대가 되었다. 그러나 생산이란 '없는 것을 만들어 낸다'는 의미이지만, 실제로 물질의 측면에서 보면 그것은 물질의 형태와 성질이 변하는 것이다. 그래서 그것은 새로 만들어지는 측면에서 보면 생산이지만, 만들어지기 전의 측면에서 보면 파괴이다. 즉 생산이란 생산된 것만큼 동시에 파괴된 것들이 있음을 의미한다. 그런데 이 파괴된 것들 중에는 공기나 물처럼 파괴되어서는 안 될 것이 대단히 많다. 한편, 생산에 의해서 이득을 얻는 사람들에게는 파괴로 인한 손실에 대한 대가나 책임을 묻지 않기 때문에 파괴는 계속된다.

자본은 인간을 행복하게 해준다는 미명하에 생산을 당연시해 왔고, 그 과정에서 무수한 자연과 자원이 파괴되고, 물자가 낭비되었다. 그렇기 때문에 생산에는 그 이상의 희생과 손실이 따른다는 점, 그리고 생산을 하지 않는 것이 오히려 가치 있는 행위일 수 있다는 점을 인식해야 한다는 사실이 중요하다. 그래서 태국의 파유토(Payutto) 스님은 다음과 같이 말한다.

사람들은 생산을 통해서 새로운 물건이 만들어진다고 생각하지만, 이 전환에는 과거의 상태로부터 새로운 상태로의 변화를 수반한다. 그래서 생산이란 늘 파괴를 동반한다. 그런데 어떤 경우에는 이 파괴가 괜찮은 것이지만, 그렇지 않은 경우도 많다. 그러므로 생산을 금지하는 것이 더 나을 때도 있는 것이다. 이것은 파괴를 위한 생산품의 경우에는 반드시 그러하다. 예를 들어 군수산업에서 라면 생산을 하지 않는 일이 언제나 옳은 것이다. 또 자연 파괴나 환경 파괴로 이어지는 경우에도 종종 비생산이 더욱 옳다. 그러므로 이를 결정하기 위해서 우리는 긍정적 결과와 부정적 결과 사이의 중요성을 분간해야 한다. 즉 생산이 복지를 높이는 생산인가, 그것을 파괴하는 생산인가를 잘 분간해야 한다는 말이다. 이런

측면에서 본다면 비생산非生産도 중요한 경제적 행위이다.[46]

4) 구매욕구

사람들이 제품을 구매하는 것은 그것이 필요하기 때문이라고 하지만, 그 필요성은 대부분의 경우 기업이, 혹은 시장이 만들어 낸 것이다. 제품이 있고, 사고 싶은 마음이 들도록 만들어서 사람들로 하여금 구매하도록 하는 것이다. 그러나 그러한 소비재들이 인간을 행복하게 해 주지 않는 것임은 물론이다. 물질이 풍족하지 않았던 시대에도 지금보다 인간이 불행하지 않았다는 사실을 보면 잘 알 수 있다. 물론 물질 중에는 인간 생활에 큰 혜택을 주는 물질도 있고, 과학기술의 발달에 의해서 인간 생활이 더욱 편리해진 것은 사실이다. 그러나 현재 생산 판매되는 대부분의 제품들의 경우, 인간 생활에 실질적인 도움을 주거나 생존에 실질적인 필요성을 주는 것은 많지 않다. 또 인간 생활에 꼭 필요한 재화들은 경우에 따라서 공공재로서 공급될 수도 있다. 자본주의 시장에서 공급되는 물품의 대부분은 비록 그것이 필요하다고 선전되지만, 실제로 그러한 것은 아니다. 그럼에도 인간은 그것을 위해서 너무도 큰 대가를 치르고 있다.

시장은 생산된 제품을 경쟁적으로 많이 팔기 위해서 구매욕구를 자극한다. 그리고 이렇게 자극받은 인간은 자연히 많은 돈을 필요로 하게 되고, 결국 많은 돈을 추구하며, 돈에 따라 울고 웃는 존재가 되고, 스스로를 매우 불행한 사람이라고 생각하게 되며, 돈을 가치의

---

46 파유토(Payutto, P.A), *Buddhist Economics*, Buddhadhamma Foundation, 1994, p.52.

우위에 두게 된다. 한마디로 말해서 돈의 노예가 되고 물신주의物神主
義에 사로잡히게 되는데, 결국 이러한 가치관은 인간 파괴를 초래하고
더 나아가서 공동체를 파괴시킨다.

　이를 강수돌은 '부자강박증富者强拍症'이라고 불렀는데, 돈이란 삶
의 구체성을 추상화하고 인간적 욕구충족과는 거리가 멀기 때문에,
돈을 통한 욕구의 충족은 극히 제한적이라는 것이다.[47] 그리하여
국민들의 가치관은 돈에 의해서 결정되며, 함께 사는 사회가 돈을
위해 죽고 사는 비참한 사회가 되어버린다는 것이다.

　경제학자들은 경제의 핵심인 분배의 문제를 외면하거나 회피한다.
그들은 시장의 자유, 돈벌이의 자유, 무역의 자유, 경쟁의 자유를
주장하면서도 진정한 삶의 자유를 말하지 않으며, 경쟁의 자유
끝에는 반드시 독과점이 출현한다거나 돈벌이의 자유를 위해 노예
적인 노동이 전제된다는 점을 이야기하지 않는다. 그들은 오로지
'자원은 유한하고 욕구는 무한하니 파이를 효율적으로 크게 만들어
야 한다'는 점만 강조한다. 그래서 수단의 역할을 하던 효율성이
어느새 목적성이 되고 만다. 이런 맹목적인 성장 과정에서 사람들
은 국민총생산(GNP) 경쟁을 한다. 이제 신神의 자리 대신에 돈이
신격화되고 인간성과 다양성 대신 효율성, 생산성, 수익성이 중시
된다.[48]

---

47 강수돌, 앞의 책, p.12.
48 위의 책, pp.224~225.

58

종교적 가치는 대개 신神이라고 표현되거나 진리, 진여眞如, 법계法界, 자성自性 등으로 표현되지만, 결국 현실에서 그것은 인간의 존엄성, 서로 돕는 마음, 자비와 지혜, 소욕지족의 마음, 아껴 쓰고 절약하는 마음 등의 형태로 구체적으로 드러난다. 그러나 돈이라는 것이 인간의 존엄성을 파괴하고, 지혜와 자비심을 방해하고, 서로 돕는 마음을 없애면서 경쟁과 이기심만을 유도한다면, 그리고 이 사회를 상대방이 죽어야지만 내가 사는 사회로 만든다면 결국 그 돈이란 바로 종교에서 말하는 악마惡魔와 다름없는 것이며, 인간 사회를 그러한 사회로 만드는 경제 체제란 바로 종교의 입장에서 보면 악마의 체제와 다름없다. 이는 다시 말해서 인간의 가치를 위해서 노력하는 종교는 이러한 체제를 지적하고 변화시키는 일에 적극 대처해야 한다는 것을 뜻한다.

5. 노동 강요와 대중 빈곤

1) 노동의 강요

자본주의 시장경제에서는 인간이 노동을 강요당한다. 도시생활의 높은 생계비를 감당하기 위해서 노동자는 노동을 해야 하고, 소비시장에서 유혹하는 소비재들을 누리기 위해서는 자신의 노동을 노동시장에 팔아야 한다. 그리고 그 결과로 노동자는 만성적인 채무자로 살아야 한다. 사람들이 그것에서 벗어나기 위해서는 농촌에서 자급자족적 소농으로 살아야 하지만, 그렇게 살기에는 자본의 유혹과 주변의 강요가 너무 심하다. 폴라니는 이런 상황을 전근대사회前近代社會와

비교하여 설명하였다. 일반적으로 미개사회에서는 한 공동체가 통째
로 곤경에 빠져들지만 않는다면 개인들이 굶어죽을 염려는 없다는
것이다.

> 식민지 지역에서는 노동이 다른 생존활동에서 떨어져 나와 시장법
> 칙에 종속된 결과, 모든 유기적인 생활 형태는 근절되고, 개인주의
> 적 조직으로 대체되었다. … 원주민은 노동을 팔아 생계를 유지하
> 도록 강요당한다. 이러한 목적을 위해 그들의 전통적인 제도들은
> 파괴되고 뿌리 뽑힌다.[49]

2) 가족 해체와 고향 상실

농업사회가 파괴되면 인구가 도시로 이동하고 그에 따라 종전의
가족구조와 지역 공동체가 파괴된다. 도시사회란 기본적으로 개인의
개별성이 보장되고 익명성이 있어서 이웃과의 유대가 없고, 직장에서
의 공동체적 유대도 생길 수 없다. 직장 자체도 임시적인 것이고
언제라도 변할 수 있다. 따라서 공동체 파괴는 도시화를 근간으로
하는 시장자본주의의 특징적 소견이다. 그리고 이에 따라 인간은
가족과 고향이라는 소중한 것을 잃게 되고, 가족 없이, 이웃 없이,
친구 없이 정신적으로 고독하게 방황하게 되고, 인생의 어려움에
직면해도 혼자서 감당해야 한다. 또 이러한 상황에서는 사회를 개선시
킬 수 있는 공동의 노력도 불가능하게 된다.

---

[49] 칼 폴라니, 『거대한 변환』, 민음사, 1991, p.204.

현재 우리나라에도 외국인 노동자들이 많이 들어와 있다. 이들은 한국에서 취업의 기회를 얻고, 고국과 가족을 떠나 이국에서 고생을 한다. 고용주는 외국인 노동자에게는 적은 임금을 주고도 같은 양의 일을 시킬 수 있기 때문에 이들을 고용한다. 우리는 이러한 현상에 너무 익숙해 있고, 이러한 임금의 불평등, 환율이 만들어 내는 불평등에 익숙해 있으나, 그러나 그것이 온당한 현상은 아니다. 베트남 사람이 한국 사람보다 값어치가 1/2이고, 네팔 사람이 한국 사람보다 값어치가 1/3인 것은 아니다. 모든 사람이 평등하게 귀하다는 불교의 가르침으로 보면 이는 분명히 잘못된 일이다. 그 사람들은 고향을 떠나서 맞지 않는 기후에서 더욱 고생을 하니까 임금을 더 많이 주어야 한다고 생각할 수도 있다. 그럼에도 자본주의 시장경제에서는 이를 당연한 것으로 간주한다.

인간은 본래 노동을 하기 위해서 이 세상에 태어난 것은 아니다. 어린아이나 노인처럼 노동할 수 없는 기간을 보내기도 한다. 또한 육체적 장애 때문에 노동력은 없더라도 인간으로서는 충실한 삶을 사는 사람도 있다. 그럼에도 시장과 기업은 인간을 노동하는 기계로만 취급한다. 즉 자본주의는 인간을 기계로 취급하는 제도이다. 기업은 급료를 적게 주기 위해서 외국인 노동자를 고용한다. 헌데 노동자가 가족과 고향을 떠나 있으면 노동의 효율성이 오히려 높아진다고 한다. 기업가는 이런 점도 악용惡用한다. 미국 남부의 목화재배에서 현지인을 쓰지 않고 아프리카 노예를 쓴 것도 같은 이유라고 한다.

생활현장을 떠나 해외로 돈을 벌러 나가면 마을잔치, 친척 결혼식에도 참석할 수 없고, 친구들과 만나지도 못하고, 심지어는 부모가 돌아가셔도 가보지 못한다. 오로지 일만 하고 돈을 모아 가족에게 송금할 생각만 하는 것이다. … (이는) 생활에서 노동을 분리하고 노동력만으로 가치를 평가하는 것이 갖는 이점 때문이다.[50]

그러나 결국 이렇게 인간을 짐승처럼 부리는 이면에는 노동자들의 비참한 생활이 있다. 일본 류코쿠(龍谷) 대학의 생태경제학자인 나카무라 하시시(中村尚司)는 이렇게 생활현장에서 분리되어 상품화된 노동력을 다시 생활로 되돌릴 수 있는 길은 노동력을 지역화(localization)하는 방법이라고 주장한다. 가능한 한 노동현장과 생활현장을 가깝게 해야 한다는 것이다.[51]

3) 상대적 빈곤화

자본주의 사회에서는 자본이 대기업으로 집중되게 하고 자영업자와 중소기업이 몰락하여 대중 빈곤 사회가 초래되고, 빈익빈 부익부가 초래된다. 사회 구성원 대부분이 노동자나 실업자 혹은 빈한한 자영업자로 전락하는 상황에서, 대중은 경제적 궁핍에 시달리게 되고 결국 이들은 최저생존, 절대생존을 위해서라도 우선적으로 돈의 지배를 받지 않을 수 없게 된다. 물론 한 사회가 이렇게 되지 않으려면 노동자의 단결력이 강해서 기업으로부터 상당한 임금을 보장받거나, 혹은 복지사회가 이룩되어 절대빈곤층이 사라지게 되면 가능하지만, 대부

---

50 나카무라 히사시, 『공생의 사회 생명의 경제』, 한살림, 1995, p.77.
51 위의 책, p.78.

62

분의 사회는 그렇지 못하다.

자본가는 시장경쟁에서 지지 않기 위해서 생산을 확대하고, 생산의 기술적 수준을 높이며, 노동생산성을 강화한다. 그렇기 때문에 확대재생산은 자본주의의 기본 법칙이다. 이때 자본의 축적은 잉여가치를 자본으로 변화시키는 방식으로 이루어진다. 축적이 진행되는 과정에서 자본의 유기적 구성이 고도화되고 생산과 자본의 집중 과정이 강화된다. 그리고 이러한 과정은 실업자를 양산하는 동시에 여성노동과 아동노동을 증가시키고 노동 강도를 높인다. 즉 자본주의의 발전에 따라서 노동자의 상대적 빈곤화는 더욱 커지고 임금은 계속 내려가서 임금은 점차 노동력의 가치 이하로 떨어진다.[52] 한편으로 자본가 계급의 막대한 부는 사치와 도덕적 타락으로 이어진다.[53] 이렇게 하여, 자본주의가 심화될수록 본질적으로 대중 빈곤이 심화되어 가는 숙명에 처하게 된다.

대량의 빈민은 전자본주의 사회에서는 발생하지 않는다. 가난하다고 해도 그들은 가족 공동체, 지역 공동체에 속해져 있고, 나름대로 생계경제에 익숙해져서 살아왔기 때문이다. 그러나 대량 빈곤이 생기는 것은 고향을 떠나고 가족을 떠나서 생계경제 체제에서 이탈된 연후에 자신의 노동력마저 자본에 팔 수 없게 되면 생기는 것이다. 자본은 값싼 노동력을 공급받기 위하여 빈곤한 대중을 선호한다.

---

52 이것이 리카르도(David Ricardo)의 임금의 철칙이다. 즉 "임금은 생명의 유지, 종족의 보존에 필요한 최저선까지 하락하는 불가피한 경향을 지닌다"는 것이다. 존 갈브레이드, 김태선 역, 『불확실성의 시대』, 홍성사, 1978, p.48, p.137.
53 양상철, 『경제사학습』, 세계, 1987, p.240.

4) 착각된 풍요

대개의 자본주의 국가에서 국민대중은 물질적인 풍요를 누리고 있는 듯이 보인다. 그러나 그것은 동시에 노동과 소비를 강요당한 상태에서의 상대적인 풍요이고, 잘못된 금융제도에 의한 유혹된 풍요이고, 그 결과로 소비대중은 만성적 채무자로 전락된다. 동시에 그러한 풍요는 물질에 대한 끝없는 갈망을 일으킨다. 겉으로는 풍요로운 듯이 느껴지지만 실상은 온 국민이 채무자이면서 기초생계를 위하여 허덕여야 한다.

또한 그 풍요가 환각적인 것이 아니라 실질적인 물질적 풍요라고 하더라도, 그것은 후진국이나 제3세계를 착취한 대가로 누리는 풍요이다. 그 풍요는 후진국의 자연과 에너지를 싼값에 이용하고 파괴하면서, 후진국의 노동력을 싼값에 이용하면서, 동시에 자국에서 남아도는 상품을 후진국에 비싸게 팔아서 착취한 결과이다. "자본주의의 내부 모순이 후진국에 대한 착취를 통해서 해소되기 때문에, 무엇보다도 제국주의 식민지 지배 상황이 극복되어야만 자본주의가 극복될 수 있다"고 주장한 것이 레닌의 제국주의帝國主義 이론이다.

제국주의란 자본주의의 독점적 단계이다. 이 단계에 선행한 자본주의 발전 시기, 즉 자본주의적 생산관계가 사회의 생산력 발전에 진보적 역할을 담당하던 시기는 산업자본주의 시대이다. 그때는 자본주의가 비교적 원활하고 평화적으로 발전한 시기였고, 자유경쟁이 지배적이었다. 여기에 비하여 자본주의의 새로운 단계에서는 독점이 지배적으로 되었다.

자본주의가 발달할수록, 원료의 결핍이 심각해질수록, 전 세계

독점자본 간의 경쟁 및 원료자원의 획득 노력이 첨예화되면 될수록, 그만큼 식민지와 반식민지를 서로 획득하려는 경쟁이 계속된다. 이로 인해 후진국뿐 아니라 선진국 공업지역까지를 획득하려는 활동이 점점 격화되어 열강 간의 제국주의 전쟁은 불가피하게 된다. 이들 지역이 제국주의에게 주는 의미는 판매시장, 원료자원, 투자대상 등이다. 따라서 이들 지역의 생산력의 자주적 발전은 억압되고, 민중에 대한 수탈은 극히 가혹해진다. 코하시 쇼이치(孝橋正一)는 이 점에 관해서 다음과 같이 말한다.

> 미국 노동자의 높은 생활수준은 라틴아메리카나 아시아, 아프리카 노동자의 저하된 노동생활 조건에 의해서 가능하게 되었던 것이며, 또한 미국에 종속하여 그것에 의해서 악영향을 받으면서 역시 상대적인 높은 수준을 지키고 있는 일본 노동자의 생활수준은 한국, 대만, 동남아시아 노동자들의 열악한 노동생활의 제 조건에 의해서 가능해졌다.[54]

5) 부의 편중과 불평등

중국 춘추전국시대에는 철기가 본격적으로 보급되어 농업생산력이 높아지고 물자가 크게 늘어났지만 오히려 대륙은 수없이 많은 나라로 갈라져 서로 싸우는 시대가 되었다. 서구에서도 산업혁명 이후 물자가 풍부해지면서 오히려 더 극심한 착취가 자행되었고, 거지와 극빈자가

---

54 코하시 쇼이치(孝橋正一), 석도수 역, 『현대불교의 사회인식』, 도서출판 여래, 1983, p.142.

늘어났으며, 민생고가 심해지고, 정치적 소요와 혁명이 일어났다.[55]

그래서 우리는 파이를 늘이는 것이 급선무인지, 아니면 분배가 더 먼저인지 생각해 보아야 한다. 자본가들과 정부와 언론은 '한 사회의 전체적인 부가 커지면 빈곤문제나 열악한 노동조건 문제가 해결된다'고 주장한다. 이른바 파이 이론(Pie 理論)이다. 그러나 한쪽으로 과다하게 쏠린 부가 자연히 분배 쪽으로 흘러서 함께 잘살게 되는 사회가 되기는 힘들다. 역사적으로도 그러한 예는 없고, 논리적으로도 불가능하다. 우선 자본이 커나가기 위해서는, 즉 파이를 키우기 위해서는 노동자들의 급여나 근로조건을 좋게 해 주어서는 안 되고, 소비대중도 계속 생산된 상품을 소비시켜 주어야 하기 때문이다. 이처럼 자본의 성장은 우선 대중의 빈곤을 전제로 한다. 이렇게 형성된 자본은 국가의 강제력에 의하지 않고서는 스스로 이익을 빈민대중이나 노동대중에게 분배해 주지 않는다.

자본은 약육강식의 밀림 속에서 끊임없이 생존의 위협을 받는다. 설사 경제가 성장하여 GNP가 높아졌다고 해도 국민들이 잘살게 되는 것은 아니다. 편중된 부는 사회악을 만들어 낸다. 부자들이 도덕적 인간이라는 근거는 없으며, 오히려 도덕적 인간은 자본주의 사회에서 큰 부자가 되기는 어렵다고 해야 할 것이다. 근면성실의 덕목은 건전한 생활인에게 해당되는 이야기이며, 약육강식의 정글에서 살아남기 위해서는 도덕적이 되어서는 곤란하다. 그렇기 때문에 이렇게 형성된 부가 도덕적으로 사용되기를 기대하기는 어렵다.

---

55 이정전, 『시장은 정의로운가』, 김영사, 2012, p.21.

로마제국이 멸망하기 전, 우선 농촌사회가 먼저 파괴되었다. 지주와 황실의 농촌에 대한 강도 높은 착취는 서서히 로마사회를 붕괴시켰다. 동로마보다 서로마가 먼저 망하게 된 것도 서부유럽에서의 농민들의 파괴가 심했기 때문이다.[56] 또한 로마제국의 번영은 정복에 의한 영토의 확장과 이에 수반된 전리품의 산물이었다.[57] 즉 자영농민을 죽이고 단순한 이전移轉소득에 의해서만 누려지던 영화와 번영은 그 조건이 끝나면 곧 허물어지고 마는 것이다. 경제가 성장할수록 불평등은 심화되는데, 그것이 자본주의의 생태학적 특성이다.

실업과 빈곤은 어느 나라에서나 가장 큰 문제이다. 자본주의가 발달하여 실업과 빈곤이 사라지기를 기대했지만, 자본주의가 상당히 발달한 지금에도 여전히 실업과 빈곤은 가장 큰 경제문제이다. 그러므로 오늘날 더 이상 시장자본주의가 인간을 행복하게 해 줄 수 없다는 것은 입증된 셈이다. 한편에서 실업과 빈곤이 만연하고 있는 동시에, 많은 물건들은 매장에서 팔리지 않고 버려지는 불경기가 계속된다. 기업은 계속 도산하고, 극소수 대기업만이 살아남는다. 이것이 자본주의 시장경제의 숙명이다. 그 과정에서 인간이 받는 고통은 이루 말할 수 없다.

자본주의가 발달되었다고 하는 미국이나 일본에서도 대중은 빈곤하고. 극빈자는 더욱 궁핍하다. 아프리카나 중남미 저소득국가에서는 더욱 말할 것도 없다. 유럽 여러 나라에서는 그 정도가 덜하지만 그것은 그 나라들이 바로 자본주의의 이러한 폐해를 직시하고 분배와

56 배영수, 『서양사강의』, 도서출판 한울, 2012, p.84.
57 민석홍, 『서양사개론』, 삼영사, 2004, p.132.

복지 제도를 적극적으로 실시하여 왔기 때문이다. 장 보드리야르(Jean Baudrillard)는 성장을 사회학적 측면에서 분석하였는데, "결국 성장의 신화란 특권계급이 계급 유지의 필요성에 의해서 의도적으로 만들어 낸 개념"이라고 말한다.

> 우리는 저들이 풍부함의 기본으로서의 GNP의 허구를 내보이는 순간부터, 성장이 우리를 풍부함에 가까이 다가가게 하지 않는다는 사실을 확인하지 않으면 안 된다. … 이러한 사실은 성장에 대해서 다른 견해를 지니도록 한다. … 성장 자체가 불평등에 의존하고 있다고 말해야 할 것이다. 불평등한 사회질서, 즉 특권계급을 만들어 내는 사회구조가 전략적인 요소로서 성장을 생산하고 재생산한다는 것이다.[58]

즉 이러한 성장의 신화가 불평등을 만들어 내고, 빈곤을 만들어 내고 공해도 만들어 낸다고 하는 것이다. 결국 성장할수록 부익부 빈익빈이 심해진다는 것이 성장의 숙명이며, 국민 대다수가 빈자가 된다는 측면에서, 성장이란 부자 혹은 특권계급에 봉사하는 체제이다. 헬레나 노르베리-호지가 『오래된 미래(Ancient Futures)』에서 묘사했던 히말라야 라다크(Ladakh) 마을의 변모는 빈부귀천의 차이가 없이 만족하며 평화롭게 살았던 레(Leh) 왕국의 라타크 마을이 관광객들에게 개방되고 자본주의 시장이 들어오면서 빈부의 차이가 극심하게 나타나고 배금주의가 심해지고, 권력계층이 생겨나는 변화의 모

---

58 장 보드리야르, 이상률 옮김, 『소비의 사회』, 문예출판사, 1999, p.67.

68

습[59]을 드라마틱하게 설명해 주고 있다.

6. 과잉소비와 소비창출

1) 욕구창출

자본주의 사회에서는 생산 자체가 끊임없이 소비자 수요를 창출한다. 수요라는 것은 원래 인간이 살아가는 데 필요한 것들을 뜻했는데, 그러나 자본주의 시장생산 시대에는 생산이 수요를 만들어 낸다. 즉 사람들은 필요치 않은 재화들을 구입하기 위해서 노동을 하고, 그럼에도 여전히 결핍과 빈곤을 느끼고, 소유 욕구의 미충족으로부터 고苦를 일으킨다. 그런데 이러한 현상은 대단히 위험한 것이다. 이 욕구라는 것이 소비자 자신의 필요에서 비롯된 것이 아니라 외부로부터의 자극에 의해서 부추겨진 것이기 때문이다. 갤브레이스도 일찍이 오늘날의 생산을 다음과 같이 경고하였다.

> 옛날에는 생산증대가 굶주린 사람에게 식량을, 추운 사람에게 의복을, 집 없는 사람에게 집을 제공하는 것을 뜻했다. 그런데 오늘날 생산증대란 더 우아한 고급 자동차와 색다른 음식, 멋진 옷, 세련된 오락 등, 한마디로 감각적이고 부도덕하고 파괴적인 현대인의 욕망을 충족시켜 주는 것을 뜻한다. 그리고 경제이론은 이러한 변화에 맞춰 소비욕구의 충족이라는 개념을 변화시킨다. 이런 욕망과 그 욕망을 충족시키는 생산을 옹호하는 경제이론은…

[59] 헬레나 노르베르-호지, 김종철·김태언 역, 『오래된 미래』, 녹색평론사, 1997.

대단히 저속한 것이고, 어떤 의미에서는 위험천만한 것이다.[60]

사람들은 자신이 자유롭게 소비한다고 하지만 실제로는 다른 무엇에 의해서 조종되고 이끌리어 구매하고 소비한다. 상품은 생산자의 의도에 의해서, 광고자의 기획에 의해서, 그리고 다른 사람의 평가에 의해서 구매된다. 그래서 그는 "욕구를 충족시키기 위해 재화를 생산하는 것이 도리어 욕구를 만들어 낸다면, 또는 욕구가 생산과 병행해서 나타나는 것이라면, 더 이상 욕구의 시급성이 생산의 시급성을 옹호하는 데 사용되어서는 안 된다"[61]고도 말한다. 문제는 현대인의 물질적 욕구가 의도적으로 만들어진 것이며, 그 욕구는 이윤의 동기에 의해서, 의도적으로 소비시키기 위해서 만들어지는 것이라는 점이다. 그러나 사람들은 이렇게 의도적으로 만들어진 욕구에 의해서 스스로 가난하다고 생각하고, 그것 때문에 범죄를 저지르고, 끝없는 갈증과 불만(불교적 용어로는 갈애, Taṇhā)을 느낀다. 이렇게 자본은 생산된 재화를 소비시키며 온 국민을 채무자로 만들고[62] 은행은 그 사이에서 이득을 챙긴다.

2) 소비의 신화
소비가 재화의 결핍과 그에 다른 필요에 따라서 이루어진다고 하는

---

60 존 갤브레이스, 노택선 옮김, 『풍요한 사회』, 한국경제신문, 2010, p.149.
61 위의 책, pp.160~161.
62 제윤경·이헌욱, 『약탈적 금융사회』, 부키, 2012, pp.115~122. 2014년 현재 대한민국 국민의 가계부채 총액은 1,300조 원이다.

고전경제학에 대한 도전은 베블렌(Thorstein Veblen, 1857~1929)의
『유한계급론有閑階級論』[63]에서 제기되었는데, 그는 사치품들이 높은
값으로 팔리는 현상, 재화의 가격이 귀족들의 취향과 소문에 의해서
등락하는 현상, 혹은 자기과시를 위해서 재화를 의도적으로 파괴시키
는 현상 등을 연구해 과시적 소비(conspicuous consumption)라는 개념
을 제시하였다. 소비가 결핍과 필요에 의해서만 이루어지는 것은
아니라는 것이다. 일찍이 베블렌은 부자들의 경제생활이 매우 낭비적
이며 비합리적이고 부도덕하다는 점에 관심을 두고 이들을 연구하였
는데, 역시 부자들의 과시적 소비란 도덕적인 면에서도 비난받을
만한 것이다.

한편, 장 보들리야르는 현대사회에서는 소비가 인간족속의 새로운
신화가 되었고, 현대세계의 도덕이 되었다고 비판한다. 그의 소비이
론은 '현대사회에서 소비는 경제적 필요에 의해서가 아니라 하나의
신화처럼 대중들에 의해서 광신적으로 추구된다'는 점을 분석한 것이
다. 물론 이러한 신화는 자본과 그에 봉사하는 매스컴, 지식체계,
문화체계 등에 의해서 만들어진 것이다. 그는 자본주의 사회에서의
생산과 성장이 소비자로 하여금 인위적으로 욕구를 창출해 내는
과정을 다음처럼 서술하고 있다.

사회 전체가 도시화되고 커뮤니케이션이 완벽하게 되면, 욕구는…
비약적으로 증대된다. 유행의 완전한 독재가 뒷받침해 주는 이

---

63 베블렌, 정수용 역, 『유한계급론』, 광림사, 1977.

확산, 이 차이의 연쇄반응이 일어나는 기하학적 장소가 도시이다. ··· 특히 도시라는 말은 경쟁 그 자체이다. 동기, 욕망, 만남, 자극, 다른 사람들에 의한 끊임없는 판정, 계속되는 성욕 자극, 정보 선전의 유혹, 이 모든 것이 경쟁이라는 현실 기반에서 집단 참가라는 일종의 추상적 운명을 구성한다.[64]

그래서 그는 재화의 생산과 성장이 시민들로 하여금 풍족감을 느끼게 하는 것이 아니라 끊임없는 결핍감을 느끼게 한다고 주장한다. 자본주의 생산경제는 물자와 재화를 풍족하게 하는 것이 아니라, 소비촉발 유인에 의해서 계속 자신들이 빈곤하고 결핍하다는 생각을 만들어 낸다. 물자가 아무리 풍부해도 사람들은 자기 자신이 결핍되어 있다고 느끼고, 또 그러한 의식에 조종되어, 힘들여 취업을 하고, 노동을 강요받게 되고, 소비를 강요받게 된다. 이렇게 자본주의 체제가 유지되기 위해서는 물자가 아무리 풍부하더라도 사람들이 끊임없이 결핍을 느껴야만 한다. 그러므로 이러한 모순을 극복하는 길은 사람들이 매스미디어와 광고, 그리고 경쟁의식에 현혹되지 말고, 스스로 만족감을 가지고 살아갈 수 있도록 마음의 힘을 기르는 일이다.
　이러한 결핍의식, 대중의 빈곤의식을 이용하여 이득을 보는 사람들은 결국 자본가 계급이다. 이들의 특권은 대중의 빈곤에 의해서 보장되고 강화된다. 즉 자본의 특권과 대중의 빈곤은 필연적인 관계이며, 이들이 자신들의 특권을 계속 유지하기 위해서는 계속적으로 대중에

---

64 장 보드리야르, 『소비의 사회』, 문예출판사. 1999, pp.88~89.

게 결핍의식, 빈곤의식을 만들어 내어야 한다.

3) 무소유의 사회

이러한 대중의 소비심리-결핍심리는 원시인들과 비교해 보면 잘
드러난다. 경제인류학자 마샬 살린스(Marshal Sahlins)의 수렵채집민
들(오스트레일리아, 칼라하리 사막의 원주민들)에 대한 연구에 의하면
그들은 절대빈곤 속에서 살면서도 어떤 것도 소유하지 않고 어떤
것도 남기지 않고, 그때그때 모든 것을 소모하며 산다.

> 그들은 자신들이 가지고 있는 것에 집착하지 않고 그것들을 버리면
> 서 더 좋은 곳으로 이동해 간다. 생산 장치도, 노동도 없다. 그들은
> 말하자면 여유가 있을 때 수렵하고 채집하며 손에 넣은 모든 것을
> 나누어 가진다. 그들의 낭비는 완전하다. 그들은 경제적 계산도,
> 저장도 하지 않고 모든 것을 단번에 소비한다. … 미개사회의
> 특징인 집단 전체로서 장래를 생각하지 않음과 낭비성은 그들의
> 진정한 풍부함의 표시이다.[65]

자본주의 경제를 부정한다고 해서 당장 원시경제로 되돌아가는
것은 아니다. 그러나 이 이야기는 자본주의 사회에서 대중이 느끼는
결핍이란 소비시장에서 자본에 의해서 인위적으로 만들어진 것이라
는 사실을 알게 해 준다. 이렇게 소비는 이제 자본주의 사회에서
의도적으로 만들어진, 그러나 사람들이 믿고 그것에 의해서 행동하는

---

65 위의 책, pp.92~93에서 재인용.

하나의 신화가 되었다. 장 보드리야르는 "소비는 하나의 신화이다. 현대사회가 자기 자신에게 대해서 하는 말, 우리 사회가 스스로를 말하는 방식, 그것이 소비다. 말하자면 소비에 관한 유일한 객관적 현실은 소비라는 관념뿐이다"[66]라고 말한다. 그리고 이러한 소비문화는 인간을 파괴시키고 사회와 인간관계를 파괴시킨다. 헬레나 노르베리-호지는 결핍을 모르던 히말라야 산중의 라다크 지역이 개발과 관광에 의해서 파괴되어 가고 인간성마저 황폐해 가는 것에 대해서 고발하였다.[67]

4) 풍요의 허상

일본의 인류학자 쓰지 신이치는 슬로 라이프(slow life)를 통한 '행복경제학'을 주창했는데, 그는 산업사회는 생산에 의한 풍요에 너무 의존해버린 나머지 사람들이 불만과 무력감에 지쳐버린다고 말한다. 그리고 사람들의 욕망은 점점 필요(need)에서 수요(demand)로 교체되는데, 그것은 광고나 매스컴에 의해서 의도적으로 만들어진 것이라는 것이다.

환경이 파괴되고, 건강에 해가 되며, 사람들의 마음을 타락시키며, 더욱 사람을 폭력적으로 만드는 물건들이 확실히 증가하고 있다. 이는 시장에서 그것들을 사는 사람들의 욕구가 있기 때문인데,

---

66 위의 책, p.328.
67 헬레나 노르베리-호지, 김영욱 외 옮김, 『행복의 경제학』, 중앙북스, 2012, p.76.

그 욕구는 어떻게 해서 만들어지게 되는가. 이는 기업들이 정부정
책과 매스컴, 그리고 광고산업의 힘을 빌려 소비자들로부터 '필요
로 하지 않을 자유'를 빼앗았기 때문이다.[68]

불교는 안분지족安分知足과 소욕지족少欲知足을 가르치고, 물질과
소유가 인간을 행복하게 하는 것이 아니라고 가르친다. 그러한 입장에
서 보면 오늘날의 소비사회, 시장경제, 그리고 그것을 가능케 하는
광고와 소비문화는 인간을 타락시키는 것이다. 그래서 그는 다음과
같이 말한다.

광고는 우리들을 소비주의자로 만들고 있다. 미국의 소매점 연합회
회장은 "우리들의 할 일은 여성들이 현재 가지고 있는 물건에
불만을 품도록 하는 것이다"라고 말하였다. … 또 미국의 식품기업
하인츠의 CEO는 이렇게 말했다. "TV만 있으면 인종이나 문화나
자라온 배경과는 전혀 상관없이, 언젠가는 모두가 비슷한 것들을
필요로 하게 된다."[69]

존 갤브레이스도 역시 일찍이 그의 저서 『풍요한 사회』에서 문제점
을 지적하였는데, 여기에서 그는 생산의 증대를 절대시하는 자유주의
자들이 생산 확대를 기본으로 사회 발달 정도를 측정하는 측정방식을
비판했다. 자유주의는 '자유경쟁에 바탕을 둔 시장경제가 가장 효율적

68 쓰지 신이치, 장석진 옮김, 『행복의 경제학』, 서해문집, 2009, pp.166~167.
69 위의 책, p.126.

으로 자원을 분배하는 방법'이라고 주장한다. 그러나 갤브레이스는 그런 식으로 모든 것을 시장경쟁에 맡겨두면 공교육이나 공공주택, 위생, 물, 공기, 환경 개선 등을 위한 공공서비스가 경시되는 결과를 낳을 것이라고 한다. 또한 부를 둘러싼 경쟁은 사회악의 증대를 불러오고 사람들은 인생의 패자가 될지 모른다는 불안과 공포심으로 자기 방어에만 급급하게 될 것이라고 한다.

하지만 시장경쟁을 우선시하는 사회에서는 그러한 흐름에 제동을 거는 것이 불가능하며, 경제효율을 높이기 위해서는 더욱 약자들을 배제해 나가게 된다. 그래서 경제성장이 더 나은 사회를 가져다 줄 것이라는 보장은 앞으로도 결코 없으며, 사회악과 빈곤을 경제성장으로 해결할 수 있다는 주장도 실현될 수 없다. 그렇다면 행복하고 풍요로운 사회란 대체 어떤 사회일까. 갤브레이스에 따르면, 그것은 ① 생산의 효율지상주의로부터 탈피한 사회이며, ② 민간의 영리적인 경제와 공공의 비영리적인 경제, 그리고 ③ 복지라는 세 가지 기둥이 사회적 균형을 이루고 있는 사회라는 것이다.[70] 그래서 자본주의가 초래하는 많은 부정적인 현상을 극복하기 위해서는 적극적인 소비 절제가 필요하다.

이러한 의도에서 캐나다의 테드 데이브(Ted Dave)는 소비극복 운동을 벌였는데, 1992년 11월 26일부터 아무것도 사지 않는 날(BND: buy nothing day)이라는 운동을 벌였다.[71] 또 TV를 켜지 않는 주간이란

---

70 위의 책, p.144에서 재인용.
71 http: //www.teddave.com/ 이들의 활동에는 다음 여러 가지가 있다.
　　① 신용카드 자르기: 참가자들은 쇼핑몰, 쇼핑센터, 또는 가게에서 가위로 신용

운동도 있다.[72] 기업의 소비는 주로 TV광고를 통해서 이루어지기 때문이다.

7. 자연 파괴와 인간 파괴

1) 자연 파괴

생산의 과정은 대부분 파괴적이다. 원자재를 채취한다거나 도로를 낸다거나 목재를 채벌하거나, 혹은 축산을 위해 대규모 방목과 초지를 조성하는 일, 커피나 차, 설탕, 바나나, 파인애플 등을 재배하기 위해 자연림을 파괴하고 대규모 플랜테이션을 만드는 일 등 대부분의

카드를 잘라주고, 홍보 포스터를 가지고 서 있는다.

②좀비 걷기: 좀비가 된 참가자들이 멍한 눈빛으로 쇼핑몰 주변이나 다른 소비자 안전구역들을 배회한다.

③대형마트 빙빙 돌기: 참가자들은 조용히 카트에 아무것도 넣지 않거나 아무 상품도 사지 않은 채로 쇼핑몰이나 가게 주변에서 그들의 쇼핑 카트를 운전한다.

④참가자들은 24시간 동안 해 뜨고 해 질 때까지 아무것도 사지 않을 뿐만 아니라 전등, TV, 컴퓨터, 그리고 다른 불필요한 전기기구들을 끄고 차들을 주차시켜 놓고 그들의 핸드폰도 꺼놓는다.

⑤크리티컬 매스(Critical Mass): 다달이 '자전거 타기'가 '아무것도 사지 않는 날' 혹은 가까운 날에 열리며, 몇몇 도시에서 이 '자전거 타기'는 '아무것도 사지 않는 날'을 인지하거나 기념한다.

⑥울 옷 교환하기는 로드아일랜드(Rhode Island)에서 시작되었고, 지금은 로드아일랜드, 켄터키, 유타 그리고 오리건에서 진행되는데 겨울 옷 기부하기를 원하는 이들이 코트를 모으고 필요한 이들이 가져간다.

72 이슈투데이 편집국, 『소비사회』, 이슈투데이, 2010, p.88. 우리나라에도 TV 안보기 시민 모임(http: //cafe.daum.net/notvweek)이 있다.

생산 과정에서 자연은 대규모로 파괴된다. 그러나 자본은 이러한 자연 파괴의 대가를 지불하지 않는다. 이러한 자연 파괴와 자원 소모의 양은 매우 크다. 예를 들어 지구 전체 인구인 70억 명이 미국의 중산층 시민처럼 살려면 지구가 5개 있어도 부족하다고 한다. 미국민의 인구는 세계의 5%에 불과한데, 그들이 소비하는 자원의 양은 전체의 25%나 되기 때문이다.[73]

석유를 중심으로 하는 화석연료를 고갈시켜 미래 에너지 사용을 불가능하게 만든다든가, 원자력 발전소 주위를 방사성 물질로 오염시키고, 방사성 폐기물을 처리하기 어려워서 방치하는 일도 심각한 자연 파괴를 불러온다. 오늘날 지구온난화 문제로 전체 인류가 심각한 위기상황에 처해 있는데, 이러한 결과도 결국 자본이 생산과 소비 과정에서 이산화탄소를 과다하게 배출하는 등 자연을 파괴해 온 때문이다. 오늘날의 지구위기는 결국 자본이 초래한 것이다.

그러나 이와 연관하여 생태체계의 회복을 위해 필요한 도덕적 힘이 약하면 사회체제는 매우 취약하게 되며, 어떤 형태로든 외부의 충격이 추가되면 사회체제는 파괴된다. 여기서 외부의 충격이란 곧 석유시대의 종말이나[74] 혹은 원자력이나 기후로 인한 재앙 등이다. 슈마허도 『작은 것이 아름답다』에서 자연의 가치를 인식하는 일이

---

73 더글러스 러미스, 김종철·최성현 옮김, 『경제성장이 안 되면 우리는 풍요롭지 못할 것인가』, 녹색평론사, 2002.

74 리처드 하인버그, 송광섭·송기원 옮김, 『미래에서 온 편지』, 부키, 2010에 서술되어 있다. 석유시대의 종말은 흔히 석유생산이 정점에 이른 때부터 온다고 해서 오일피크(oil peak)라는 말로 지칭된다.

중요함을 들어 "더 중요한 일은 사적 처분의 대상이 될 수 없어 시장에
는 나오지 않지만 모든 인간 활동의 불가결한 존재인 공기나 물,
토양 그리고 살아있는 자연계의 모든 존재를 인식하는 일이다"[75]라고
강조하였다.

2) 과학기술의 진보

사람들은 오늘날 기술의 진보가 자본에 의한 것이라고 생각하기도
하는데, 그것은 사실이 아니다. 이 기술 진보와 편리성에 대한 오류,
그리고 감각적 선호는 자본주의 시장경제의 해악성을 이해하는 데에
큰 장애가 된다. 현대인은 자본주의가 있었기 때문에 오늘날의 눈부신
기술적 진보가 있게 되었다고 잘못 생각한다. 그리고 자본은 꾸준히
이러한 생각을 사람들의 뇌리에 심어놓는다. 심지어 학문이나 연구,
그리고 정부의 정책에서도 이러한 사고방식은 그대로 반영되어서
"연구를 하기 위해서도 돈이 필요하고, 학문이 발전하기 위해서도
돈이 필요하고, 돈이 없이는 연구도 불가능하다"는 생각은 오늘날
당연한 상식이 되어버렸다. 이러한 생각은 정부정책에도 그대로 반영
된다. 그것은 오늘날 자본이 인간 생활의 모든 것 위에 군림하게
되었다는 반증이기도 하다. 그러나 이렇게 이루어지는 연구는 인류의
복락을 위하기보다는 대개는 돈벌이를 위한 연구이다.

　자본이 물질과 기술을 발명해 낸 것은 사실이다. 그러나 모든 발명과
기술이 그러한 것은 아니다. 더욱이 자본이 만들어 내는 발명과 기술이

---

75 슈마허, 김진욱 옮김, 『작은 것이 아름답다』, 범우사, 2008, p.52.

인간에게 그토록 필수불가결한 것도 아니다. 자본은 기술과 물질을 만들어 내지만, 주로 돈벌이에 필요한 기술과 물질만을 만들어 낸다. 그리고 그것이 때로는 인간을 파괴시키는 경우도 많다. 그러므로 자본과 기술을 함께 생각하는 관습에서 벗어나야 한다. 그래서 폴라니 (Polanyi)는 생산기술 그 자체보다는 기술이 자본에 의해서 이용된다는 데에 그 위험성이 있다고 지적한다.[76]

오늘날 지구를 파괴하는 석유 에너지의 고갈문제, 무분별한 차량오염과 도로의 건설, 사람의 생명을 좌지우지하여 생명윤리를 위협하는 생명과학과 산부인과 의학, 임신중절술과 딸 아들 가려 낳기, 무기의 발명과 핵폭탄의 공포 등등 과학문명이 인류의 생존을 위협하는 일은 너무도 많으며, 이 결과는 대부분의 경우 자본의 탐욕성 때문에 생겨난 것들이다. 기술문명을 칼과 같은 도구라고 할 때, 이 위험한 도구의 생산과 관리를 탐욕스러운 자본에게 맡겨놓는 것은 마치 어린아이에게 인마 살상용 총기를 맡기는 것과 같이 위험하다. 그리고 인간의 행복이 기술에 있지 않다는 것은 인간이 도구를 많이 가졌다고 해서 더 행복하지는 않은 것과 마찬가지이다.

한편, 인간은 불을 발명하고, 의복을 발명하고, 집을 발명하고, 바퀴를 발명하고, 새로운 농사법과 종자를 개발하여 빈곤에서 벗어났는데 이 모든 것들은 자본주의 시장경제가 발흥하기 이전의 일들이었다. 인간은 자본이 아니라도 얼마든지 자신을 위하여 기술문명을 개발할 능력을 가지고 있다. 오히려 자본에 의한 기술의 개발은 인간을

---

76 존 스탠필드, 원용찬 옮김, 『칼 폴라니의 경제사상』, 한울아카데미, 1997, p.170.

돈벌이에 이용하려는 사악한 기술이 될 가능성이 많은 것이다.[77] 우주선이 달에 간다든지, 인조 팔이나 인공심장을 개발한다든지 하지만 대개 그것은 부자들만을 위한 기술이거나, 혹은 비싼 대가를 치러야 하는 것들이다. 사람들이 그러한 제품들을 이용하기 위해서는 또 많은 빚을 져야 한다. 그렇게 국민대중은 채무자가 되어가는 것이다. 국민들이 채무자가 되는 것은 자본가들이 바라는 일이다. 그래야만 값싼 노동력을 손쉽게 구할 수 있다.

그래서 '작은 것이 아름답다'를 주장한 슈마허도 과학기술에 대해서 "과학 기술의 방법이나 도구는 값이 싸서 거의 누구나 손에 넣을 수 있고, 작은 규모로 응용할 수 있으며, 인간의 창조력을 발휘할 수 있는 것이어야 한다"고 강조하였다.[78] 이것은 일찍이 간디가 물레를 돌리면서 강조했던 것이기도 하다. 이것은 자본이 돈벌이를 위해서 개발하는 과학기술과는 아주 다른 것이다. 과학기술에는 인간을 위한 것도 있고 그렇지 않은 것도 있다. 슈마허는 간디를 예로 들어 작은 것이 아름다움을 설명하고 있다.

환경을 오염시키거나 사회구조와 인간 자체의 질을 떨어뜨리는 과학적 내지 기술적 해결은 그것이 아무리 능란해 보이고 매력적으

---

77 자본주의 이전의 과학기술의 개발에 관해서는 제임스 E. 매클렐란 3세·해럴드 도른, 전대호 옮김, 『과학과 기술로 본 세계사 강의』, 모티브북, 2006; 스펜서 웨어트 외, 『대중과 과학기술』, 잉걸, 2001; 조지프 니덤, 임정대 외 역, 『중국의 과학과 문명』, 을유문화사, 1989 등에 상술되어 있다.

78 슈마허, 앞의 책, p.33.

로 보일지라도 쓸모없는 것이다. 더 큰 경제력의 집중을 초래하거
나 환경을 더욱 파괴하는 대형기계는 진보를 가져오는 것이 아니
며, 예지를 부정하는 것이다. … 값이 싸서 누구나 손에 넣을
수 있는 방법과 도구, 이것이 간디의 주요 관심사였다.[79]

시장자본주의는 이렇게 자본이 사람들에게 더욱 호화롭고 편리한
생활을 제공하는 듯이 선전한다. 그러나 그러한 편리성, 보다 나은
소비재의 선택들은 대부분 부자들을 위한 것이다. 그 결과 대부분의
국민들은 그런 것들을 이용하고 누리겠다는 환상을 좇아서, 이 체제에
서 평생 동안 경쟁 속에서 살아야 하고, 가족과 공동체가 해체되어야
하고, 채무자로서 살아야 하고, 평생 자본의 노예가 되어 살아야
한다. 그러므로 우리는 허망한 물질을 누리기 위해서 잃어야 할 수밖에
없는 많은 귀중한 것들을 생각해야 한다.

3) 인간 파괴

자본은 인간의 노동을 소모하거나 파괴하는 방법으로 생산성을 높인
다. 즉 자본은 일정한 임금으로 최대한의 노동력을 추출해 내려고
하며, 동시에 가장 낮은 임금으로 노동자를 생산 과정에 참여시킨다.
그 결과는 결국 노동자의 질병과 죽음, 인간 이하의 생활이다. 그리고
자본은 더욱 양질의 노동력을 공급받기 위해서 노동자들을 경쟁시킨
다. 사람들은 취업을 위해서 경쟁해야 하고, 취업하고 나서도 경쟁해

---

79 슈마허, 앞의 책, p.33.

82

야 한다. 이러한 정신적 고통이 초등학생, 중학생에게 자살을 초래하고, 청장년들을 과로사하게 한다. 그들이 취업을 못해서 과로사로 죽지 않는다고 해도 결국 그들은 빈곤한 생활을 하며 질병을 얻게 된다. 이 끊임없는 과정에서 건강, 인격, 공동체, 생태계 등과 같은 삶의 질이 파괴되어 버린다.

개발(development)이란 단어가 국가에서 정책적으로 쓰이기 시작한 것은 미국의 트루먼 대통령(Harry S. Trueman, 1945~1953 재직) 때부터라고 한다. 이는 원래 미국이 남미南美 신생국들을 지원하기 위해서 사용된 말이지만, 결국 그것도 경제적으로 약소국을 지배하고 영향력을 행사하고자 하는 의도에서 비롯된 것이다. 결국 개발이란 개념은 처음부터 "제국주의적 산물"이다. 중남미 전공 사회학자인 제임스 페트라스(James Petras)와 헨리 벨트마이어(Henry Veltmeyer)는 "신자유주의가 말하는 발전이란 결국 불의(injustice)의 증가에 불과하다"고 한다.[80]

현재 우리가 목격하는 자본주의의 생산성은 경향적으로 파괴성의 생산이다. 근본 이유는 그것이 필요(살림살이)의 경제가 아니라 이윤(돈벌이)의 경제이기 때문이다. 파괴보다 더 무서운 것은 파괴라는 것을 인식하지 못하거나 부인하는 일이다. 돈벌이 경제에서는 모든 것이 돈이라는 교환가치로 환원되어 사람이 느끼는 기쁨과 슬픔, 고통과 번민, 애틋함과 친밀함, 애절함과 진정성, 세심함과

---

80 페트라스와 벨트마이어, 원영수 옮김, 『세계화의 가면을 벗겨라, 21세기 제국주의』, 메이데이, 2008, p.286.

자상함 등이 구체성을 잃고 추상화된다.[81]

자본주의 사회에서 사람들은 일을 열심히 한다. 그러나 그것은 자기 일이 아니기 때문에 회사 일이나 공장 일을 좋아하기 어렵다. 즉 노동자는 노동으로부터 소외되어 있다는 것이다. 그럼에도 이들이 열심히 일하는 이유는 급료나 승진 때문이거나 혹은 퇴사나 해직의 두려움 때문이다. 자본은 사람들을 계속 혹사시키지만, 노동자가 받는 대가는 최소한이다.

또 사람들이 열심히 일하는 것은 빈곤을 벗어나기 위해서만은 아니다. 시장이 선전하는 여러 가지 소비재들을 사고 누리기 위해서는 돈이 필요한 것이다. 그러나 그 물건들은 원래부터 필요했던 물건들이 아니다. 이렇게 사람들은 돈의 노예가 되어간다. 또한 사람들은 부자나 강자와 동일시되기 위해서 출세와 성공에 대한 집단적 강박증에 걸린다. 그래서 일리히(Ivan Illich)는 "자본주의 구조 안에서는 민중의 평화가 결코 오지 않는다"[82]고도 했다.

공장과 도시화로 인해서 가족이 해체되고, 지역 공동체가 해체되며, 사람들 사이의 유대관계가 끊어지고 오로지 생산하는 노동자, 소비하는 소비자로만 전락된 인간존재가 느끼는 현대인의 고독과 소외는 일찍이 많은 사람들에 의해서 표현되었고, 문학이나 예술작품으로도 많이 다루어져 왔다. 예를 들어 미국에서 가장 많이 공연된

---

81 강수돌, 앞의 책, p.79.
82 강수돌, 앞의 책, p.54; 이반 일리히, 이한 역, 『성장을 멈춰라: 자율적 공생을 위한 도구』, 미토, 2004, p.168.

작품 중의 하나인 『세일즈맨의 죽음』도 현대 산업사회를 힘겹게 살아가야 하는 도시민의 고독과 절망을 그린 작품이다.

4) 고독한 군중

데이비드 리스먼(David Riesman, 1909~2002)은 1954년 『고독한 군중 (The Lonely Crowd)』[83]에서 현대 산업사회의 개인 소외 문제를 본격적으로 다루었다. 그는 인간형을 세 가지로 나누어서 '전통지향형, 내부지향형, 외부지향형(타인지향형)'이라고 하였는데, 현대 대중사회의 인간형은 타인지향형이라고 보는 것이다. 전통지향형은 전통과 과거를 따르는 데서 자신의 행위 기준을 찾는 인간형이다. 내부지향형은 가족 안에서 학습된 도덕과 가치관이 행위 기준이 된다. 그것은 문예부흥과 종교개혁의 결과로 이루어진 성격이다. 외부지향형(타인지향형)은 타인의 시선에 좌우되는 인간형으로, 자본주의가 초래한 현대 대중사회에서 나타난 현상이다. 고도로 산업화된 사회에서는 다른 사람들이 자기를 어떻게 보는지에 관심을 가지며 그들로부터 격리되지 않도록 애쓴다. 물론 이것은 가족 공동체와 지역 공동체가 파괴되고 단자화單子化된 사회에서 나타나는 현상이다.

　현대인의 불안과 고독은 이러한 공동체의 파괴뿐만 아니라 자본으로부터의 소외, 노동으로부터의 소외, 소비로부터의 소외로부터 온다. 즉 노동을 해도 그 노동의 결과는 자기 것이 아니며, 자신의 노동이 생산과 결과물의 어디에 속하는지 의미를 찾지 못하며 단순히

---

83 데이비드 리스먼, 류근일 옮김, 『고독한 군중』, 동서문화사, 2011.

부품으로서만 존재하는 데서 오는 소외감이다. 생산수단을 자본가가 소유하고 있기 때문에 회사나 공장은 언제라도 쫓겨날 수 있는 남의 것이다. 소외라는 것은 나의 생산품이 내 것이 아니고, 내 맘대로 안 된다는 데서 생겨난다. 또한 소비에서의 소외도 심각하다. 상품은 넘쳐나고 소비자를 유혹하지만 자신이 구입해서 이용할 수 있는 상품은 그리 많지 않다. 대부분 유한계급들이 누리는 상품과 서비스를 자신은 누리지 못한다. 이런 타인지향형 현대인들이 바로 '고독한 군중'이다. 이러한 고독과 소외의 삶은 정치적 무관심, 획일화를 낳고, 욕구불만과 무한경쟁으로 말미암아 체제를 위협하게 한다.

8. 세계화에 의한 신식민지배

1) 세계화의 본질

오늘날 많은 나라들이 세계화에 참여하고 있는데, 세계화는 각 나라가 세계무역기구(WTO: world Trade Organization)에 참여하고, 자유무역협정(FTA: Free Trade Agreement)에 서명하는 과정으로 이루어진다. 발달된 자본주의 국가가 다른 나라들, 후진국이나 제3세계를 세계화 관계에 끌어들이려고 하는 것은 자국의 경제적 이득을 얻기 위해서이다. 그들은 과잉 생산되는 많은 상품들을 외국에 팔기 위해서 부단히 판로를 개척하며, 그 대상으로 제3세계나 후진국에 혼신의 힘을 기울인다. 그렇게 하지 않으면 자국 기업이 도산하기 때문이다. 상품소비가 막다른 곳까지 도달하여 더 이상 상품을 해외에 팔지 않으면 자국의 수많은 기업은 도산의 운명을 맞게 된다. 이 상품에는 공산품은 물론이지만, 농산품과 금융상품도 포함된다. 오늘날 국제적으로 가장 문제가 되는 것이 또한 금융상품이다.

한편, 후진국의 정치가들은 국민들의 환심과 지지를 얻기 위해서 서양의 발달된 상품들을 관세 없이 들여온다는 점을 들어 국민들을 설득시키고, 자국의 농산물을 선진국에 팔 수도 있다는 논리로 무역 개방을 하게 된다. 이 과정에는 물론 선진산업국의 정치적 압력과 회유가 동원되고, 자본주의 제국의 자본가가 후진국 정치가를 회유하기도 한다. 그러므로 무역 자유화는 본질적으로 자본주의 제국에 유리한 것이고 후진국에는 불리한 것이다. 선진산업국은 자국의 과잉상품을 후진국에 비싼 값에 팔 수 있다. 그러나 후진국의 경우 상대적 우위에 있는 농수산업 분야에서조차 시간이 갈수록 선진자본국의 투자와 경영기법에 의해 자생력과 자립력을 상실하고, 산업의 모든 분야가 선진자본국의 일부분으로 흡수되어 버린다. 그래서 사회학자 페트라스(Petras)와 벨트마이어(Beltmeyer)는 다음과 같이 말한다.

세계화라는 말은 허위로 가득 찬 말이다. 세계화의 본질은 제국주의이다. 세계화의 본질은 자본주의가 발달된 나라가 다른 나라를 약탈하고 착취하는 과정이기 때문에, 약탈과 착취를 상호 의존적 국적 없는 회사로 묘사하는 이상한 개념이 바로 세계화라는 용어이다.[84]

---

84 페트라스와 벨트마이어, 앞의 책, p.157.

인도와 중국이 원래 그토록 가난하고 허약한 나라는 아니었다. 근대 이전까지만 해도 중국은 서양보다 부유하고 과학문명이 발달하고 생산이 풍족한 나라였다.[85] 그러나 근대 역사에서 중국이 커다란 고통을 당한 것은 국력이 취약할 때 영국이 아편과 군사력을 이용해서 그들을 속국으로 만들었고, 그들의 자생적인 발전을 방해하고 수탈하였기 때문이다.

인도의 경우는 더욱 확실하다. 만일 영국의 지배가 없었다면 현재 인도인의 살림살이는 훨씬 좋아졌을 것이다. 영국은 중국에 아편을 팔기 위해서 인도에서 아편을 경작시켰고, 산지와 농지를 파괴해서 차밭을 만들고 육우肉牛를 사육하였다. 이렇게 생산한 아편을 가지고 중국 인민들을 병들게 하였고, 동시에 중국의 부를 획득하였다. 또한 영국은 인도에서 생산되는 값싼 면화를 이용해서 자국에서 면직물을 만들어서 다시 인도인에게 값비싸게 팔았다.[86] 이렇게 제3세계의 가난은 대부분 산업국들의 식민지배에 기인하는데, 이제 세계화란 또다시 이러한 식민지배를 강화하는 것이다. 강수돌은 말한다.

아프리카 농업은 16세기부터 유럽의 식민세력들에 의해 자급농 대신 커피, 설탕, 면화 등 환금작물 재배를 강요당한 결과 체계적으로 파괴되었다. 에티오피아에서 1980년대 심각했던 기근 현상은 선진 자본가들이 좋은 토지에 식량이 아닌 커피 등 수출작물만

85 조셉 니덤, 김영식·김제란 역, 『중국의 과학과 문명: 사상적 배경』, 까치글방, 1998, pp.12~45, p.80, p.104.
86 우경윤, 『세계사: 동양편』, 두리미디어, 2007, pp.281~284.

심은 결과였고, 가나에서는 식량 대신 코코아 생산이 강요되었다.
최근의 신자유주의 세계화는 그런 구식민주의자들에 의한 강제적
구조조정을 더 악화시킨다. … 그 결과 식량값 폭등은 곧 폭동으로
이어진다.[87]

아시아, 아프리카, 남미 등 가난한 나라들의 기아와 빈곤문제는
그들이 개발이 안 되어서가 아니다. 그것은 세계자본에 의한 구조조정
때문이다. 특히 그것은 각 사회가 전통적으로 이어온 자립경제가
지속적으로 파괴되어 왔고, 신자유주의 세계화 이후 더욱 철저히
파괴되고 있기 때문이다. 이제 같은 일이 인도에서 또다시 발생되고
있다. 이러한 자본주의 국가들의 횡포는 물론 인도에서만 발생하는
것은 아니다.

인도에는 7억에 이르는 농촌 인구의 8할이 소농인데 이런 나라에
농업보조금을 없애고 시장을 개방하라고 한다. 예전의 영국 식민주
의자들이 무역업자로 가장해서 침투한 것에 비유한다면, 이제는
초국적 기업을 앞세워서 백인이 현지에 주둔하지 않고도 원하는
모든 것을 갖고 가려는 것이나 다름없다. … 그들은 빈국이 자립구
조를 세우지 못하도록 방해하는 것이다.[88]

또 WTO나 FTA의 활동은 의사결정권을 국내에서 국외로, 즉 국제

---

87 강수돌, 앞의 책, p.159.
88 위의 책, p.161.

기구로 이전하는 것이다. 그리고 그것은 반주권적인 것이다. 국가의 주권을 소수의 국가가 결정권을 갖고 있는 국제기구로 넘겨준다는 것은 결국 다시 식민지 체제가 된다는 것과 같은 말이다. 일찍이 케인즈(Keynes)도 규제되지 않은 자본의 자유로운 이동에 반대했으며, 경제의 중추는 강력한 지역 공동체라고 주장했다. 캐나다의 미셀 초스도프스키(Michel Chosdovsky) 교수는 다음과 같이 말한다.

아프리카 여러 나라의 민중이 겪는 어려움은 운명이나 자연재앙 때문이 아니라 제국주의 관계라는 사회현상의 산물이다. 원래 소말리아는 전통적인 목축경제로서 1970년대까지만 해도 자급자족의 경제였다. 그러나 IMF와 세계은행의 개입으로 외적으로 강요된 신자유주의 개혁은 농업위기를 부르고, 전통적 유목민을 해체시키고, 정부는 외채상환을 위해 긴축정책을 하고, 소말리아 민중은 수입곡물에 의존되었다. 값싼 외국산 밀과 쌀이 도입되자 기존 농민은 몰락하고…, 즉 소말리아 농촌의 빈곤과 기아의 배후에는 제국주의적 구조조정과 식량원조 및 수입이 있는 것이다.[89]

헬레나 노르베리-호지는 히말라야의 작은 왕국 레(Leh)의 수도인 라다크(Ladakh) 사회가 현대문명에 의해서 파괴되어 가는 것을 기술한 『오래된 미래』[90]를 저술하여 큰 관심을 모았다. 그녀는 오늘날

---

89 미셀 초스도프스키, 『빈곤의 세계화』, 당대, 1998; 강수돌, 『살림의 경제학』, 인물과사상사, 2009, p.207에서 재인용

90 헬레나 노르베리-호지, 『오래된 미래』, 녹색평론사, 2002.

자본주의로 파괴된 세계 여러 나라 사람들의 삶을 회복하기 위해서는 세계화를 멈추고 지역화(localization)를 통하여 공동체를 회복하여야 한다고 주장한다. 그녀는 오늘날 진행되고 있는 세계화란 바로 자본주의 세계침탈 역사의 반복으로, 신식민주의에 다름이 아니라고 한다. 그녀는 세계화에 관한 진실을 다음과 같이 여덟 가지로 정리하였다.[91]

①세계화와 도시화는 우리를 불행하게 한다: 소비가 더 심한 경쟁과 질투를 낳는다.

②도시화는 우리를 불안케 한다: 세계자본은 세계인구의 대부분을 소외되게 만든다. 세계화는 도시화를 촉진한다. 경제성장은 농촌경제를 붕괴시키고, 불건전한 도시화는 수많은 문제를 야기한다. 빈민가는 물론 고독감, 소외감, 가족 해체, 빈곤, 범죄, 폭력 등이 양산됐다.

③세계화는 천연자원을 낭비한다: 소비주의를 끝없이 자극하면서 지구 생태계가 위협받는다. 천연자원은 이미 한계점에 와 있는데도 사람들로 하여금 더 많이 소비하도록 부추긴다.

④세계화는 기후변화를 가속시킨다.

⑤세계화는 고용 안정성을 악화시키고 실업을 늘린다.

⑥세계화는 갈등을 고조시킨다: 세계화는 빈부격차를 가져왔다. 그럼으로써 사람들의 생존에 직접적인 영향을 미친다.

⑦세계화는 대기업에 주는 지원금에 의존한다: 정부는 국제조약

---

91 헬레나 노르베리-호지, 김영욱 외 옮김, 『행복의 경제학』, 중앙북스, 2012, pp.18~34.

체결을 통해 교역을 촉진시키는 데 그치지 않고 무역부문을 직접
지원한다.

⑧세계화는 잘못된 계산에 근거하고 있다: GDP가 사회적 행복의
척도로서 대단히 부적절하다는 점을 놓치고 있다.

식량과 농업의 문제에 있어서도 전 지구적 차원의 식량교역 시스템
을 지지하는 사람들은 땅, 기계, 화학비료를 통합시킨 수익성 농업이
생산성을 높인다고 주장한다. 그러나 이는 세계화의 주창자 및 수혜자
들이 퍼뜨린 미신이다. 그보다는 오히려 소규모의 다각화된 농업
시스템의 생산성이 더 높다.[92] 여기에 더하여 기업적 농업에 필요한
화학비료, 살충제, 관개기술, 농기계 등과 원거리 판매에 필요한
운송비, 보관비 등은 모두 에너지 자원의 낭비와 직결된다. 이러한
모든 것들이 높은 에너지와 자원을 사용하여 상업적으로 생산된
것이기 때문이다. 그래서 요즈음은 농사도 석유로 짓는다고 한다.
그러나 석유위기가 예고되고 있는 이 시기에 석유에 의존하는 것은
매우 위험하며, 그 자체가 지구를 파괴하는 일이다.

고속도로, 선박, 화물터미널, 공항 등과 같은 장거리 수송망은 가난
한 농부에게 필요한 것이 아니라 카길(Cargill)과 몬산토(Monsanto)
와 같은 거대 곡물기업에게 필요한 것들이다. 그런데도 건설비용은
전 국민이 부담한다. … 통신망과 연구시설에도 세금이 들어가는데

---

92 Gershon Feder, *"The relationship between Farm size and Earm Productivity"*,
Journal of Developmental Economics, vol.18, 1985, pp.297~313.

이것 역시 무역 촉진을 위한 것이다.[93]

2) 국제통화기금(IMF)

1970년대 이후로 급속히 진행된 신자유주의의 시장자본주의에 기초하는 세계화는 주로 미국의 레이건 행정부와 영국의 대처 행정부에 의해서 적극적으로 주도되었고, 그 실행을 위한 기구는 IMF와 WTO였다. 이 두 기구가 세계화의 실행 역할을 담당하였다.

IMF의 권리행사는 분담금의 과다에 따르는데, 말하자면 출자금액 1달러에 1투표권을 갖는다. 미국이 17.43%의 분담금을 내어 가장 큰 역할을 행사한다. G8 국가들이 거의 절반에 가까운 투표권(45.6%)을 가지고 의견을 행사한다. 그런데 IMF는 85% 이상이 찬성해야 의사결정 실행이 가능하기 때문에,[94] 미국이 동의하지 않으면 어느 것도 결정되지 않는다.

1994년 멕시코에는 약 10년 동안의 불황 끝에 심각한 경제위기가 찾아왔다. 이에 IMF는 멕시코에 약 500억 달러를 대출해 주었다. 그런데 이 대출의 가장 큰 수혜자는 바로 멕시코에 대출을 해준 채권자들, 즉 미국과 다른 나라의 민간은행들이었다. … IMF가 지원해 준 돈으로 그들은 무사히 돈을 받을 수 있었다. … 이후 멕시코에서는 3년에 걸쳐 2만 개가 넘는 중소기업이 무너졌다.

---

93 위의 책, p.17.

94 월든 벨로, 김공회 역, 『탈세계화』, 잉걸, 2004, p.126; 헬레나 노르베리-호지, 앞의 책, p.202.

200만 개의 일자리가 사라졌고, 실업률은 30%에 육박하였다. 180만 명의 농민이 일자리를 찾아 도시로 몰려들었고, 실질임금은 25% 가량 떨어졌다.[95]

월든 벨로는 "아시아지역의 경제가 붕괴되었던 까닭은 은행 및 투기꾼들과 공모한 워싱턴과 IMF 때문"이라고 말한다.

(IMF로부터 받은 대출금은) 주로 거대은행으로부터 빌려온 기존의 대출금을 갚는 데 쓰인다. 상품가격과 환율이 붕괴하면 공기업들은 민영화라는 미명 하에 탐욕스러운 초국적 기업에 헐값에 팔려나간다. 물론 민영화함으로써 들어온 돈은 IMF의 대출금을 갚는 데 쓰인다. 초국적 기업과 경쟁하도록 지원했던 각종 보조금은 중단해야 한다. 수입품에 부과했던 관세는 감면해야 하고, 도산기업을 늘리기 위해 금리인상을 해야 한다. 일부 도산기업은 초국적 기업이 주워간다.[96]

3) 세계무역기구(WTO)

WTO는 1994년 '관세 및 무역에 관한 일반협정(GATT)'의 우루과이 라운드(Uruguay Round) 협상이 종결되고 나서 출범된 조직이다. 이 과정에서 GATT의 성격은 변질되었는데, 월든 벨로의 표현에 의하면 "주식회사 미국의 세계적 헤게모니를 위한 청사진"[97]이라는 것이다.

---

95 헬레나 노르베리-호지, 앞의 책, p.190.
96 위의 책, p.201.

WTO의 입법화는 공개토론 없이 대부분의 나라에서 채택되었다. 그러나 대부분 나라의 정치인들은 이 조약문건에 자국의 주권을 양도한다는 내용이 있다는 것을 알아채지 못했다. 이에 대해 헬레나 노르베리-호지는 "WTO의 규제조항은 단순한 무역규제가 아니라, 사회, 환경, 문화적 사건을 포함해 국가주권의 모든 측면에 영향을 미친다. … (그것의) 출발점은 특히 외국의 영리기업에 가장 편리하고 가장 유리한 게 무엇이었냐 하는 것이었다"라고 했다.[98]

그러나 무역은 인류의 모든 분야에 앞서서 가장 먼저 보호되어야 할 신성한 개념은 아니다. 그럼에도 WTO의 규정들은 다른 분야의 가치들을 무시한다. WTO의 규제란 동일한 혜택이 해외생산자에게 주어지지 않는다면 국내생산자에게도 혜택을 주어서는 안 된다는 정책이다. 즉 이것은 보호무역주의를 부정하는 것이고, 정부의 국내 산업 육성을 봉쇄하는 조처이다.

그러나 이러한 조처를 취한 미국이야말로 오히려 그동안 보호무역 정책에 의해서 자국의 산업을 육성해 온 나라였고,[99] 국내산업 보호를 위해서 지금도 자국 농민에게 막대한 보조금을 지급하는 나라이다. 이렇게 일방적으로 강대국에 유리한 규정은 지금까지 있어 왔던 약소국에 대한 식민지배의 전형적인 방법이다. 이렇게 WTO의 규정

---

97 위의 책, p.211.

98 위의 책, p.214.

99 존 그레이 전 런던정경대(LSE) 교수는 미국의 전통은 보호주의였으며 자유시장이 아니라고 주장한다. John Gray, *False Down; The Delusions of Global Capitalism*, Granta Publication, London, 1999, pp.17~18.

이 강대국에게만 유리하게 작성되어 있다는 사실은 오늘날의 세계무역 체제가 식민주의 체제임을 뜻한다.

보호무역과 국내산업 육성은 지금까지 모든 선진국들이 공통적으로 걸어온 길이다. 선진국들은 그동안 보조금, 공적자금, 산업기반시설, 수출장려금, 조세감면, 수입품에 대한 높은 관세 등의 방법을 통해서 자국 경제를 성장시켜 왔다. 그러나 그것을 이제 개발도상국들은 하지 못하도록 한다. 또 WTO는 소비자들이 생산방식이나 원산지 등에 관한 정보를 제공받는 것을 금지했다. 그리고 소비자들이 사회적으로 무책임한 기업이나 반사회적이고 반환경적인 행위를 고발하고 징벌하는 일을 할 수 없도록 했다. 결국 "기업에 대해 규제하지 못한다"라는 WTO의 금지조항은 국가가 친환경적이고 노동친화적인 생산기술을 도입하지 못하도록 한다.

또 서비스 교역에 관한 일반협정(GATS: General Agreement on Trade in Services)은 WTO 규정의 일부분인데, 이 협정은 후진국이 자국의 공공기간시설, 즉 수도, 통신, 발전소, 우체국, 운송, 병원, 양로원, 학교 등을 민간에 팔도록 요구하는 내용이다. 이는 결국 외국 기업들이 후진국의 공공부문을 구입해서 많은 이득을 볼 수 있도록 하는 것이다. 그러나 이러한 시설들은 인간 생존에 필수불가결한 것이기 때문에 이러한 시설들이 영리적으로 운영되면 국민들은 큰 고통을 당하게 된다. 그것을 자국의 기업도 아닌 다른 강대국의 기업들이 운영을 한다는 것은 명백히 식민주의적 형태이다. 예를 들어 푸에르토리코에서는 수도를 민영화해서 자국의 빈민지역은 물 없이 지내는 데 반해, 미국기지와 관광 휴양지에는 물을 무제한으로 공급하게 되었다.[100]

96

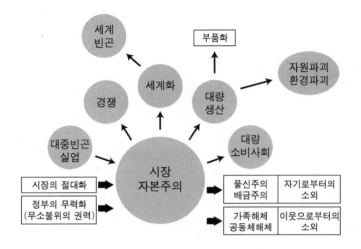

　필리핀 대학교의 월든 벨로(Waldon Bello) 교수는 여기에 대해
IMF와 세계은행을 없애야 비로소 대안이 가능해진다고 말한다.[101]
그리고 이들이 주도하는 구조조정에 나라의 운명을 내어맡긴 남미,
아프리카 등 여러 나라들은 엄청난 부채에 시달리며 더욱 빈곤화되기
때문에, 이러한 기구들을 없애고 공정거래 운동이나, 토빈세(Tobin
tax) 부과,[102] 사회책임투자, 통화공동체, 생산적 대안공동체 운동을

---

100 헬레나 노르베리-호지, 앞의 책, pp.220~221.

101 월든 벨로, 김공회 역, 『탈세계화』, 잉걸, 2004; 앞의 책; 강수돌, 『살림의
　　경제학』, 인물과사상사, 2009, p.191.

102 토빈세의 목적은 외환거래 시 각 거래마다 0.1~0.25% 정도의 낮은 세율을
　　부과하여 단기적인 투기자본에 부담을 주는 것이다. 토빈세(Tobin tax)는 경제
　　학자인 제임스 토빈의 이름에서 따왔다. 이는 국제 투기자본이 드나들면서
　　발생되는 외환위기를 관리하기 위해 단기적인 외환거래에 불이익을 주기
　　위해 낮은 세율로 부과하는 세금을 뜻한다. 벨기에는 2006년 7월 토빈세와

벌여나가야 한다고 주장한다.[103]

　유사한 스판세(Spahn tax)를 도입했다.

103 캐빈 대나허, 박수철, 『IMF와 세계은행을 없애야 할 10가지 이유』, 모색, 2003.

제2장 대안으로서의 불교경제사상들

1. 슈마허의 불교경제

슈마허(Schmacher, 1911~1977)는 1955년 버마(혹은 미얀마) 대통령의 요청에 따라서 경제고문으로 부임하였다. 그는 서구 자본주의의 과잉생산과 과잉소비 그리고 경쟁체제에 깊은 회의를 느끼고 1973년 『작은 것이 아름답다(small is beautiful)』를 출간했는데, 그는 구미문명권에서는 생산경제가 너무 비대화되어서 자본을 통제할 수 없게 되어 버렸다고 비판한다.

1) 생산과잉과 자연 파괴

그는 일찍이 '생산과잉과 자연 파괴는 인간성에 깃들인 악惡 때문'이라고 지적하였다. 그리고 '이러한 오류는 서구 사람들의 자연에 대한 오만함에서 비롯된 것인데, 이것이 오늘날 전 세계로까지 확대되었다'고 하였다. 특히 오늘날 경제학은 인간이나 기업이 생산해 낸 것

이외에는 모두 무가치한 것으로 취급하기 때문에 자연의 가치를
망각해 버렸고, 그래서 석탄, 석유 등의 자연자원을 무한정 소모하도
록 되어 버렸다고 하였다. 그러면서 그는 국민총생산(GNP)으로는
인간성이나 가치 같은 것은 측정되지 않으며, 이 산업문명은 재생할
수 없는 자본을 소모하면서 그것을 소득이라고 착각하고, 그에 의존하
고 있다고 비판하였다. 슈마허의 이러한 비판은 40년 전의 일이지만,
오늘날 이런 문제는 해결되기는커녕 더욱 심화되어 인류 존립의
최대 과제가 되고 있다.

그는 생산을 위해서 자연을 파괴하고 자원을 소모하는 일은 용납할
수 없는 일이라고 하며, 재생 불가능한 연료에 의존해서 생활하는
이들을 '기생적 생활을 하고 있는 자들'이라고 비판하였다.[104] 그래서
그는 교육을 통해서 이러한 실천을 이룰 수 있는 예지를 길러주어야
함을 역설하였다.[105]

2) 탐욕에 의한 경제

슈마허는 '현대사회는 자본주의가 인간의 잘못된 욕망을 부채질함에
의해 지탱되고 있다'고 지적하고, 그것은 결국 사회의 부도덕성을
증가시켜서 지구를 파괴하고 불행한 사회를 초래한다고 말하였다.

욕망을 부채질하거나 조장하는 일은 예지叡智와는 정반대의 것이
다. 그것은 자유 및 평화와도 반대되는 것이다. 욕망이 불어나면…

---

104 슈마허, 『작은 것이 아름답다』, 범우사, 2008, p.63.
105 위의 책, p.85.

외부 의존도가 심화되고, 따라서 생존을 위한 걱정이 증대된다.
욕망을 줄여야만 다툼이나 전쟁의 원인을 줄일 수 있는 것이다.[106]

무엇보다도 슈마허는 생산과 소비의 효율성보다도 그 과정에서
발생하는 인간성의 타락과 부도덕성을 문제 삼는다. 그런 점에서
불교윤리가 강조되는 것이다. 슈마허가 작은 것을 강조하는 것은
그것이 인간의 도덕적 타락을 막을 수 있는 길이기 때문이다. 그리고
그것을 가능하게 하자면 우선 욕망이 허망한 것임을 알고 그것을
줄이는 가운데 만족과 편안을 얻을 수 있음을 알게 해야 하는 것이다.

욕망에는 한이 없으며, 무한한 욕망은 물질계에서는 충족될 수
없다. … 이러한 생활방식에서는 사람과 사람이 대립하고, 나라와
나라가 대립한다. … 그러므로 예지가 없으면 세계를 파괴할 괴물
같은 경제를 만들거나, 달에 착륙하는 따위의 터무니없는 만족감을
구하는 방향으로 내달아버린다. … 그리고 이것이 전쟁의 근본원인
이다.[107]

자본주의 시장경제의 문제점은 탐욕을 부채질한 데서 비롯되는데,
이것은 인간의 예지가 발달되어서, 즉 불교적 가르침에 의해서 극복되
어야 한다고 그는 말한다. 결국 문제를 해결할 수 있는 지혜란 탐욕과
질투심을 버리는 것이다. 탐욕은 물질에 의해서 채워지지 않으며

---

106 위의 책, p.32.
107 위의 책, p.38.

그러한 탐욕 자체가 허망한 것이다. 만족이 물질에 의해서 얻어지리라는 생각이 잘못된 생각임을 깨우쳐야만 물질의 노예상태로부터 벗어날 수 있다.

3) 노동으로부터의 소외

노동이란 생활에 필요한 재화를 생산해 내는 것이기도 하지만 무엇보다도 자기 능력을 실현하며 함께 협동하는 과정에 그 의미와 가치가 있다. 그렇기 때문에 '노동이란 나쁜 것이고 여가란 좋은 것이고, 노동의 대가로 여가를 얻는다'는 현대 물질문명의 사고방식은 잘못된 것이며 그것은 노동의 의미와 가치를 죽이는 일이다. 바로 이러한 점에서 "노동으로부터의 소외"가 발생하는 것이다. 노동자는 자신을 위해서가 아니라 상품생산을 위해서 일하고, 자본가를 위해서 일하며, 자신이 필요하지 않은 제품을 생산하고, 누가 사용하는지도 모를 제품을 생산하며 기계의 일부분으로서 생산한다. 그렇기에 노동자는 자기 노동의 가치를 느낄 수 없고, 스스로가 그저 생계비를 벌기 위해 작동하는 기계의 일부분이라고 느낄 뿐이다. 이런 상황에서 노동자는 자신의 노동에 긍지와 가치를 느낄 수 없다.

불교의 노동관을 대표하는 백장 선사百丈禪師의 '일일부작 일일불식 (一日不作 一日不食: 하루 일하지 않으면 하루 먹지 않는다)'에 의하면 노동이란 그 자체가 생명활동이고, 그 자체가 수행의 과정이다. 그러나 자본주의 생산 과정에서의 노동이란 하나의 고통이다. 성서에 나타난 '에덴동산으로부터의 추방'[108]을 보더라도 그것은 '신의 노여움에 의하여 추방당해서 인간은 그 벌로서 평생 노동을 해야 한다'는 내용이다.

그러므로 서구인의 이러한 잘못된 노동관이 자본주의 생산 과정에까지 그대로 이어진다고 볼 수 있다.

이와 비교해서 불교의 생활관이라고 볼 수 있는 『육방예경六方禮經』에서 묘사되는 고용주의 마음가짐을 보면 "고용인의 역량에 맞게 일을 시킨다. 충분한 급여를 준다. 병이 들었을 때 친절히 돌본다. 진기한 것을 나누어준다. 때때로 쉬게 한다"고 하는데,[109] 이것은 자본주의적 생산방식에서 다루는 노동자와는 매우 다르다. 기업은 노동자를 『육방예경』에 나타나 있는 가르침대로 노동자를 대함으로써 따뜻한 직장, 주인의식이 들 수 있는 직장을 만들어야 한다. 그래서 기업의 생산성도 높아지고 노동자의 생계도 좋아져서 건실한 소비시장이 육성되고, 노동의 참 가치와 의미를 되찾아 인간답게 살 수 있는 사회가 건설될 수 있다.

4) 작은 규모의 경제

슈마허는 '불교가 적게 소비하는 것을 미덕으로 삼음'에 주목하면서 근대경제학이 "소비를 경제활동의 유일한 목적으로 간주하고, 토지나 노동, 자본 등의 생산요소들을 그 수단으로 여김"을 비판하였다. "즉 불교경제학이 적정 규모의 소비로 만족을 극대화하려는 데 반해서 근대경제학은 가능한 생산력으로 소비를 극대화하려 한다"라고 비판한다. 또한 간소의 철학은 비폭력과도 깊이 연관되어 있다. "적정 규모의 소비는 낮은 소비량으로 높은 만족감을 부여하기 때문에

---

108 「창세기」 제3장.
109 박경준, 『불교사회경제사상』, 동국대학교출판부, 2010, p.158.

사람들은 압박감이나 긴장감 없이 잘 지낼 수 있고, 따라서 '제악막작 중선봉행諸惡莫作 衆善奉行'이라는 정신적 가치를 잘 실천할 수 있다"[110]는 것이다.

그는 오늘날 정신적 가치를 무시하면서 이루어지고 있는 근대화라는 것이 정말 좋은 성과를 올리고 있느냐에 대해서 강한 문제를 제기한다. 개발경제의 결과는 일반대중에 있어서는 참담한 것이며, 농촌경제는 붕괴되고, 소도시나 촌락에서도 실업이 증가한다. 마음이 황폐해진 도시 빈민층이 양산되고 있는 것도 개발경제 때문이다. 그리고 이러한 문제를 해결하기 위해서는 근검절약의 가치관에 따른 경제행위가 필요하다는 것이다.

그는 국가 단위나 지역사회 단위도 작은 것이 큰 것보다 훨씬 좋은 결과를 낸다고 말한다. 큰 단위의 경우, 작은 것은 큰 것에 의해서 희생당하기 때문에 좋지 못하고, 큰 쪽의 경우에도 상품이나 소득의 편중이 심해지기 때문에 낭비성이 심해진다. 통합하여 얻는 이득, 즉 규모의 경제나 상호 보충성보다는 통합에 의해서 작은 것이 입는 피해가 더 크다는 것이다. 즉 효율성도 필요하지만 동시에 큰 규모에는 불평등성, 비인간성도 발생된다.

하지만 부유한 지역에서 가난한 지역을 지원하는 일은 좀처럼 없다. 오히려 부유한 지역에서 가난한 지역을 착취하는 일이 많이 일어난다. 이들은 직접적으로가 아니라 교역조건을 통해서 착취를

---

110 슈마허, 앞의 책, p.60.

한다. … 부유한 지역은 가난한 지역과 분리되기를 원하지 않는다. 반대로 가난한 지역은 부유한 지역에서 분리되기를 원한다. 부유한 지역은 자신들의 행정구역 내에서 가난한 자들을 착취하는 것이 행정구역 밖의 가난한 자들을 착취하는 것보다 훨씬 쉽다는 것을 알기 때문에 현재 상태를 고수하고 싶어 한다.[111]

이렇게 '사람이 나빠서가 아니라 조직이 나빠서'라는 그의 주장은 결국 사람의 태도만 탓하거나 사람의 태도를 바꾸어서 해결될 수 있는 문제는 아니라는 것을 의미한다.

결과적으로 큰 조직들은 불량하고 부도덕하게, 또는 어리석고 비인간적으로 움직이게 마련인데, 이는 조직 내 사람들이 본래 그래서가 아니라 조직이 크다는 데서 오는 하중을 받기 때문이다. 잘못은 조직을 이루는 사람들에게 있는 것이 아니라 조직의 크기에 있다. 그런 비판은 자동차 배기가스를 배출한다고 운전자를 나무라는 것과 같다. 천사라도 공기를 더럽히지 않고 차를 운전할 수는 없다.[112]

그는 현대사회에서 시장자본주의에 의해 야기되는 여러 가지 문제를 해결하기 위해서는 규모를 줄여야 한다고 말한다. 즉 생산규모를 줄이고, 소비지출의 규모도 줄이고, 교역의 규모도 줄여야 한다.

---

111 슈마허, 이승무 옮김, 『내가 믿는 세상』, 문예출판사, 2003, p.83.
112 위의 책, p.91.

이는 시장자본주의와 세계화로부터 발생하는 폐해를 줄이기 위해서
는 지역화(localization)를 해야 한다는 취지와도 일치한다. 기존 경제
학의 이러한 많은 모순 때문에 슈마허는 경제학이 "가치의 경제학"이
되어야 함을 주장하여 "불교경제학(Buddhist Economics)"이 중요함을
주장하였다.

　슈마허가 말하는 실천운동은 단순히 경제제도를 바꾸거나 생산방
식을 바꾸어서 되는 것이 아니라, 스스로 발전의 논리가 허구임을
깨닫고, 적은 것에 만족하며 함께 노력하는 가운데에서 비로소 이루어
질 수 있다. 그는 "부자가 행복하다는 현대인의 가정은 인류의 보편적
전통과 모순되는, 조잡한 물질주의 철학에서 유래한다"고 하여 현대
인의 상식이 매우 잘못된 가정 위에 서 있음을 비판하고, "우리의
물질적 욕심은 끝이 없지만 실제로 사람의 물질적 필요는 제한되어
있으며 아주 적다"라고 하여, 실질적으로 사람이 사람으로서 존엄스
럽게 사는 데는 그리 많은 물질이 필요한 것이 아님을 강조하였다.
그럼에도 현대인이 그토록 물질과 재화를 원하는 것은 체제가 지나친
욕심을 부추기기 때문이며, 동시에 체제가 대중 궁핍을 유발시키기
때문이다.

2. 기계화와 개발주의 - 간디

1) 개발주의와 식민주의

일찍이 간디는 시장경제를 부정하면서 "수요 공급의 법칙은 사악한
법칙이다", "트랙터와 화학비료는 결국 인도의 몰락을 초래할 것이

다"[113]라고 하고, 농업의 기계화와 기업농을 부정하였다. 간디의 우려처럼 개발주의의 뒤에는 식민주의가 숨어 있다. 인도는 식민지의 참혹한 경험을 겪으면서 식민주의와 맞서 싸웠지만, 영국의 통치가 물러간 후에 지속된 개발주의의 이면에는 식민주의가 여전히 도사리고 있었다. 제2차 세계대전이 끝난 후 미개발국, 혹은 제3세계 지도자들이 경제개발에 몰두하고 있을 때 이미 간디는 그것이 일종의 '연장된 식민주의'임을 간파하였다. 개발을 위해서는 자본주의 종주국의 기술과 자본에 의존하지 않을 수 없다. 그리고 설령 그러한 개발이 성공한다고 할지라도 그것은 수출 의존형이나 외세 의존형이 되는 것이다.

대다수 민족주의 경제학자들에게 있어서 해결책은 경작 중인 토지의 생산성을 향상시키는 것이었다. 그래서 정부는 관개시설을 확충할 것과 생산성이 높은 작물을 심도록 권유하고 영농법을 개선할 것을 지시하였다. 그러나 간디는 여기에 동의하지 않았다. 간디는 기계화를 단호히 반대하였다. 그는 이미 기계화와 개발이 인간에게 행복을 가져다주지 않고 재앙을 가져다줄 것임을 간파했던 것이다. 간디의 이러한 우려는 오늘날 시장자본주의를 뒤늦게 채택한 아시아, 아프리카, 남미의 여러 나라들에 있어서 수출의존, 외세의존, 달러의존이라는 무서운 재앙으로 나타났다.

결국 식민주의는 세계화라는 이름으로 온존溫存되는 것이다. 이러한 자본주의 시장경제의 식민지배, 그리고 욕망에 의한 소비에 대한 간디의 경계는 이미 백 년 전에 강력하게 제기되었던 것인데, 오늘날까

---

113 아지뜨 다스굽따, 강종원 옮김, 『무소유의 경제학』, 솔, 2000, p.13.

지도 그러한 모순은 해결되지 않고 점점 더 심화되어 왔다.

2) 기계화에 따른 실업

간디가 기계화를 반대한 것은 기계에 의한 자본주의의 파괴성을
일찍이 예견하였기 때문이다. 기계에 의한 생산이란 결국 과잉생산을
유도하고, 자원과 환경을 파괴하며, 인간과 생산행위를 분리시켜서
인간을 노동으로부터 소외시키고, 또한 대량의 실업을 발생시킨다.
기계가 없었다면 오늘날 대부분의 자본주의의 폐해는 발생하지 않았
을 것이다. 그는 "기계가 유럽을 황폐하게 만들기 시작하더니 이제는
파멸이 영국의 문을 두드리고 있다. 기계라는 것은 근대문명의 중요한
상징이지만, 동시에 커다란 죄악을 상징하는 것이기도 하다"[114]라고
하여 기계를 큰 죄악으로 보았다.

봄베이의 방직공들은 거의 노예상태로 전락하였는데, 특히 여성노
동자의 노동조건은 더욱 비참하였다. 기계화에 의해서 도시가 생겨나
면 그에 따라서 가족이 분산되어 가족을 잃게 되고 고향을 떠나야
하기 때문에 농촌 공동체는 붕괴된다. 그가 기계를 괴물, 악마 등으로
표현했을 때 그것은 기계로 드러나는 자본의 악마성을 표현한 것이다.

기계화란 한 마리든, 백 마리든 가리지 않고 뱀들을 삼켜버리는
거대한 뱀구멍 같은 것이다. 기계가 있는 곳이면 반드시 커다란
도시들이 생겨나고, 도시들이 생기면 반드시 전차나 철도가 생겨나

---

114 위의 책, p.131.

서, 결국 전기 불빛만 도시를 뒤덮은 광경을 보게 될 것이다.[115]

기계로 따진다면 사람 자체가 살아있는 기계이다. 그런데 인도의 수많은 실업자들이 놀고 있는데, 거기에 또 기계를 더한다면 그것은 기계의 낭비이다. 기계보다 임금이 비싸서 노동자를 고용하지 않는다면 그것은 인간을 기계 이하로 취급하는 것이고, 인간을 기계 같은 생산재로만 보는 것이다. 기계가 인간을 몰아내는 것 자체가 재앙이고, 인간을 노동력이라는 상품으로만 보는 체제 자체가 재앙이다.

즉 기계는 인간 노동에 대한 잠재적 적대세력이 되는 것이다. 그의 예언과 우려대로, 자본주의 생산체제에서는 실업이 가장 큰 문제로 대두되었다. 실업이 생기는 가장 큰 원인은 자동화로 인한 노동력 절감효과 때문이다. 문제는 이 노동력이란 원료나 물질이 아니라 사람이며, 그 자체가 대다수 국민들의 생존의 문제라는 점이다. 즉 자본에서는 노동을 하나의 생산요소로만 보지만, 인간이라는 존재는 단순히 상품을 생산하는 생산요소가 아니라 지극히 소중한 존재이다.

결국 오늘날 기계가 있어서 편리하다는 것은 오로지 극소수 자본가들에게만 편리한 것이며, 기계는 모든 노동자, 결국 국민 대부분의 생계를 위협하는 괴물이 된 것이다. 간디는 사회주의, 혹은 공산주의 방식의 산업화도 바라지 않는데, 기계를 통한 생산과잉은 필연적으로 외국시장이나 식민지를 필요로 한다고 보았기 때문이다. 영국의 식민지가 되어서 질곡을 당하고 있는 인도가 산업화를 해서 설령 다른

---

115 위의 책, p.132.

나라를 식민지화해서 잘살게 된다고 하더라도 그것은 옳지 못한 일이다. 또 다른 나라에서도 산업화는 진행될 것이므로 결국 기계화에 의한 생산과잉은 약육강식의 세계전쟁으로 이어질 수밖에 없다. 그것은 간디가 가장 우려했던 방향이다. 그러나 현재 세계는 그러한 방향으로 달려가고 있다.

3. 소득과 행복의 관계

1) 이스털린의 역설

이스털린의 역설(Easterlin Paradox)이란 경제성장과 행복이 서로 비례하는 것은 아니라는 이론이다. 미국의 경제사학자 이스털린(Richard A. Easterlin)은 1974년 발표한 논문에서 국민총생산이 높아진다고 해서 반드시 국민이 행복해진다고 볼 수는 없다고 주장했다.[116] 소득이 일정 수준에 미치지 못할 때는 소득이 그 사람의 행복에 영향을 미치지만, 일정 수준을 넘어가면 소득이 높아진다고 해도 그 사람의 행복이 소득에 따라서 높아지는 것은 아니다. 미국민의 경우 1991년까지 1인당 국민소득은 83%나 증가했으나, 정작 자신이 행복하다고

---

116 Easterlin, Richard A.(1974), "Does Economic Growth Improve the Human Lot?" in Paul A. David and Melvin W. Reder, eds., *Nations and Households in Economic Growth: Essays in Honor of Moses Abramovitz*, New York: Academic Press, Inc.

Easterlin, Richard A.(2000), *Income and Happiness: Toward a Unified Theory*, Mimeo. University of Southern California, Los Angeles.

생각하는 사람은 그 이전보다 훨씬 줄었다.[117] 이는 결국 사람이 행복해지기 위해서는 물질적인 것보다는 정신적이고 윤리적인 가치가 필요하다는 뜻일 것이다. 또한 일반적으로 평균소득이 약 1만 달러 이상이 되면 생활수준과 삶의 만족도 사이에 측정 가능한 연관성이 별로 나타나지 않는다고 한다. 예를 들어 평균소득이 간신히 1만 달러에 이르는 아일랜드 사람들은 소득이 그보다 거의 두 배나 높은 미국인들보다 오히려 더 행복한 것으로 나타났다.[118] 다시 말해서 한 국가의 부富가 아무리 높아진다고 해도 국민의 행복은 그렇지 않다는 뜻이다. 칠레의 경제학자 만프레드 맥스 네프(Manfred Max-Neef)와 그 일행이 경험했던 일화도 있다.

멕시코의 치아파 고원지대를 여행하는 중, 한 작은 시골마을에서의 일이었다. 일행 중 한 여자가 마음에 쏙 드는 멋진 나무의자를 발견했다. 마야 신화에서 유래한 모티브들이 예술적으로 그려져 있고, 기막힌 솜씨로 깎아 만든 의자였다. 여자는 목공에게 그 의자의 가격을 물었다. 12페소라고 대답했다. 비싸지 않은 가격이라고 생각한 여자는 다시 이렇게 물었다. 10개를 사면 얼마지요? 목공은 잠시 말을 멈추고 계산을 했다. 그리고 이렇게 대답했다. 150페소요.
잠깐만요, 여자가 따지듯이 말했다. 어째서 가격이 올라갈 수 있나요? 10개를 팔면 분명히 한 개를 팔 때보다 더 많이 벌게

117 강수돌, 『살림의 경제학』, 인물과사상사, 2009, p.201.
118 하랄드 빌렌브록, 『행복경제학』, 미래의 창, 2006, p.277.

되잖아요. 그러자 인디오 목공은 이렇게 대답했다. 그렇기는 하지 요. 그렇지만 의자 하나를 만들 때는 재미있는 일을 하는데, 10개를 만드는 것은 지루하잖아요.[119]

이 원주민 목공의 한마디는 온 세상이 당연시하는 돈의 논리를 깨는 것이다. 사람들은 흔히 돈은 행복이고 더 많은 돈은 더 많은 행복을 가져온다는 것을 당연시한다. 그러나 실제로 이러한 돈의 논리가 옳은 것은 아니다.

또 독일 기독교민주연합(CDU)의 당수인 볼프강 쇼이블레(Wolf-gang Schäuble, 1942~)는 경제잡지 『브란트 아인스(Brand eins)』의 기자들과 간담회를 가지면서 "부유함과 행복 사이에 직접적인 관계가 없다는 여러 연구에 큰 관심을 갖게 되었다"고 다음과 같이 말했다.

행복하기 위해서는 돈이나 재산보다는 자기 운명을 스스로 결정할 수 있다는 자신감이 필요합니다. 그래서 나는 정치가의 가장 중요한 임무는 사람들이 자기 자신의 삶을 스스로 결정하고 다른 사람들과 서로 영향을 주고받을 수 있도록 정책적 틀을 만들어 가는 것이라고 믿습니다.[120]

돈과 행복과 관련하여, 남태평양 어느 지역에 바닷새 똥이 퇴적하여 생긴 인광석燐鑛石에 관한 이야기도 있다.

---

119 위의 책, p.277, pp.292~293.
120 위의 책, pp.296~297.

일본의 한 사업가가 인광석의 채굴을 계획하여 현지인을 고용하여 일을 시키려고 했다. 그러나 현지인은 야자열매로 자급자족의 생활을 하고 있었기 때문에 돈을 아무리 주어도 좀처럼 일을 하려 들지 않았다. 그래서 사업가는 일본에서 흔한 유리 목걸이를 사와 서 그것으로 현지인을 꾀어서 인광석을 채굴시켰다. 결국 온 마을 주민들은 인광석 광산의 노동자가 되어 힘들게 일하게 되었다. 유리 목걸이를 얻기 위해서.[121]

이는 우화일수도 있고 약간의 과장일 수도 있다. 그러나 여기에는, 무엇보다도 유리 목걸이를 손에 얻은 후의 현지인들과 그것을 몰랐을 때의 현지인들 중 어느 쪽이 더 행복한가라는 문제가 있다. 결국 인간이 물질적 탐욕에 따라 행동하게 되면 불행을 자초하게 되는데, 이 사실을 깨우쳐 주는 것이 바로 불교경제학의 역할이다.

『펜 월드 테이블(Penn World Table)』에 실린 '행복에 관한 세계자료 (World Database of Happiness)'에 따르면 1988년 일본인의 실질소득은 1958년보다 6배나 올랐는데도 생활만족도는 오히려 떨어진 것으로 나타났다.[122] 더욱이 미국인의 소득과 행복에 대한 미국 상무성 경제분 석국과 여론조사국의 조사에 따르면 오히려 그 비례는 역진적이었다. 즉 1945년부터 1990년까지 45년간의 조사에서 미국인의 소득은 1만 달러에서 2만 7천 달러로 2.7배 증가했는데도 평균행복지수는 2.4에 서 2.2로 떨어졌다.[123]

---

121 이노우에 신이치, 『지구를 구하는 경제학』, 우리출판사, 2008, p.79.
122 브르노 프라이·알로이스 스터쳐, 『경제학 행복을 말하다』, 예문, 2008, p.27.

브릭먼(Brickman) 등의 연구에서도 복권당첨자들은 당첨 이후 매우 행복하지만, 그들의 행복도는 몇 주만 지나면 이전의 수준으로 돌아간다는 것이 확인되었다.[124] 또 빌렌브록은 오늘날 슈퍼마켓에서 판매되는 제품의 수는 1만 가지 이상이지만, 일상생활의 필요를 충족시키기 위해서는 그중에서 대략 150가지만 있으면 충분하다는 사실도 강조한다.[125]

사람들은 흔히 '돈이 인간에게 중요하냐, 필요하냐, 돈이 인간에게 행복을 주느냐.' 이런 논의를 하는데, 그것에 대하여 일의적인 답을 내리려고 하는 착각에 빠진다. 돈이 인간에게 필요한 것은 사실이다. 불교에서도 돈은 매우 중요하다고 강조한다. 불교에서도 금전의 취득을 나쁘게 보지 않는다. 그러나 그 과정에서 사람들은 "어떤 돈이냐, 얼마나 많은 돈이냐"라는 문제를 놓쳐버린다. 사람들은 수억의 소득을 가지고 있으면서도 자신이 가난하다고 생각하고, 돈 때문에 자기 인생의 대부분을 소모한다. 그렇게 사람들은 도시를 떠나지 못하면서 평생 동안 채무자로서 살아간다.

또 국가 차원에 있어서도, "경제성장이 국민들의 행복 증진에 어느 정도 도움이 되는가"라는 주제에 있어서, 어느 나라나 절대빈곤을 퇴치하기 위해서는 어느 정도 생산과 소득은 필요할 것이다. 그러나 국민들이 기초생계비와 생활에 필요한 필수품을 구입할 수 있을 정도의 소득을 넘어간다면 소득 증가에 따른 국민들의 행복 증가는

---

123 World Database of happiness, 위의 책, p.120.

124 위의 책, p.49.

125 하랄드 빌렌브록, 『행복경제학』, 미래의 창, 2006, p.13.

그리 많지 않다. 소득이 어느 정도를 넘어가면 오히려 인생이 더 괴로워질 수도 있다. 심지어 재산이 어느 정도 이상이면 그 재산을 관리하기 위해서 인생을 소모하기 때문에 재산 자체가 인생에 있어서는 큰 부담과 괴로움이 되기도 한다. 로널드 잉글하트(Ronald Inglehart) 교수는 경제성장과 국민행복 사이의 관계를 조사하였는데, 그에 따르면 1인당 국민소득이 약 2만 달러까지는 상관관계를 보이지만 그 이상이 되면 경제성장이 국민의 행복과는 별로 관계가 없는 것으로 나타났다. 이를 경제성장 효용체감의 곡선이라고 한다.[126]

2) 행복의 측정

노벨 경제학상을 수상한 폴 새뮤얼슨(Paul A. Samuelson)에 의하면 행복을 알기 쉽고 간단하게 나타낼 수 있는데, 결국 행복이란 "소비/욕망"으로서,[127] 욕망과 행복은 반비례한다고 한다. 즉 이것은 욕망을 줄여야 행복해질 수 있다는 점을 단적으로 표현한 것이다. 그 밖에 국민의 행복을 측정하려는 시도에는 다음과 같은 것들이 있었다.

(1) 지속가능한 경제복지 지수(ISEW)

경제복지 지수(ISEW: Index of Sustainable Economic Welfare)는 세계은행의 경제학자였던 허먼 댈리(Herman Daly, 1938~)와 신학자 존 코브

---

126 Inglehart, R.(1996), "The Diminishing Utility or Economic Growth" *Critical Review*, vol.10, No.4, fall; 이정전, 『시장은 정의로운가』, 김영사, 2012, pp.173~174.

127 브르노 프라이, 알로이스 스터쳐, 앞의 책, p.5.

116

(John B. Cobb, 1925~)가 주창한 것이다. 이 경제복지 지수는 먼저 개인 소비지출을 기준으로 하고 거기에 가사노동비용을 더한 다음, 다시 거기서 범죄, 오염, 사고 등에 사용된 지출 같은 손실방지비용을 공제한다. 그리고 소득 불균형과 천연자원의 고갈을 감안한다. 여기에 미래 안전의식을 측정하는 가족 저축률과 주택 같은 유형자본 축적 등을 감안한다. 허먼 댈리는 전통경제학의 오류는 유한한 지구의 희소성을 인식하지 못한 데 있다고 주장한다. 이것에 의하면 미국의 GNP는 1950~1990년의 40년 동안에 3,700달러에서 약 8,000달러로 2배 이상 증가했으나, 1인당 ISEW는 2,900달러 정도의 선에서 계속 머물렀다.[128]

이와 비슷한 것으로 휘담의 사회건강 지수(FISH: Fordham Index of Social Health)도 있는데, 이는 유아사망률, 아동학대, 아동빈곤, 10대 자살, 약물남용, 고교중퇴율, 평균주급, 실업률, 건강보험, 고령자 빈곤수준, 살인, 주택, 소득불균형 등 열여섯 가지 사회경제적 지표를 반영한 것이다.[129] 유아사망률은 미국이 세계에서 네 번째로 높은데, 미국은 대표적으로 국민의 건강을 공공의료보장제도가 없이 전적으로 민간기관에만 의존하는 나라이다. 미국의 의료보험기관도 철저히 상업주의적인 회사이다.

128 Cobb CW and Cobb JB, *The Green National Product*, Lanham MD, University Press of America, 1994.
129 제러미 리프킨, 『유러피언 드림』, 민음사, 2005, p.105.

(2) 인간개발 지수(HDI)

인간개발 지수(Human Development Index)는 국제연합 개발프로그램이 만들었다. 유엔 개발프로그램(UNDP: United Nations Development Programme)은 국제연합이 개발도상국의 경제적 사회적 개발을 촉진하기 위한 기술원조를 제공하기 위해 설립되었는데, 1965년 1월 발족되었다. 여기에서 유엔의 인간개발 지수를 개발하였는데, 이것은 경제와 윤리의 상호관계의 회복을 지향한다. 즉 성장과 인간발전과는 실질적인 관계가 존재하지 않는다는 점을 자각하게 된 것이다. 이는 각 국가의 실질국민소득, 교육수준, 문맹률, 평균수명, 빈곤축소, 환경보호 등 인간의 삶과 관련된 여러 가지 지표를 조사해서 각국의 인간발전 정도와 선진화 정도를 평가하는 지수이다.[130] 이 지수는 소득 외에 교육, 빈곤, 실업, 환경, 건강 등 인간을 둘러싼 생활환경과 관련된 여러 가지 기본요소들을 기초로 사람들이 사회생활에서 느끼는 행복감을 측정하는 것으로서, 이는 일종의 행복지수라고 할 수 있다. 즉 인간의 행복과 발전 정도는 소득 수준과 비례하지 않고 인간이 소득을 얼마나 현명하게 사용하느냐에 달려 있다는 점을 보여준다는 것이다. 일반적으로 HDI가 0.900점 이상인 국가를 매우 발달된 국가로 분류한다.

(3) 국민 순복지(NNW: Net National welfare)

이는 다른 말로 국민후생지표, 국민복지지표, 후생국민소득이라고도

---

130 인간개발 지수(HDI)=(1/3)×(소득지수)+(1/3)×(기대수명 지수)+(1/3)×(교육 지수).

한다. 노벨상을 수상한 경제학자 제임스 토빈(James Tobin)이 제안하였다. 그는 국내총생산에서 환경에 입힌 손상을 뺀 순수성장을 측정하려 하였다. GNP가 주로 경제활동수준, 유효수요수준 지표로서의 성격이 강하고 경제후생지표로서의 성격이 명확하지 못한 데 반해, NNW는 후생지표에 가까운 형태로 만들어진 개념이다. NNW의 계산방법은 GNP를 기초로 해서 개인소비, 재정지출, 공해방지, 여가 등 4개 항목을 기본으로 산출된다. 구체적으로는 GNP에서 공해, 방위비, 통근시간 등 복지에 관계되지 않는 항목을 삭감하고 여가, 주부노동을 GNP에 가산하는 것이다. 그리고 공공설비가 제공하는 용역부분도 추가된다.[131]

(4) 센코노믹스

2008년 프랑스는 성장을 측정하는 방식을 바꾸어야 한다는 생각으로 국내총생산(GDP)[132]에 대해 본격적으로 문제를 제기했다. 당시 사르코지 대통령은 국민들의 삶의 질을 실질적으로 반영할 수 있는 경제지표를 개발할 목적으로 노벨 경제학상을 수상한 두 명의 외국 경제학자를 초빙하여 그들에게 삶의 질 또는 행복지수까지 GDP 통계에 포함시켜 평가할 수 있는 새로운 경제성장지표의 개발을 요청하였다. 이때 초빙된 학자가 아마티아 센(Amartya Sen, 1933~)이다. 그는 소득분배

---

131 베르나르 마리스, 『무용지물 경제학』, 창비, 2008, p.309.
132 GDP(Gross Domestic Products)란 국내총생산을 뜻한다. 그것은 1년 동안 최종적으로 생산한 재화와 서비스의 총량이다. 생산의 중간 과정에서 나타나는 가치는 중복 계산되므로 최종적인 가격만을 계산한다.

의 불평등을 나타내는 지표인 지니 계수(Gini coefficient)와 같은 기존 빈곤지수의 결함을 보완하여 센 지수(Sen Index)를 고안해 내었으며, 유엔개발계획(UNDP)에서 인간개발 지수(HDI)를 고안해 내는 데도 중요한 역할을 하였다.

지니 계수란 소득의 불균형 정도를 나타내는 지수로서, 이탈리아의 통계학자인 코라도 지니(Corrado Gini)가 1912년에 발표하였다. 일반적으로 로렌츠 곡선(Lorenz curve)은 인구의 누적비율과 소득의 누적비율 사이의 상관관계를 나타내는 것인데, 소득분배가 완전히 평등하다면 기울기가 1인 대각선의 형태가 된다. 그러므로 현실의 소득분포가 완전 평등에서 멀어질수록 로렌츠 곡선은 대각선에서 멀어진 곡선의 모양을 띠게 된다. 그래서 대각선과 로렌츠 곡선 사이의 면적을 A, 로렌츠 곡선 하방의 면적을 B라고 하면, 지니 계수는 A/(A+B)라는 공식으로 나타난다. 따라서 소득분배가 완전 평등하다면 지니 계수는 A의 값이 0이므로 0이 되고, 완전 불평등한 상태라면 B의 값이 0이므로 1이 된다. 이를 통해서 불평등의 정도를 비교할 수 있다. 즉 지니 값이 클수록 소득과 분배의 불평등이 심하다는 것을 나타낸다. 보통은 지니 계수의 값이 0.4를 넘으면 소득분배가 불공평하게 이루어지고 있다고 평가한다.

그런데 지니 계수의 단점은 세금이나 사회복지 등에 의해 재분배 기능이 강한 나라의 경우, 초기 소득에서의 계수와 소득 재배분 후의 계수가 다르다는 점이다.[133] 또 빈민들 사이에 소득 이전이 발생해도

---

[133] 이준구·이창용, 『경제학원론』, 법문사, 1997, p.371.

이를 설명할 방법이 없다.

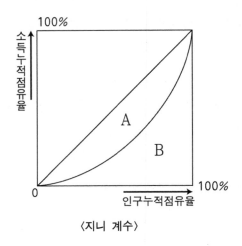

〈지니 계수〉

이에 비해서 센 지수(Sen Index)는 이를 보완하여,

① 전체 인구에서 빈곤선 이하의 인구가 차지하는 비율, 즉 빈곤율.

② 빈민들을 빈곤선 수준으로 끌어올리기 위해 필요한 총소득, 즉 빈곤편차.

③ 그리고 실제적인 빈민소득.

이 세 가지 모두를 반영할 수 있다. 센의 지수는 지니 계수와 마찬가지로 0과 1 사이의 값을 지니며, 빈곤의 정도가 심할수록 높은 값이 산출된다.[134] 센은 공리주의적 경제인을 합리적 바보라고 비판하는데,[135] 이들의 이기적 행위와 효용 극대화는 결국 전체적인 비극을

---

134 아마티아 센, 『센코노믹스』, 갈라파고스, 1999, p.8.

135 위의 책, p.16.

초래하기 때문이다. 이렇게 합리성만을 자기 이익의 극대화로 보는
시각은 매우 비과학적이며, 실제로 인간 생활에서 필요한 수많은
협동정신과 희생을 설명하기 어렵다.

(5) 국민경제의 진전에 대한 역치가설

1983년에 대안 노벨상으로 불리는 '바른생활상'을 수상한 칠레의
경제학자 만프레트 막스 네프(Manfred Max-Neef)는 1990년대 중반
많은 나라의 경제를 관찰한 후에 국민경제의 진전에 대한 역치가설
(threshold hypothesis)을 주장하였다. 즉 경제성장은 어느 지점까지는
사람들의 삶의 질에 긍정적으로 기여하지만 그 지점을 넘어서면
성장이 계속되어도 삶의 질은 퇴보한다는 이론이다. 이는 돈이 있으
면 환경과 삶의 질이 개선된다는 성장지상주의자들의 주장과는 반대
이다.[136]

(6) 국민총행복 지수(GNH)

쓰지 신이치(辻信一)는 일본의 문화인류학자로서 메이지 대학 교수이
다. 그는 현대문명이 성장과 성과에만 집착하고 무한경쟁 시대에
빠른 것만을 강조한 결과 사람들은 삶의 의미를 잃어버리고 고통스럽
게 살고 있다는 점을 지적하여 '슬로 라이프 운동'을 창안하였다.[137]
그의 저서 *Slow is Beautiful*은 물론 슈마허의 *Small is Beautiful*을

---

136 헬레나 노르베리-호지, 김영욱 외 옮김, 『행복의 경제학』, 중앙북스, 2012,
p.248.
137 쓰지 신이치, 권희정 옮김, 『슬로 이즈 뷰티풀』, 일월서각, 2010.

패러디한 것이다. 그리고 그는 인간이 행복하기 위해서는 시장경제의 틀에서 벗어나서 인생의 진정한 의미를 되찾는 행복경제학을 실천하여야 한다고 주장하였다. 행복은 국민총생산에서 오는 것이 아니라는 것을 잘 알아야 한다는 것이다.

국민총행복 지수(GNH: Gross National Happiness)라는 말은 부탄의 왕추크 전 국왕이 1970년대에 만들어낸 말이다. 그는 한 나라의 부富를 측정하기 위한 자료로 전 세계가 공통으로 사용하고 있는 GNP나 GDP를 대신해서, 행복(Happiness)이라는 단어를 넣었다. 그는 세계 인구의 20%를 차지하는 부유한 사람들이 세계 자원의 80%를 사용하고 있으며 자본의 탐욕성에 의해서 부유한 나라는 계속 부유해질 수밖에 없다고 주장했다.[138] GNP의 개념에는 'GNP가 높을수록 국민의 행복이 더욱 보장된다'는 암묵적인 전제가 포함되어 있다. 그렇기 때문에 세계 여러 나라들은 GNP에 큰 관심을 갖고, GNP를 높이기 위해서 많은 노력을 기울인다. 그러나 GNP가 높으면 국민들이 행복해진다는 것은 잘못된 생각이다. 부탄의 국왕은 바로 이 점을 강조해서 국민총행복 지수(GNH)를 만들었다. 이 GNH의 산출방법은 쉽지 않겠지만, 그래도 경제성장이 국민의 행복과 비례하지는 않는다는 것만은 확실하다.

3) 노동시간과 행복

일을 바삐, 그리고 많이 하는 것만이 좋은 것은 아니다. 벤저민 프랭클

138 쓰지 신이치, 장석진 옮김, 『행복의 경제학』, 서해문집, 2009, p.37.

린(Benjamin Franklin)이 말했다고 하는 "시간은 돈이다(Time is Money)"
는 한때 성실한 생활인의 덕목이라고 권장되었으나, 이제는 노동시장
을 독려하는 자본가들의 획책이라고 비난받는다. 노동자가 열심히
일해도 자본가는 최저임금만을 지급하며, 최저임금을 받고라도 취업
을 해야 하는 산업예비군은 늘 존재한다. 자본은 이를 위해서 오히려
적절한 실업을 은근히 바라기도 한다. 설사 노동자의 소득이 생계에
그리 부족하지 않다고 하더라도 노동자는 계속 열심히 일하기를
무의식적으로 강요받는데, 그것이 이른바 성공욕구이고, 성취욕구이
고, 경쟁욕구이고, 보다 나은 소비생활의 욕구이다.

자본은 생산품의 소비시장을 유지하기 위해서 노동자가 계속 소비
재를 구매하기를 원하고, 광고를 통해 구매를 촉진한다. 동시에 노동
자가 금전의 결핍을 느껴야만 노동시장으로 나오기 때문에 자본은
노동자가 지나친 소비생활을 하여 궁핍해지기를 기다린다. 우리나라
를 비롯하여 미국이나 일본이나 대부분의 국민들은 은행으로부터
빚을 지고 있다. 그럼에도 신용카드 회사는 소비자가 계속 채무자가
되기를 기다린다. 오늘날 인간사회는 이렇게 자본에 의해서 끊임없이
노동을 강요받는 사회이다. 그러므로 이러한 상황을 벗어나려면 누가
노동을 강요하는지, 혹은 소비자가 스스로 재화를 물신화物神化하고
있는지에 대한 반성과 성찰이 필요하다. 다음과 같은 에도 시대(江戶時
代)의 일화가 있다.

노인: 힘도 좋은 청년이 일은 하지 않고 왜 그리 빈둥대고만 있나?
청년: 일을 하면 뭐가 좋습니까?

노인: 일을 하면 돈을 받지 않는가!

청년: 돈을 받으면 어떻게 되나요?

노인: 부자가 되지.

청년: 부자가 되면 뭐가 좋은가요?

노인: 부자가 되면 음, 유유자적하며 살 수 있지 않은가.

청년: 네? 그런 거라면 저는 이미 하고 있는데요.[139]

갤브레이스도 "빠른 사람이 성공하는 사회에서는 사람들은 여유를 즐기기 위한 시간을 잃어버리고, 날이 갈수록 바빠지기만 해서 결국엔 마음의 여유를 잃게 된다. 시간을 모두 돈으로 바꾸어버렸을 때 그들에게는 결국 무엇을 위한 풍요였는가라는 의문만이 남게 될 것이다"라고 지적하였다.

4) 욕망과 만족

욕망과 만족에는 분명히 바람직한 것이 있고 그렇지 못한 것이 있다. 모든 종류의 욕구충족이 다 인간의 행복에 기여하는 것은 아니다. 사람을 일시적으로 행복하게 해 주는 마약이나 음주 등은 옳지 않은 행복이다. 나아가 욕망의 충족이 반드시 행복을 가져다주지도 않는다. 오히려 행복은 만족에서부터 온다. 간디는 『무소유의 경제학』에서 다음과 같이 말한다.

우리의 마음은 들떠 있는 새와 같아서, 바라던 바를 더욱 많이

---

139 위의 책, p.93.

소유하고도 여전히 만족할 줄 모른다. 그리하여 인간은 자신의 분수를 망각하고 원하는 것들을 얻고자 하는 열정에 더욱 깊이 빠져들게 된다.[140]

만족이 곧 행복이다. 이와 다른 종류의 행복에 대해서 아는 사람이 있는가? 다른 종류의 모든 행복은 실로 신기루와 같은 것이다. 우리가 그것에 더욱 다가갈수록 그것은 더욱 멀리 달아날 것이다. … 인간의 행복은 진실로 만족하는 데에 있다. 만족하지 못하는 자는 비록 많은 것을 소유하더라도 욕망의 노예가 되고 만다. 참으로 욕망만큼 노예적인 것은 없다.[141]

4. 지구를 구하는 불교경제 - 이노우에 신이치

고마자와(駒澤) 대학 불교경제연구소佛教經濟研究所의 이노우에 신이치(井上信一, 1918~2004)는 불교의 가치가 오늘날 자본주의의 문제점을 해결할 수 있는 답을 주어야 한다고 주장한다. 더 나아가 그는 오늘날 지구 파괴가 바로 자본주의의 생산과잉, 소비과잉, 물질숭배 풍조 때문이라고 판단하고, 그래서 오늘날의 불교경제학은 반드시 '지구를 구하는 경제학'이 되어야 한다고 주장한다. 그는 미얀마를 경험한 슈마허의 말처럼 "구태여 불교경제학이 강조되는 이유는 현재의 경제학이 불교적으로 볼 때 큰 문제가 있다고 느끼기 때문이다"[142]라

---

140 아지뜨 다스굽따, 『무소유의 경제학』, 솔, 2000, p.40.
141 위의 책 p.41.

고 말한다. 그가 주장하는 불교경제는 세 가지의 기본 원리에 기초하는
데, 그것은 자리이타의 경제, 평화의 경제, 지구를 구하는 경제이다.
그리고 그 전제로 "불교경제는 그 기초에 자비, 연대, 지족의 가치관을
공유한다는 것을 전제로 하지 않으면 안 된다. 그 전제 위에서 정책을
책정해 가면 경제정책, 재정정책에서도 최대공약수를 찾기 쉬울 것이
다"라고 말한다.[143]

1) 자리이타의 경제

불교경제학은 자리이타自利利他의 경제학이어야 한다. 영국과 스페
인은 해적경제海賊經濟였다. 아마도 그렇기에 오늘날 서구에서 발달
한 자본주의가 "남을 생각하지 않는 이기적인 제도"로 되었을 것이다.
반면에 불교는 아시아에서 발생했는데, 인도나 동남아시아, 일본
등지는 인구가 상당히 조밀하고 농업사회였기 때문에 이웃집단과의
문제가 중요하였다. 그래서 불교가 지향하는 가치도 자리이타를 지향
하는 가치관이 되었다. 그것을 그는 자리이타의 불교경제학이라고
했다.

경제행위의 주체, 즉 기업가도 자리이타를 추구해야 한다. 그것은
기업을 운영하는 사람의 목표가 이익추구가 되어서는 안 된다는
것이다. 이는 자본주의의 혹독한 경쟁시장에서는 용인되기가 힘든
자세이다. 그러나 불교적 가치관을 실천하고자 하는 기업가에게라면
필요한 자세이다. 그렇기 때문에 이러한 문제를 해결하고자 하는

142 이노우에 신이치, 『지구를 구하는 경제학』, 우리출판사, 2008, p.24.
143 위의 책, p.205.

방법으로, 바람직한 기업행위의 주체는 개인이 아니라 상호회사나 협동조합協同組合이다. 이러한 조직들은 기업활동의 주체이면서도 시장자본주의의 영리주의에 도전하는 것이기 때문이다.

불교경제학에서는 기업을 운영하는 이유가 이윤추구가 아니다. 기업은 인간 생활에 필요한 물질과 재화를 생산하는 것이다. 그러므로 단순한 영리추구를 위한 소모성 재화, 향락성 재화의 생산은 옳지 않다. 동시에 기업의 목표는 생존과 이윤만이 아니기 때문에 생산에 참여하는 모든 부문, 특히 노동부문에 정당한 대가를 지급해야 하며, 기업은 노동자와 함께 발전하는 기업으로 운영되어야 한다. 그래야 비로소 노동자에 의한 건전한 소비시장도 육성되며, 노동으로부터의 소외도 극복될 수 있다. 이노우에는 이러한 영리주의에 대한 도전의 방법으로 "상호회사"라는 형태를 권장한다. 최근 우리나라에서 협동조합이나, 사회적 기업, 비영리법인, 영농법인 등을 권장하는 것도 이에 해당된다.

2) 지구를 구하는 경제

오늘날 많은 사람들이 자본주의의 과잉생산과 과잉소비, 그리고 자원 낭비와 자연 파괴에 의해서 지구 전체가 큰 위기에 처해 있다는 데 대해서 걱정을 하고 있다. 그러므로 오늘날 필요한 경제학은 당연히 지구를 구할 수 있는 경제학이어야 한다. 그리고 그 일을 할 수 있는 것은 "작은 것이 아름답다"는 검약과 지족의 경제학이다. 오늘날 지구 파괴가 이렇게 범지구 차원으로 발생한 데는 그동안 기독교의 잘못된 가치관이 크게 기여했다는 주장이 학계에서 오랫동안 제기되

128

었다. 린 화이트 2세(Lynn White, Jr.)를 비롯한 많은 학자들은 자연과 인간과의 관계에 대한 기독교의 가치관, 즉 인간중심주의도 오늘날 이러한 심각한 생태적 문제를 초래하는 한 가지 원인이 되었다고 주장한다.[144]

이노우에는 "불교에서는 모든 중생은 불성이 있다(一切衆生 悉有佛性), 초목이나 국토도 모두 성불한다(草木國土 悉皆成佛)라고 설하여 인간 이외의 존재에게까지 인간과 동일한 가치를 부여하고 있다. 불교는 모든 것은 우주라는 커다란 생명의 일부라고 생각한다"라고 하여 우리는 금전만의 경제학으로는 살아갈 수 없고, 불교경제학은 경제학에 생명을 불어넣는 따뜻한 학문이 되어야 한다고 강조한다. 일본의 사이쵸(崔澄, 767~822)는 히에이잔(比叡山)에서 제자를 양성 하였는데, 그들을 가르친 『산가학생식山家學生式』을 보면, '관청에서 주는 비용으로 연못을 수리하고 나루를 고치며, 황무지를 개간하고 붕괴된 곳을 메우며, 다리를 세우고 배를 건조하며, 나무를 심고 모시를 심으며, 마의 모종을 내고 풀을 모종하며, 우물을 파고 물을 끌어오며, 나라를 이롭게 하고 사람을 이롭게 하는 일에 사용하라'고 하고 있어서,[145] 일찍부터 불교에서는 인간의 생활을 돕고 자연을 보호하는 일을 강조했던 것을 알 수 있다.

한편, 지구 파괴가 기술의 진보에 의해서 억제되거나 해결되기를 기대하는 사람들이 있다. 그러나 기술이 진보하더라도 지구의 파괴는

---

144 윤영해, 「포스트 모더니티와 생태불교학」, 헬레나 노르베르-호지 외, 『지식기반 사회와 불교생태학』, 아카넷, 2006, pp.237~238.
145 이노우에 신이치, 앞의 책, p.119.

멈추지 않는다. 새로운 기술에 따른 또 다른 지구 파괴가 생겨난다. 기술이 지구 파괴를 멈출 수 있다는 주장은 과학적으로 증명된 것도 아니고, 단지 무책임한 변명에 불과하다. 더욱이 새로운 기술의 개발 자체가 인간을 경쟁과 고통으로 몰아가고, 많은 비용을 필요로 하며, 불평등과 대중 빈곤을 심화시킨다. 컴퓨터가 종이 없는 세상을 만들 것이라고 했지만 컴퓨터에 의해서 엄청난 종이가 낭비되고 있다. 통신에 의해서 교통수요가 줄어들 것이라고 했지만 통신에 의해서 세계화가 촉진되고, 통신에 의해서 장거리 국가 간의 여행과 교역은 훨씬 더 빈번해지고, 그 결과 미개발국의 경제적 식민지화는 촉진되었 다. 컴퓨터가 인간의 일을 대신해 주기 때문에 인간은 놀아도 된다고 주장되었으나 역시 컴퓨터 때문에 인간이 처리해야 할 노동의 양은 획기적으로 늘어났다. 더욱이 새로운 기술의 개발 자체는 지구 보호를 위한 것이 아니라 자본의 이득을 위한 것이다. 그리고 그 과정에서 지구의 파괴는 가속화된다.

종래의 경제학에서는 생산과 이익만이 기업의 가치를 결정하는 척도였다. 그러나 지구의 제한된 자원을 다 써버리는 산업을 다른 산업들과 동일한 척도로 평가하는 것은 부당하다. 지구에 해를 끼치는 생산은 바람직하지 않고, 지구를 풍요롭게 하는 산업만이 바람직한 것이다. 그러므로 그것이 '보호할 만한 산업인가 아닌가'는 산업마다 개별적으로 논의되어야 한다.

3) '자발적 가난'의 소비생활

자본주의는 생산된 상품을 팔기 위해서 부단히 소비자를 유혹한다.

또한 사람들은 물질의 소유와 안락의 유혹을 뿌리치기가 어렵다. 이에 따라서 현대인에게는 자연히 많이 소유하고 많이 소비하는 것이 행복한 생활이라는 가치관이 은연중에 자리잡게 되었다. 또 자본은 소비자에게 이러한 가치관을 꾸준히 심어준다. 그러나 실제로 행복의 척도는 소비의 양이 아니다. 이러한 욕망과 소비가 건전한 경제를 파괴하고 지구를 파괴하기 때문에 소비를 줄여야 한다고 하지만, 그러나 기업이 스스로 소비를 줄일 수는 없다. 제품의 소비를 줄인다는 것은 결국 기업이 문을 닫는다는 것을 뜻하기 때문이다.

결국 소비의 억제는 소비자 스스로에 의해서 이루어져야 하고, 국가는 그것을 위한 각종 행정적 제도를 지원해야 한다. 즉 소비자는 자발적 가난의 생활을 해야 하고, 국가는 사치성 소비재와 불필요한 제품에 대해서 중과세를 부과하고, 대기업의 독점을 금지하여 중소기업을 살리며, 해외교역을 가능한 한 줄여서 지역경제와 자립경제를 도모하고, 소비 억제를 위해 광고를 규제하고, 또한 이를 위한 국민교육을 실시해야 한다.

이노우에도 "자본주의 시장경제의 대중소비가 지구를 병들게 하는 현상을 초래하였다. 그것이 지구의 불행의 시작이다"[146]라고 하고 있다. 즉 "자본주의 시장경제를 지탱해 주는 기본은 소비이다. 그러므로 소비를 억제해야만 극단적인 경쟁과 탐욕과 불만이 해소된다"는 것이다. 유럽경제공동체(EC) 위원장이었던 만스홀트(Mansholt, 1908~1995)도 파리에서 열린 유네스코 회의에서 "인류가 자원문제, 환경문

---

146 위의 책, p.148.

제를 진심으로 해결하려고 한다면 인구 및 욕망을 억제하지 않으면
안 된다"고 강조하였다.[147]

자본은 소비를 조장하고 소비를 촉발시키기 위해서 여러 가지
방법을 동원한다. 기업은 TV광고를 이용해서 소비를 조장하는데,
그중에는 부도덕한 광고도 많이 있어, 결과적으로 국민들은 부도덕
한 일들에 대하여 둔감하게 된다. 또한 학술이나 예술작품으로도
소비생활을 미화하기도 하고, 도시생활을 선망하는 소비위주의 문화
지배를 촉발시킨다. 이렇게 조장된 소비심리는 소유욕을 충동시키
고, 그 결과 좀 더 많은 것을 소유하고 싶다는 경쟁을 유발시키고,
스스로 돈벌이를 위한 노동을 강요받게 된다. 특히 시장은 성性을
상품화하여 소비를 유도하는데, 이로 인하여 국민들의 성도덕은 심
각하게 타락한다.

5. 연기 자본주의 - 윤성식

1) 이상적인 정부

불교경제학자 윤성식은 연기緣起 자본주의資本主義, 혹은 인드라망
자본주의를 주창하였다. 그는 연기 자본주의의 원칙으로 개인은 불교
경제윤리를 준수하는 수행자이어야 하고, 동시에 정부는 공정하고
헌신해야 할 것을 강조한다.[148] 불교가 이상으로 생각하고 있는 정부는
정의로우며 자비로운 정부이다. 『장아함경』에도 "바른 법으로 나라를

147 위의 책, p.147.
148 윤성식, 『불교자본주의』, 고려대학교출판부, 2011, pp.226~230.

132

다스려라, 부디 치우치거나 억울하게 하지 말라"[149]라고 하였다. 인드라망 자본주의는 또한 사회적 빈부격차를 해소하기 위해서 노력하고, 국가 간의 빈부격차를 해소하기 위해서도 노력해야 한다고 한다.

인드라망 자본주의는 사회 특정 계급이 지나치게 부유해지거나 지나치게 가난해지지 않도록 해야 한다. 만약 자본가가 너무 부유해지면 각자가 공헌하는 몫에 비해 자본가가 너무 많은 몫을 가져갔다는 간접적인 증거라 추정된다. … 기업가가 지나치게 많은 몫을 챙기게 되면 무사안일에 빠지고 오히려 혁신과 창의성이 감소할 우려도 있다. 부유한 예술가가 훌륭한 작품을 더 많이 창작했다는 증거는 없다.[150]

이러한 메커니즘은 국제사회 관계에서도 마찬가지이다.

특정 국가가 너무 부유해지면 그 국가가 공헌하는 몫에 비해 너무 많은 몫을 가져갔다는 증거라고 보아야 한다. … 아편전쟁으로 부를 축적한 영국은 공정한 몫을 가져간 것이 아니며, 후진국의 자원을 싼 값에 개발하여 이익을 독점한 자본가가 속한 국가의 부는 불공정한 분배의 결과인 것이다. 아마존의 밀림…에서 생산되는 산소가 지구의 산소공급의 상당한 부분을 차지하는 현실에서 미국 등 부유한 국가의 막대한 부가 후진국에 배분되어야 함은

---

149 『長阿含經』(대정장 1, 22a), "但當以正法治, 勿使偏枉."
150 윤성식, 앞의 책, p.242.

더 말할 나위가 없다.[151]

또한 그는 시장자본주의자들의 주장과는 달리, 정부가 적극적으로 경제문제와 심성문제에 개입하여 경제정책을 취해야만 시장경제의 문제점들이 개선되고 치유될 수 있다고 주장하여 정부의 적극적인 개입을 주장한다.

2008년 발 세계경제위기의 원인을 시장 실패가 아니라 정부의 규제 실패로 비판하는 시장주의 견해도 있다. 정부가 규제를 잘못했다는 것은 시장 실패를 교정하기 위한 노력이 적절치 못했다는 것을 의미하므로 시장의 문제점을 인정하는 것이나 다름없다. … 규제완화가 지난 몇 십 년 동안 작은 정부 논의의 핵심 배경이었던 것을 생각하면 규제가 지나쳤다는 시장주의자들의 주장은 일관성을 결여한 것으로 보인다.[152]

그는 정부가 해야 할 일을 크게 보아 두 가지로 보고 있는데, ①정책적으로 해야 할 일과, ②개인의 심성을 바로잡아 탐진치를 극복해야 하는 일이다. 탐진치의 극복은 물론 개인이 해야 할 일이고 종교가 해야 할 일이지만, 정부가 교육과 제도 등을 통해서 심성훈련을 기르는 일을 적극적으로 추진해야 한다는 것이다. 다시 말해서 이는 경제제도의 변화만으로는 목적을 달성할 수 없고, 정부도 적극적으로 심성훈련

---

151 위의 책, p.242.
152 위의 책, p.257.

을 추진해야지만 자본주의의 위기가 극복될 수 있음을 강조하는 것이다.[153]

2) 개인의 적극적 수행

인간이 경제문제에 있어서 참된 자유를 얻고, 소비에 대한 집착에서 벗어나기 위해서는 수행이 반드시 필요하다. 자본주의가 조장하는 이기심과 물질에 대한 욕망의 극복은 수행을 통해서야 비로소 가능하기 때문이다.

> 연기 자본주의는 더 많은 소비와 생산이 행복이 아니며 금욕적인 경제도 해결책이 아니라고 주장한다. 시장자본주의가 주장하는 경제의 자유는 욕망의 발산에 대한 자유일 뿐 인간의 사고와 행동에 대한 진정한 자유는 아니다. 인간은 탐욕에 빠지면 탐욕의 노예가 될 뿐이다. … 탐욕에 빠지면 생존과는 무관한 소비에 집착하게 된다. 불교는 수행을 통하여 탐진치에서 벗어나게 함으로써 경제문제에 있어서 참된 자유를 지향한다.[154]

사람들이 경제성장을 바라고 정부가 경제성장을 약속하는 데는 기본적으로 탐욕적인 동기가 자리하고 있다. 그것은 물질과 소유가 인간을 행복하게 해 주리라는 물신주의에 의한 것이고, 더 나아가 불로소득을 바라는 동기도 크다.

---

153 위의 책, p.270.
154 위의 책, p.255.

일본에서도 대규모의 자산거품이 형성되었고, 그 원인은… 낙관한 경제전망에 있었다. 낙관적인 전망에는 경제성장 속에서 거액의 이익을 획득하기를 바라는 인간의 탐욕이 개재되어 있었으며 자산 거품에 합류한 투자자들은 부채를 조달하면서 자신의 능력 이상의 탐욕에 빠져들어 간 것이다. 인간의 탐욕은 경제성장이라는 낙관적 인 경제전망에 비판적인 의식을 갖기 어렵다.[155]

개인의 수행은 저절로 되는 것은 아니다. 스스로의 자각과 노력도 필요하지만. 무엇보다도 체계적이고 적극적인 교육제도의 수립이 필요하다. 그것은 물론 불교적 가치관, 즉 팔정도八正道와 육바라밀六波羅蜜의 가치관을 교육하고 훈련시키는 교육이다. 자본주의 시장경 제의 가장 큰 문제는 개인의 탐욕과 이기심에서 유래한다. 자본주의는 개인의 탐욕과 이기심을 근거로 커나가는 것이다. 그러므로 개인의 탐진치를 촉발시키는 시장을 신뢰할 수 없다. 그래서 자본주의의 문제점을 극복하기 위해서는 개인의 탐진치를 제한하고 개인의 역량 을 강화하여야 한다. 이러한 탐진치의 제거는 수행을 통해서 가능하 고, 그것은 다시 말해서 "경제구조를 바꾸려면 인간을 바꾸어야 한다" 는 뜻이다. 그리고 이러한 목표는 체계적인 교육 과정의 실시를 통해서 가능하다.

그래서 윤성식은 "윤리가 정립되기 위해서는 교육과 훈련이 필요하 다. 교육과 훈련에 의한 각성이 곧 수행이다. 수행에 의해 무명이 제거되면 연기를 깨닫게 되고 따라서 윤리적 행위를 하게 될 것이다.

---

155 위의 책, p.257.

연기 자본주의의 가장 큰 특징은 수행과 결합된 경제이념이라는
점이다"¹⁵⁶라고 주장한다. 그는 개인의 탐진치가 제거되지 않았는데
불국정토가 가능할 수는 없다고 한다.

이처럼 불교경제학은 시장경제의 잘못에 따른 인간의 고통을 해결
하기 위해서는 금전에 의한 소비욕구가 헛된 것이고 인간의 행복이
물질에 있지 않음을 자각하도록 하고, 이러한 문제들을 극복하기
위해서는 적극적인 제도적 노력과 함께 자발적 가난(소욕지족小欲知足)
이라는 심성의 훈련, 탐진치 극복을 위한 수행이라는 방법이 반드시
필요하다고 가르친다.

6. 살림의 경제 – 공동체 경제

시장자본주의는 사람, 자연, 조직, 관계를 모두 생산수단으로 본다.
동시에 이들을 판매수단, 즉 이익추구의 수단으로 본다. 더욱이 이제
는 시장을 지배하는 자본의 힘이 커져서 국가의 정치력이나 행정력도
자본의 힘 앞에는 종속당한다. 그리고 이러한 시장 논리는 현대인의
생활을 모든 면에서 지배하기 때문에 그것은 어떤 가치보다도 우선적
으로 작용한다. 그래서 사람들은 수단화되고 단자화되며, 대중은
빈곤해지고, 소비욕망에 시달리며, 가족과 지역 공동체를 잃고, 노동
에서 소외되며, 상품에서 소외되고, 관계에서 소외된다. 그것이 바로
현대인이 겪어야 하는 고통이다. 그리고 불교는 이러한 대중의 고통을

---

156 위의 책, p.288.

달래주고 해결해 주어야 한다. 그것은 제도적인 개혁을 요구하지만, 동시에 개인적으로는 지족과 만족을 성취할 수 있는 팔정도와 육바라밀의 수행을 통해서 이루어지고, 그것은 집단적으로 공동체 운동을 통해서 이루어진다.

경제행위의 주체는 정부와 개인과 기업이다. 여기서 개인이란 노동자로서의 개인과 소비자로서의 개인의 양면성을 지닌다. 여기에 경제주체가 한 가지 더 추가되는데, 그것은 공동체이다. 올바른 불교경제적 해결법은 공동체 운동을 통해서 이루어져야 하기 때문이다. 개인으로서는 무력하고, 정부가 무능하거나 무관심하거나 혹은 정부가 자본가의 편에 서 있기 때문에[157] 공동체가 올바른 불교적 가치관의 경제제도를 구현해 갈 주체가 되어야 한다.

1) 상부상조의 경제

노동경제학자 강수돌은 돈벌이 위주의 현재의 시장자본주의 경제구조가 인간적인 조건을 파괴한다고 주장하면서 시장경제가 인간을 파괴하는 분리의 결과들을 일곱 가지로 들고 있다.[158]

첫째, 공동체와 개인의 분리: 가족과 지역 공동체가 해체되고,

---

157 진보 개혁적 정당에 비해서 대개 보수주의를 표방하는 정당은 자본가들의 이익을 우선한다. 그리고 우리나라를 비롯해서 일본이나 미국이나 대부분 국가의 정부에서는 보수주의적 정당이 오랫동안 집권해 오고 있다. 진보 개혁적 정부라고 해도 자본의 요구를 거부하기란 쉽지 않다.

158 강수돌, 『살림의 경제학』, 인물과사상사, 2009, pp.34~40.

인간은 개별화, 단자화된다.

둘째, 생산수단과 노동력의 분리: 노동은 그 자체의 가치를 잃고 오직 생산수단의 일부분이 되며, 생산된 제품은 자본가의 것일 뿐이고, 누구인지 모를 사람에게 팔려나간다.

셋째, 구상과 실행의 분리: 구상이나 계획은 오로지 자본가들만의 것이고, 노동자의 실행은 단지 부품으로서만 작용할 뿐이다.

넷째, 삶터와 일터의 분리: 자본주의적 노동에서는 생활의 장소와 노동의 장소, 생활의 시간과 노동의 시간이 분리된다.

다섯째, 자연과 인간의 분리: 1차 산업의 쇠퇴 때문에 인간은 생산 과정에서 자연과 멀어지게 되어 부자연스러운 삶을 살게 된다.

여섯째, 생산과 소비의 분리: 생산의 주체와 소비의 주체가 분리되고, 소비의 주체는 자본가의 의도대로 소비의 노예가 될 뿐이다.

일곱째, 내면과 외면의 분리: 인간의 욕구는 화폐, 권력, 상품을 통해서 실현되기 때문에, 이런 것들을 추구하는 동안 사람들의 내면세계는 오염되고 공허해진다.[159]

시장경제가 이렇게 인간을 파괴하기에 그 모순을 인식하고 그것을 척결해 나가고자 하는 것이 불교경제의 과제이다. 행복한 사회, 즉 불국정토를 창조하기 위해서는 이 일곱 가지 분리 현상을 깊이 성찰하고, 그 토대에서 이를 창의적으로 해결해야 한다.

강수돌이 이러한 시장자본주의의 문제점들을 해결하기 위해서

---

159 위의 책, pp.34~42.

필요하다고 제시하는 세 가지 전제는 ①삶의 자립성, 자율성, 자치성
이 회복되어야 한다. ②경쟁과 지배가 아니라 협동과 연대의 새
관계를 열어야 한다. ③풀뿌리 민초들이 삶의 주체가 되어 새롭게
만들어 나가야 한다는 것이다.[160] 이 원칙들은 문제 해결을 위해서
필요한 중요한 원칙들이다.

그리고 해결을 위한 방법론은 다음의 세 가지로 제시된다. ①자본주
의 시스템 논리에서 일정한 거리를 둔다. ②해결은 소통疏通과 연대連
帶를 통해서 이루어진다. ③대안적 실천을 통해 사회적 공명을 이루도
록 한다는 것이다.

즉 대안적 실천이 사회적 공명을 이루기 위해서는 먼저 자본주의
논리에서 벗어나는 것이 우선이며, 그 다음으로 소통과 연대라는
실천이 필요하다는 것이다. 이 대안의 핵심은 "연대의식"과 "지속가능
성"이다. 시장이 구사하는 "분열과 경쟁" 전략에 맞서기 위해서는
개인주의나 생산제일주의가 아니라 사람과 사람, 사람과 자연 사이의
연대의식이 필요하다. 그래서 이에 기초한 경제가 도덕경제, 혹은
상부상조 경제이며,[161] 동시에 이러한 연대의 경제가 미래 세대까지
이어질 수 있도록 장기적인 생명력을 가져야 한다는 점에서 지속가능
성 역시 중요하다.

그리고 이러한 연대와 지속성을 담보하기 위해서는 일정한 조직체

---

160 위의 책, p.89.

161 에드워드 파머 톰슨은 영국의 정치경제학자로서, 『영국 노동계급의 형성』을
　　 저술하여 초기 자본주의 발생을 규명하였는데, "상부상조의 경제" 사상을
　　 주창하였다. 강수돌, 앞의 책, p.60에서 재인용.

가 필요하다. 그것이 바로 상가(Sangha)이다. 상가 중에서도 재가불자들의 상가를 지칭하는 말로 빠릿싸(Parisā)는 초기불교 시대부터 재가불자들 중심의 사부대중 집단을 뜻하는 말로 쓰였다.[162] 세속에서 경제생활을 영위하는 사람들의 경제생활에 관한 것을 지칭하기 위해서, 세속에서 불교경제학을 실천하는 수행 공동체를 빠릿싸라고 이름할 수 있다.

출가자들은 수행과 전법을 하는 이외에 다른 생업을 하지 않는 것이 원칙이다. 그리고 재화의 소지도 최소한에 그쳐서 소비와 교환의 생활도 거의 없기 때문에 시장자본주의의 해악에서 비교적 자유로울 수 있다. 그러나 재가자들의 경우에는 다르다. 재가자는 시장자본주의의 영향을 직접적으로 받아오면서 살아가고, 또한 그 속에서 생산과 소비활동을 해야 한다. 그래서 재가자들이 시장자본주의의 모순을 극복하기 위한 연대와 지속의 활동을 위해서는 일정한 상가 조직이 필요하다. 이것은 즉 수행 공동체이자 동시에 생산과 소비 공동체를 뜻하는 것이다.[163]

2) 자율적 생태 공동체

광범위하고 뿌리 깊은 자본관계의 모순을 해결해 가기 위해서는 연대와 공동체 운동이 필요하다. 그 공동체는 지역사회와 마을을 단위로 하며 자율적인 생태 공동체이다. 그리고 이러한 공동체 운동의 특성으로 우선 소규모 생활단위를 중심으로 하고 단위들 사이의

162 김재영, 『초기불교의 사회적 실천』, 민족사, 2012, pp.80~110.
163 생산 공동체와 소비 공동체는 협동조합의 형태를 띤다.

유기적 연결망을 중시하며, 중앙집권이 아니라 분권과 자치를 중시한다는 원칙이 필요하다. 이 대안 공동체 운동이 지켜야 할 원칙은 강수돌에 따르면 다음과 같다.[164]

① 생산, 교육, 소비, 종교, 화폐, 생태 등 각 방면에서 전개된다.
② 결과보다는 과정을 중시하여야 한다. 상향성, 자치성 등의 중시.
③ 시장경쟁력 등의 논리에 경도되면 안 된다.
④ 기존 노동 운동과는 상호 보완적 관계이다.
⑤ 이념적, 경제적, 사회적으로 지속가능성이 있어야 한다.

불교는 기본적으로 상가 조직, 혹은 빠릿사 조직을 근본으로 한다. 그렇기 때문에 불교생활 공동체는 사찰 및 포교당을 중심으로 하는 빠릿사 조직의 유기적 연결망을 활용할 때에 더욱 효율적으로 생활 공동체 운동을 전개해 나갈 수 있다. 그리고 이를 위한 연수 과정이나 교육 과정, 단위조직 운영, 생산물의 공동생산과 공동판매, 그리고 소비자 협동조합이나 지역화폐 등도 연구해 보아야 한다.

---

164 강수돌, 앞의 책, p.249.

제3장 욕구와 자발적 가난

1. 소유의 문제

1) 사유재산의 근원

『장아함長阿含』제6권 「소연경小緣經」과 제22권 「세기경世紀經」에는 세계와 사회의 탄생 과정이 그려져 있는데, "사유재산제도로부터 사람들 사이에서 다투고 훔치고 부정하게 되는 일이 발생하였고, 여러 사회문제와 생로병사 같은 고통의 근원이 비롯되었다"고 하였고, "땅을 갈라놓고 표지를 세우는 등, 자연에 대한 배타적 소유관념이 생기기 시작하면서부터 사회문제나 인간의 고통이 발생하기 시작했다"[165]고 하여, 경전은 사유재산제도를 사회악의 근원으로 보고 있다.

---

[165] 『佛說長阿含經』「小緣經」(대정장 1, 38b), "時我曹等復取食之 久住於世 其懈怠者 競共儲積 由是粳米荒穢 轉生糠檜 刈已不生 今當如何 復自相謂言 當共分地 別立幖幟 卽尋分地 別立幖幟 婆悉吒 猶此因緣 始有田地名生 彼時衆生別封田地 各立疆畔 漸生盜心 竊他禾稼." 비슷한 내용이 『장아함』「世記經」(대정장

144

이는 현대사회가 사유재산제도에 기초하고 있음을 비추어 생각해
본다면 현대인의 상식과는 커다란 차이가 있다. 경전의 이러한 내용은
현대사회에서 사유재산제도를 당연시하는 시각을 근본적으로 다시
반성해 볼 것을 촉구한다. 또한 「소연경」에는 소유에 관하여 다음과
같이 기록되어 있다.

"그때에… 저 게으른 자들은 서로 다투어 저축했다. 그래서 멥쌀은
거칠고 더러워지고, 또 겨를 내었다. 그리고 벼를 벤 뒤에는 다시
나지 않았다. 이것을 장차 어찌하면 좋을까. 그들은 다시 서로
말했다. '우리는 마땅히 땅을 갈라 따로따로 표지를 세우자' 하여
곧 땅을 갈라 따로따로 표지를 세웠다. 바실타여, 이 인연으로
말미암아 비로소 전지田地의 이름이 생겼다. 그때의 중생은 따로
전지를 차지하고 경계를 정하자 점점 도둑질할 마음을 내어 남의
벼를 훔쳤다."[166]

즉 논밭을 차지하고 경계를 정하였기 때문에 도둑질할 마음이
생겼고, 네 것 내 것이라는 마음이 생겼고, 그래서 서로 싸움도 있게
되고, 재산의 축적이라는 나쁜 현상도 생기게 되었다는 것이다. 그러

1, 148c)에도 있다.

166 『佛說長阿含經』卷第六 「小緣經」(대정장 1, 38b), "時我曹等復取食之 久住於世
其懈怠者 競共儲積 由是粳米荒穢 轉生糠糩 刈已不生 今當如何 復自相謂言
當共分地 別立幖幟 卽尋分地 別立幖幟 婆悉吒 猶此因緣 始有田地名生 彼時衆
生別封田地 各立疆畔 漸生盜心 竊他禾稼."

므로 오늘날 자본 축적이나 저축을 미화하는 가치관은 경전의 가르침
과는 근본적으로 다르다. 물론 장래의 위급함을 위해 저축을 하거나,
혹은 물자를 낭비하지 말고 아껴 쓰자는 덕목을 부정하는 것은 아니지
만, 재산을 모아두는 데서 재물에 대한 탐욕이 증장되고, 자기 것이라
고 구분 짓는 데서 함께 돕고 함께 살아가는 공동체의식이 소멸되며,
서로 빼앗고자 하는 마음이 자라게 된다는 것이다. 더욱이 오늘날
사회악의 대부분이 바로 거대자본의 과다한 탐욕에서 비롯되는 현상
을 볼 때 경전의 이러한 가르침은 선각자적先覺者的인 면모를 보여준다
고 볼 수 있다.

　불교는 인간이 물질적 재화의 소유로 행복해진다고 생각하지 않는
다. 더욱이 물질적 재화의 획득을 위해서 서로가 경쟁하는 사회가
바람직하고 행복한 사회도 아니다. 또한 불교는 본래 자타평등을
가르치는 것인데, 자본주의는 소유를 근거로 하는 계급차별을 전제로
하거나 그것을 기반으로 커나가는 사회이다. 미야자카 유쇼(宮坂宥
勝)는 「불교와 자본주의」에서 다음과 같이 말한다.

　만약 불법이 일체중생의 이익과 안락을 위해서 존재한다면 생산수
　단의 점유에 의한 재화의 편재는 그 자체로서 인정받기 힘들다.
　가치가 모든 사람의 생활 속에서 이루어지지 못하고 있기 때문이
　다. 또한 소유와 노동과의 분리 역시 무소유의 이념과 결합되지
　않는다는 점에서 반불교적이라고 하지 않을 수 없다. … 원래
　경제는 인간에 있어서 수단은 될지언정, 인간이 지향하는 목표가
　될 수 없다는 사실을 꼭 확인해 둘 필요가 있다.[167]

오늘날 사회과학 분야에서도 사유재산제도를 "사회의 한 특수한
형태"라고 보고 있다. 사회심리학자이자 문명비평가인 에리히 프롬
(Erich Fromm, 1900~1980)도 『소유냐 존재냐』에서 사유재산제도는
보편적인 제도가 아니라고 말한다. 그리고 그는 불교를 비롯한 여러
종교에서는 사유재산제도에서 생기는 소유에 대한 갈망을 부정적으
로 비판하고 있음을 다음처럼 지적한다.

사유재산의 생존양식에서 중요한 것은 내가 재산을 취득한다는
것, 그리고 취득한 재산을 유지할 수 있는 무제한적 권리를 가진다
는 것뿐이다. 그래서 소유양식은 다른 모든 것을 제외시켜버린다.
재산을 유지하거나 그것을… 이용하려는 것 외에 더 이상의 (어떤)
노력도 요구되지 않는다. 붓다는 이러한 행동양식을 '갈망'이라고
묘사했고, 유대교와 기독교는 '탐욕'이라고 표현했다. 이런 소유양
식은 모든 인간과 모든 사물을 죽어버린 것, 타인의 권력에 복종된
것으로 변형시켜버린다.[168]

그는 또 어원적 연구를 통해서 많은 언어에서는 '가지다'라는 뜻에
해당하는 단어가 없다는 사실을 지적하고, '가지다'에 해당하는 단어
는 주로 사유재산제와 관련되어 발달했다고 지적했다.[169]

167 宮坂宥勝, 「불교와 자본주의」, 여익구 편, 『불교의 사회사상』, 민족사, 1981,
　　pp.317~318.
168 에리히 프롬, 오제운 역, 『소유냐 존재냐』, 시사영어사, 1987, p.99.
169 위의 책, p.27.

2) 재화의 효용성

불교는 부지런함과 올바른 방법으로 재산을 얻고 사치와 향락에 빠지지 않는 검소한 소비생활을 권장한다. 이러한 올바른 경제행위는 그 목표가 재산의 소유에 있는 것이 아니라 가난한 자에게 보시를 할 수 있음에 있다는 종교적 가치관에 의한 것이다. 따라서 재산의 취득도 반드시 법法다운 과정이어야 한다. 즉 소유는 일정한 윤리규범에 의해서 얻어져야 하며, 그 과정에서 다른 사람에게 위해危害를 주지 말아야 한다. 그리고 더욱 이러한 행위는 해탈을 위한 수단으로써 행해져야 한다. 그리고 이러한 재화는 사회적 복지 개념으로서의 가치와 효용성을 지닌다. 즉 재화의 효용성은 개인적 탐욕에 봉사하는 데에 있는 것이 아니라, 가족과 이웃을 위하고 사회를 향해 복전福田을 행하는 데 그 목표와 의의가 있다는 것이다. 불교는 부富를 만인이 향수할 수 있도록 하라고 가르친다. 불교의 부에 대한 태도는 '소유하는 것'이 아니라, "잠시 맡아두는 것"이다. 『쌍윳다 니까야』에도 다음과 같이 부의 올바른 쓰임에 대한 가르침이 있다.

참사람은 막대한 부를 얻으면 스스로를, 부모를 즐겁게 하고 기쁘게 하며, 처자를 즐겁게 하고 기쁘게 하며, 하인과 심부름꾼과 고용인을 즐겁게 하고 기쁘게 하며, 친구를 즐겁게 하고 기쁘게 하며, 수행자와 성직자를 즐겁게 하고 기쁘게 하여, 위로 올라가서 하늘나라로 인도되어 좋은 과보를 받게 되고 하늘나라에 태어나게 하는 보시를 합니다. … 현명하고 슬기로운 자가 부를 얻으면 스스로도 쓰고 해야 할 일을 하며, 훌륭한 이는 친지와 참모임을

돌보아 비난받지 않고 하늘나라에 이르네.[170]

2. 소유욕망과 소비욕구

1) 갈애와 욕구의 차이

일반적으로 욕망慾望을 나타내는 말로는 산스크리트어의 chanda, taṇha, raga, 그리고 kāma가 있다. 그중 raga는 삼독三毒을 뜻하는 탐진치貪瞋癡의 탐貪이고, taṇha는 12연기 중의 애愛이다. 즉 raga는 영어의 lust, attachment에 해당하며 탐심으로 물들고 얽혀 있는 상태를 말하고, tanha는 해소되지 않는 갈증을 뜻하는 말이다. 그래서 thirst, lust, craving 등에 해당된다.[171] 이렇게 본다면 자본이 만들어내는 물질과 소유에 대한 욕구는 갈애(taṇha)보다는 욕탐(raga)에 해당된다고 볼 수 있다. raga의 경우는 유식학唯識學에서 말하는 불선不善이라는 여섯 가지 번뇌 중의 한 가지이다. 이에 반해 chanda는 대개 좋은 의미의 의욕을 나타내는 말로 쓰인다. 그래서 chanda는 의욕意慾으로, tanha는 갈애渴愛로, raga는 욕구欲求로, kāma는 애욕愛慾으로 표현할 수 있다. 그런데 chanda가 부정적인 의미로도 쓰인 용례가 있음을 본다면 chanda가 가장 넓은 의미로 쓰인 말이라고 볼 수 있다.[172]

---

170 『쌍윳다 니까야』, 「아들 없음의 품」, 전재성 역주, 한국빠알리성전협회, 2006, pp.305~306.

171 조준호, 「무명과 공: 욕망의 비실재성에 대한 불교적 고찰」, 고려대학교 철학연구소, 『극복대상으로서의 욕망』, 한국학술정보, 2011, p.158.

raga	탐진치의 욕탐	lust, attachment 탐심으로 물들고 얽혀 있는 상태
taṇha	12연기 중의 愛	thirst, lust, craving 갈애, 해소되지 않는 갈증
kāma	애욕	성적 욕망
chanda	욕구(일반적인)	하고자 함

불교는 기본적으로 즐거움을 부정하지 않는다. 열반涅槃도 즐거움
이요, 선정禪定에서 오는 결과도 즐거움(suka)이다.[173] 궁극적으로
즐거움에 이르는 것은 불교가 추구하는 바이다(이고득락離苦得樂). 그
러나 감각적 쾌락과 소유욕의 충족을 추구하는 욕망은 결국 고통을
받고 타락에 이르게 된다.[174]

심리학자 머레이(Murray)에 의하면 생리적 욕구는 일차적 욕구로서
인간의 신체적 조건에 의해서 일어나는 것이며 개체생존과 종족보존
에 기여한다. 반면에 심리적 욕구는 이차적 욕구로서 후천적 경험과
학습에 의해서 일어난다.[175] 이렇게 본다면 성욕이나 식욕은 일차적

---

172 정준영, 「욕망의 다양한 의미」, 정준영 등, 『욕망, 삶의 동력인가 괴로움의
   뿌리인가』, 운주사, 2008, p.45.
173 불교가 추구하는 4종의 즐거움으로 離欲樂, 遠離樂, 寂滅樂, 菩提樂도 그것이다.
174 욕망은 또 3애로 나타나기도 하는데, 欲愛는 성적 욕망과 같은 감각적 욕망이고,
   有愛는 생존을 지속시키려는 욕망 혹은 생의 의지를 뜻하고, 無有愛는 생존을
   부정하고 파괴하려는 욕망이다. 조준호, 앞의 책, p.165, p.169.
175 Murray, HA, *Explorations in Personality*(New York: Oxford University Press,
   1938), 권석만, 앞의 글, p.253에서 재인용.

욕구이지만, 소비욕구는 이차적 욕구이다. 머레이는 이러한 이차적 욕구로 물질, 애정, 권력, 지위방어, 야망 등을 들고 있다.

또 프랑스의 정신분석학자 라캉(Lacan)도 욕망(désir, desire)과 욕구(besoin, need)를 구별했는데, 그에 의하면 욕구는 특정 대상을 통해 충족될 수 있는 바람을 뜻하고, 욕망은 채워지지 않는 갈망이다. 즉 욕망은 욕구가 충족되었는데도 거기에 계속 바람이 남겨지는 경우이다.[176] 그렇다면 오늘날 소비욕구는 욕구의 수준을 넘어서 욕망의 수준으로까지 가게 되었다고 볼 수 있다.

프롬(Erich Fromm)도 욕망에는 서로 다른 두 가지 뜻이 있는데, 능동적 욕망과 수동적 욕망이 있으며, 전자를 action, 후자를 passion이라고 표현했다.[177] 그는 능동적 욕망은 우리가 자유로운 만큼 존재하며, 수동적 욕망은 내적인 혹은 외적인 힘에 의해서 일어난다고 하고, 모든 능동적 정서(action)는 반드시 선하지만, 열정(passion)은 선할 수도 있고 악할 수도 있다고 표현했다.

2) 욕망의 비실재성

인간이 물질에 집착하는 것은 그의 식識이 현실에 대해서 욕망하고 집착하고 현실에 물들어 있기 때문이다. 그런데 이 현실은 사실은 가변적이고 가합假合한 것이며,[178] 염오식(染汚識, 제7식 말나식), 즉

---

176 한자경, 「욕망 세계의 실상과 그 너머로의 해탈」, 정준영 등, 『욕망, 삶의 동력인가 괴로움의 뿌리인가』, 운주사, 2008, p.60.

177 에리히 프롬, 앞의 책, p.141.

178 『金剛般若波羅蜜經』(대정장 8, 752b), "世尊 如來所說三千大千世界 則非世界

자기 이익에 집착하는 분별심分別心이 만들어 낸 것이다. 그럼에도 불구하고 의식意識은 그것이 실재한다고 착각하고 집착한다. 그래서 무명無明이라고 한다. 그리고 인간은 이러한 과정에서 집착이 더욱 강해져서 실체론적 세계관을 형성시킨다. 이러한 상황은 과거와 미래에 대해서도 그러하다. 식識의 차원에서 본다면, 사람들의 욕망은 '내 것 만들기'와 '세계 짓기'라는 일차적 행위를 일으킨다. 즉 내 것 만들기란 사실상 실체론적 세계관이 만들어 내는 수동적 행위이다. 그리고 이러한 행위의 주재자는 내가 아니라 무명과 욕망이다.

그런데 이러한 욕망 혹은 욕구는 근본적으로 그 뿌리가 없는 것으로서 허망한 것이다. 실재로 감각되는 대경對境 자체가 허망한 것이고, 분별식 또한 매우 불완전한 것이기 때문이다. 더욱이 자본주의 시장경제에 있어서 창출된 소비욕구란 인간생존에 반드시 필요한 의식주에 관한 것도 아니고, 다만 인간의 소유욕과 탐욕심과 과시욕과 일시적인 즐거움만을 위한 것이다. 인간은 이렇게 자아와 세계를 공성空性이 아니라 실재성實在性으로 잘못 이해하여서 대상에 대해 집착한다. 그래서 인간이 이러한 물질적 욕구로부터 자유로워지기 위해서는 대상이 허무한 것이라는 것을 자각하여야 한다. 그래서 불교적 수행이 필요한 것이다.

3) 욕망의 헛됨

욕망충족을 위한 끝없는 추구는 그 자체가 일종의 고통이다. 그래서

是名世界 何以故 若世界實有者 則是一合相 如來說一合相 則非一合相 是名一合相."

불교는 이런 종류의 욕망으로부터 자유로워질 것을 가르친다. 사람들은 만족에 대해서 잘못 알고 있다. 왜냐하면 사람들은 두 종류의 욕구, 즉 욕망(taṇha)과 의욕(chanda)을 구분하지 않기 때문이다. 사람들은 이 둘을 함께 묶어 생각해서 오류를 범한다. 사람들은 욕심이 채워지지 않기 때문에 만족할 수 없다고 주장한다. 그러나 욕심은 허상이고 불건전한 것이기에 그것은 채워질 필요가 없다. 그래서 "만족(contentment)이란 인위적인 요구(artificial want), 즉 욕망(tanha)이 없을 때를 의미한다"고 규정되어야 한다. 이렇게 욕망을 줄이고, 의욕을 격려하는 과정은 서로 돕는 관계이다. 적은 물질로 만족할 때, 우리는 욕망의 대상을 얻기 위해 낭비되는 시간과 노력을 줄일 수 있다. 그리고 이렇게 절약된 시간과 노력은 심성心性의 개발, 즉 수행修行에 이용될 수가 있는데 그것이 의욕(chanda)이다. 초기경전인 『숫다니빠타』에는 다음과 같이 욕망의 헛됨을 일깨우는 가르침이 많이 나와 있다.

767. 욕망을 이루고자 탐욕이 생긴 사람이 만일 욕망을 이루지 못하게 되면, 그는 화살에 맞은 사람처럼 괴로워하고 번민한다.
768. 뱀의 머리를 밟지 않으려고 조심하는 것처럼, 욕망을 피하는 사람은 바른 생각을 하고 이 세상의 애착을 넘어선다.
769. 농토, 집터, 황금, 마소, 노비, 고용인, 부녀자, 친척, 그 밖의 여러 가지를 탐내는 사람이 있다면,
770. 온갖 번뇌가 그를 이기고 위험과 재난이 그를 짓밟는다. 그러므로 괴로움이 그를 따른다. 마치 파손된 배에 물이 새어들

듯이.

771. 그래서 사람은 항상 바른 생각을 지키고, 모든 욕망을 회피해야 한다. 배에 스며든 물을 퍼내듯이. 그와 같은 욕망을 버리고, 강을 건너서 피안에 도달한 사람이 되리라.

결국 불교의 가르침은 물질적인 욕심을 가능한 한 적게 가지고 만족하며 살아가라는 '자발적 가난'의 가르침이다. 그러나 현대 자본주의 사회, 시장경제 사회는 사람들에게 욕심을 불러일으킨다. 그래야만 생산된 상품이 잘 팔리기 때문이다. 결국 자본주의 시장경제와 불교에서 가르치는 자발적 가난의 경제는 양립할 수 없는 것이고, 욕심을 부추겨서 상품이 많이 팔리도록 해야만 기능할 수 있는 시장경제란 매우 부도덕한 경제임을 알 수 있다.

인간의 욕망이 무한하다는 것을 나타내어, 『담마빠다(法句經)』에서는 "참으로 금화의 비가 내려도 감각적 쾌락의 욕망에 만족은 없다. 욕망에는 쾌락은 적고 고통뿐이다. 현명한 님은 이와 같이 안다"[179]라고 설하였다. 또 『잡아함경』에서는 "히말라야 산만큼이나 거대한 순금덩어리를 한 사람이 가지고 쓴다고 해도 오히려 만족을 느끼지 못하리라"[180]라고 말하여 인간 욕망의 무한함을 표현하였다. 이렇게 인간의 욕망은 무한하기 때문에 다 채울 수도 없지만, 욕망이 채워지면 질수록 더욱 욕망에 대한 갈증은 커진다는 데에 문제가 있다. 그러기에

---

[179] 『법구경-담마파다』 제186구, 전재성 역주, 한국빠알리성전협회, 2008, p.516.
[180] 『잡아함경』 卷第三十九, 제1099경(대정장 2, 289c), "巨積眞金聚 猶如雪山王, 一人受用者, 意猶不知足."

욕망의 문제는 많건 적건 간에 '채운다'는 방법으로 달성될 수는 없는
것이다. 그래서 불교를 비롯한 모든 위대한 종교에서는 욕망의 헛됨을
가르치고, 적은 것에 만족하기를 가르친다. 인간 욕망의 무한성을
생각한다면 욕망을 줄이는 것만으로는 부족하다. 『법구경』에서는
또한 다음과 같이 가르친다.

> 그대들에게 이르노니 먼저 이 욕망의 근본을 뽑아버려라. 아예
> 뿌리를 없애버려라. 그리하여 거센 물살이 갈대를 쓰러뜨리듯
> 다시 자라지 못하도록 하라. 가지가 잘려도 그 뿌리가 상하지
> 않으면 저 나무는 자꾸자꾸 되살아나듯, 욕망을 뿌리째 뽑아버리지
> 않는 한 이 고통은 자꾸자꾸 되살아난다.
> 마치 숲을 떠난 원숭이가 숲을 못 잊어 되돌아오듯이, 감옥에서
> 출옥한 자가 다시 감옥으로 되돌아오듯이.[181]

경제학에서는 "인간의 욕구는 끝없지만 희소성에 의해서 제한된다.
그리고 희소성은 선택을 강요한다. 이러한 욕구를 현실이 허용하는
한도 내에서 최대한 만족시키는 것이 경제학의 최종 목표다"[182]라고
하는데, 경제학은 이 모델에서의 기본 개념, 즉 욕구, 선택, 소비,
만족이라는 개념을 인간의 본성이라고 가정한다. 그러나 불교의 가치

---

181 『法句經』「愛欲品」, 第32章(대정장 4, 571a1~10), "爲道行者, 不與欲會, 先誅愛本,
　　 無所植根, 勿如刈葦, 令心復生. 如樹根深固, 雖截猶復生, 愛意不盡除, 輒當還
　　 受苦, 猨猴得離樹, 得脫復趣樹, 衆人亦如是, 出獄復入獄."
182 송병락, 『글로벌 지식경제시대의 경제학』, 박영사, 2001, p.140.

관으로 보면, 인간의 욕구가 끝이 없다든지, 그것을 만족시키는 것이 행복이라는 기본 개념은 처음부터 잘못된 것이다.

물질의 진정한 가치란 그것이 인간의 행복을 얼마나 충족시킬 수 있느냐에 달려 있다. 반대로 인위적 가치는 갈애(taṇha)에서부터 만들어지는데, 그것은 쾌락을 위한 욕구를 만족시킨다는 뜻이다. 어떤 물질의 가치를 평가하기 위해서는 어떤 종류의 욕구가 그것을 규정하는지를 따져보아야 한다. 즉 호사스런 옷이나 보석, 고급차, 그리고 다른 지위 상징물들은 사람들의 허영심과 쾌락에 대한 욕구를 자극하기 때문에 올바른 가치가 아니다. 오늘날 소비사회에서 당연하게 여겨지는 여러 가지 쾌락들, 즉 게임이나 오락물, 육식肉食과 고영양식 등은 단지 말초적 욕망(taṇha)을 충족시키기 위해서 만들어졌을 뿐이다. 그것들은 실질적인 소용이 없고, 인간의 안녕에 저해되는 작용을 한다. 그러나 이러한 물질들의 시장가치는 선전광고와 마케팅에 의해서 촉진된다. 기업가들은 광고를 통해서 상품에 좋은 이미지를 투사(projection)시킴으로써 소비자의 욕구를 자극한다. 고급차를 사는 사람이면 다른 사람들보다 더 뛰어나고 상류사회의 일원이 되는 듯이, 혹은 어떤 종류의 음료를 마시면 친구들과 더불어 행복한 듯이 믿도록 유도한다. 이렇게 시장가치는 사물의 진정한 가치를 가려버린다. 그래서 욕망과 기만, 호사함과 감각적 자극들은 물질의 진정한 가치를 평가하기 어렵게 만든다.

3. 생산과 소비생활

1) 생산과 근면

불교의 경제원리는 생산과 근면을 존중하고 장려하는 것이다. 과거에는 어느 지역, 어느 시대에나 대개 물자가 부족했고, 그에 따라 인간의 생존이 결정되었기 때문에 근면을 통하여 생산을 많이 하는 일이 권장되었다. 물자가 부족한 사회에서 헛된 일에 노동과 시간을 낭비하거나 생산물을 탕진하는 것은 개인적으로도 사회적으로도 죄악이었다. 그리하여 불교의 생산윤리에서는 무엇보다도 근면勤勉과 정려精勵가 중요시되었으며, 사치와 낭비와 게으름이 극도로 경계되었다. 예를 들어 『육방예경』에서는 "여섯 가지 일 때문에 돈과 재산이 날로 줄어드니, 술 마시는 일과 도박을 즐기는 일, 그리고 초저녁에 자고 늦게 일어나는 일, 나쁜 친구와 사귀는 일, 교만하여 남을 업신여기는 일을 경계하라"고 말씀하셨다.[183]

노동은 토지 자본과 함께 생산의 3요소 중의 하나로 중시된다. 노동이 없다면 인간 세상에는 재화가 없을 것이요, 더 이상 인류가 존속할 수도 없다. 노동은 우선 자신의 생존에 절대적으로 필요한 것이지만 그것은 동시에 가족과 이웃을 위하고 사회 전체를 위하는 일이다. 경전에서는 우리가 이 세상을 살아갈 수 있는 것은 이미 네 가지 은혜(四恩)를 받고 있기 때문이라고 설명한다. 그것은 부모의

---

183 『佛說尸迦羅越六方禮』(대정장 1, 250c), "佛言 復有六事 錢財日耗減 一者喜飮酒 二者喜博掩 三者喜早臥晚起 四者喜請客 亦欲令人請之 五者喜與惡知識相隨 六者憍慢輕人."

낳아 길러주신 은혜, 이웃이라는 공동체의 도움이 있기에 오늘의
생활이 가능하다는 은혜, 정치적 안정과 치안을 보장해 준다는 국왕의
은혜, 불법의 진리를 깨닫게 해 주고 가치관을 심어주어 생활을 바르게
이끌어주는 삼보三寶의 은혜가 그것이다.[184] 그리고 이러한 모든 은혜
는 각각의 노동이라는 행위를 통해서 이루어진다. 그러므로 오늘의
은혜는 모두의 노동을 통해서 가능해진 것이고, 그것은 동시에 나의
노동은 이러한 은혜를 갚는 길이 되는 것이다. 은혜에 보답하는 행을
통해서 공동체는 더욱 공고해지고, 결국 노동은 공동체사회를 유지하
는 원천이 된다고 볼 수 있다. 또 『보살본행경』에는 "재가자로서
정진하면 의식이 풍족해지고 생업도 잘 되어 사람들로부터 칭찬을
들으며, 출가자로서 정진하면 온갖 수행이 성취된다"[185]라고 하여서,
결국 노동에는 적극적인 사회적 의미가 있음을 표현하고 있다.

미야자카 유쇼(宮坂宥勝)는 "노동은 우리가 받고 있는 수많은 은혜
에 보답하는 행"이라고 말한다. 그는 "근로를 존중하는 밑바탕에는
우리들 개인의 귀한 생명과 현 생존이 결코 우연하게 주어진 것이
아니며, 또한 자기 자신은 혼자서만 살고 활동하는 것이 아니라는
사실이 있음을 성찰해 볼 필요가 있다"라고 말한다.[186]

---

184 『正法念處經』卷第六十一, 「觀天品」(대정장 17, 359b), "如聞說法 有四種恩
    甚爲難報 何等爲四 一者母 二者父 三者如來 四者說法法師 若有供養此四種人
    得無量福 現在爲人之所讚歎 於未來世 能得菩提."

185 『佛說菩薩本行經』(대정장 3, 108c), "在家精進 衣食豐饒 居業益廣 遠近稱歎
    出家精進 行道皆成 欲得具足三十七品."

186 宮坂宥勝, 『불교에서 본 경제사상』, 도서출판 여래, 1990 p.101.

2) 검약과 절제

소비생활이란 재화에 대한 인간의 욕구를 충족시키는 과정이다. 그러나 재화는 한정되어 있기 때문에 재화와 욕구는 긴장관계에 있다. 욕구가 많으면 재화를 많이 필요로 하고 욕구가 적으면 재화를 적게 필요로 한다. 그러나 재화는 한정되어 있기 때문에 재화를 얻기 위해서는 많은 시간과 노력을 투자해야 하거나, 그렇지 않으면 다른 사람의 것을 빼앗거나, 혹은 다른 사람을 시켜서 대신 생산하도록 해야 한다. 다른 사람의 재화를 빼앗거나 훔치는 것은 투도죄偸盜罪에 해당한다. 자기 것이 아니고 다른 사람의 것을 갖거나, 혹은 주지 않은 것을 갖는 것도 투도이다. 또한 노예나 하인 등 다른 사람을 시켜서 재화를 획득하여 갖는 것도 온당치 않다. 노동자를 시켜서 재화를 생산하고 그 재화에 따른 이득을 생산에 참여한 노동자에게 지급하지 않고 자본가가 갖는 것도 투도에 해당된다. 자본주의에서는 노동자에게 지급하는 임금을 자본가가 임의로 정하도록 하였기 때문에 많은 문제가 생긴다. 투도란 쉬운 말로 도둑질이다.

인생의 목적이 많은 재화를 버는 것이 아니기에 사람은 재화를 아껴 써야 한다. 재화를 낭비하는 것은 부도덕한 일이다. 재화를 취득하는 일로 일생을 헛되이 낭비하는 것도 옳지 않고, 어떤 재화는 한정되어 있기 때문에 시간과 노력을 들여 얻는다고 해서 얻어지는 것도 아니다. 그러므로 검약의 정신은 언제 어디서나 필요하다. 자본주의 시장경제에서 소비를 미덕美德이라고 말하는 것은 다만 '기업을 위해서 소비자가 희생하라는 주장'으로, 매우 이기적이고 인간을 타락시키는 사악한 주장이다.

경제행위의 올바른 목표는 물질적 욕망의 충족이 아니다. 인간의
경제행위는 가치 있는 생활을 영위하기 위한 것이다. 고전경제학의
모델에서는 "채워지지 않는 욕망은 '희소성'에 의해서 통제된다"고
한다.[187] 그러나 욕망은 '절제와 안녕'이라는 기준에 의해서 조절되어
야 한다. 천태학자 이병욱은 현재 사회에서 만연되어 있는 금전만능의
가치관을 어떻게 극복할 수 있을 것인가에 관한 논의에서 "절제의
미덕이란 욕망을 억지로 누르는 것이 아니고, 생각을 돌리는 것"이라
고 말한다.[188] 즉 황금송아지를 보면 욕심이 생기겠지만, 지금까지
황금이라고 보아왔던 것이 황금이 아니라는 것을 알게 되면 욕심에서
자유로울 수 있다는 것이다. 재화에 대한 욕심은 "재화가 허망한
것이고, 그것들이 행복을 가져다주지 않는다"는 것을 알게 되는 데서
비로소 그것으로부터 자유로워질 수 있다는 것이다. 이는 예술작품을
보는 안목을 예로 들 수 있는데, '아는 만큼 보인다'는 말이 있듯이,
예술작품이란 그것을 보는 안목이 있는 사람에게 의미가 있는 것이지,
안목이 없는 사람이 예술작품을 본다면 돌덩어리나 고철덩어리 이상
의 의미가 없다. 마찬가지로, 돈을 객관적 가치라고 생각하는 경향이
있는데, 어떤 사람이 활용하느냐에 따라서 동일한 액수의 돈이라도
그 의미는 다르다. 자본주의는 모든 것을 상품화하고 가격화하는데,
이러한 과정이 헛것임을 알아차릴 때 인간은 비로소 금전에서부터
자유로워질 수 있다.

---

[187] 조순·정운찬·전성인·김영식, 『경제학원론』(제9판), 율곡출판사, 2011, p.15.
[188] 이병욱, 「자발적 가난과 느림의 삶」, 『불교복지, 행복과 대화하다』, 학지사,
  2009, p.181.

3) 과소비와 물신주의

과소비는 물자와 자원을 낭비할 뿐만 아니라, 그에 따른 사치와 낭비 풍조는 퇴폐와 향락으로 이어져서 도덕적 타락을 가져온다. 석존 시대의 인도사회는 재산이 축적되고 화폐가 유통됨에 따라서 술과 도박을 즐김으로써 낭비와 사치 풍조에 젖어 있었다. 그래서 석존께서는 재산을 잃게 되는 낭비를 다음과 같이 경계하셨다.

> 장자의 아들이여, 방일의 근본이 되는 곡주나 과일주 등에 취하는 것은 재물의 파멸문입니다. 때가 아닌 때에 거리를 배회하는 것도 재물의 파멸문입니다. 흥행거리를 찾아다니는 것도 재물의 파멸문입니다. 방일의 근본이 되는 노름에 미치는 것도 재물의 파멸문입니다. 악한 친구를 사귀는 것도 재물의 파멸문입니다. 나태에 빠지는 것도 재물의 파멸문입니다.[189]

사람들은 이런 것들이 행복이라는 환상에 빠져서 물질에 탐착하게 되지만, 그러나 물질이 행복을 가져다주지 않는다는 것은 분명하다. 재산의 상실이 문제가 되는 것이 아니라, 오히려 재화에 탐착함이 문제이다. 그것이 원인이 되어서 인간은 끊임없는 경쟁과 투쟁의 대열에 내몰리게 되고, 동시에 불만에 쌓여 살면서, 지나친 경쟁심으로 인해서 자신과 남의 인생을 망치게 되는 것이 바로 인생사의 고苦의 원인이 된다. 물질이 풍부해지고 소유가 많아지면 행복해질

---

[189] 『디가 니까야』, 「씽갈라까에 대한 훈계의 경」, 전재성 역주, 한국빠알리성전협회, 2011, p.1317.

것이라고 생각하는 가치관과 잘못된 풍조가 우리 사회를 불행하게 만드는 중요한 원인이 된다. 그럼에도 오늘날 시장자본주의는 물질적 소유가 행복의 척도인 것처럼 선전함으로써 소비시장을 유지하고 있고, 그 결과로 사람들은 스스로 한없이 불행하다고 여기면서 물질에 탐착하게 된다. 그것이 바로 물신주의物神主義이다. 그것은 물질을 신처럼 모신다는 뜻인데, 불교의 가르침으로 보자면 가장 부정되어야 하는 상황이다. 불교는 근본적으로 나와 나의 소유물을 인정하지 않는다. '나 또는 내 것'이라는 생각은 무수한 욕망을 불러일으키기 때문에 윤회의 근본원인이 되는데, 불교는 이러한 욕망을 다스리고 극복해야 한다고 가르친다.

4) 소비와 비소비

시장경제의 관점에서 보면 욕구만 충족시킨다면 사람은 무엇을 소비해도 좋다고 본다. 그러나 이 과정에서 인간의 진정한 행복이 얼마나 이루어졌는지에 대한 고려는 별로 없다. 소비가 감각적 욕구를 충족시킬 수는 있지만 소비의 진정한 목적은 감각적 욕구가 되어서는 안 되기 때문이다. 불교적 견해로 보면 소비는 인간의 안녕을 높여야만 비로소 성공적이라고 본다. 반면에 갈애에 따른 소비는 안녕이라는 진정한 목표를 파괴시킨다. 그러므로 이러한 결과에 대한 고려 없이 무분별하게 욕구만을 추구한다면 안녕의 상실이라는 대가를 치르게 된다. 소비사회에서 범람하는 충동적 소비는 인간 내부에 불만을 기른다. 인간을 위한 학문이라고 주장하는 경제학이 이러한 '목적 없는 자극적 소비'를 인정하는 것은 잘못이다. 그래서 파유토 스님은 올바른 소비와 잘못된 소비를 확실히 구별해야 한다고 말한다.

'소비'란 욕구의 충족이라고 많은 사람들이 인정한다. 경제학에서
는 소비를 단지 '욕구를 충족시키기 위한 상품과 용역의 사용'으로
정의한다. 그러나 불교는 두 가지 종류의 소비를 구분한다. 즉
"올바른 소비"와 "잘못된 소비"가 그것이다. 올바른 소비란 진정한
안녕을 향한 욕구를 충족시키는 재화와 용역의 사용을 말한다.
그것은 목표와 목적이 올바른 소비이다. 반면에 잘못된 소비는
갈애로부터 생기는 것이다. 그것은 쾌락이나 자기만족을 위한
욕구를 충족시키는 것이다.[190]

한편, 비소비(Non-Consumption)가 오히려 생산적이거나 인간을
위한 가치일 수도 있다. 시장경제에는 정신적 차원이 결여되어 있기
때문에 최대한의 소비를 권장한다. 그러나 비소비가 인간에게 도움이
되는 경우는 매우 많다. 수행자는 하루에 한 끼만 먹지만, 그들은
더욱 훌륭한 삶을 살고 있다. 일반적으로 소비행위를 인간의 필요도에
따라서 생존소비生存消費, 생활소비生活消費, 과소비過消費, 탐욕소비
貪慾消費로 나누어 볼 수 있다. 다시 말해서 생존소비와 생활소비는
인간에게 필요한 것이지만, 과소비와 탐욕소비는 있어서는 안 되는
소비임에도 불구하고, 오늘날 과소비가 심해지고, 더욱이 생활소비
와 과소비가 구분되지 않고 소비 자체가 의도적으로 조장되는 데에
구조적인 문제가 있는 것이다.

---

190 P.A. Payutto, 앞의 책, p.41.

4. 자발적 가난 - 소욕지족

1) 아난과 우전왕

사성제의 하나인 집성제集聖諦에서는 고의 원인이 번뇌煩惱라고 가르친다. 고의 원인인, 세 가지 근본번뇌인 탐진치 중의 하나가 욕망이다. 이다. 여기서 말하는 탐욕이란 물론 물질적 탐욕만을 뜻하는 것은 아니지만, 물질적 탐욕도 대표적인 것이 될 것이다. 따라서 불교의 이상적인 목표인 멸성제滅聖諦를 이루기 위해서는 탐욕을 끊는 일이 우선 필수적이다. 불교는 정신적 충족, 내면의 평화를 중시하지만, 그렇더라도 인간이 살아가기 위한 적당한 물질은 필요하다고 본다. 그러나 필요 이상의 물질은 오히려 정신상태를 나태하게 하고 방종케 하여 오히려 진정한 행복을 감소시키고 고통을 증가시킨다. 특히 오늘날 시장자본주의 시대에는 자본이 상품의 판매를 촉발하기 위하여 물질에 대한 결핍감을 충동한다. 그러므로 물질로부터 구속당하지 않기 위해서는 자발적으로 스스로 가난하기를 즐길 수 있어야 하며, 그것이 가능하기 위해서는 불교적 수행이 수반되어야 하는 것이다. 이를 '자발적 가난'이라고 한다. 이러한 '자발적 가난'은 아난과 우전왕의 대화에서도 잘 나타나 있다.

우전왕이 어느 날 샤마바티 왕비로부터 500벌의 가사를 보시 받은 아난에게 그 많은 옷을 어떻게 할 예정이냐고 묻자, 아난은 여러 스님들에게 나누어줄 것이라고 대답하였다. 그러자 우전왕은 여러 스님들이 입던 헌옷은 어떻게 할 것이냐고 다시 묻는다. 아난은 헌옷으로는 이불덮개를 만들겠다고 대답한다. 우전왕의 질문은 계속된다. "헌 이불덮개들은 어떻게 하시겠습니까?" 그러자 아난은 "헌 이불덮개는 베갯잇을 만드는 데 쓰겠습니다. 헌 베갯잇으로는 방석을 만들고 헌 방석은 발수건으로, 헌 발수건으로는 걸레를 만들고, 헌 걸레는 잘게 썰어 진흙과 섞어 벽을 바르는 데 쓰겠습니다"라고 했다.[191]

헌옷을 버리지 아니하고 이불덮개를 쓰고, 헌 걸레조차 벽을 바르는 태도로 검약과 절약을 강조하는 두타행을 실천함으로써 우리는 높은 정신적 안락을 얻을 수 있다. 물질에 종속되지 아니하고, 스스로의 물욕에 결박되지 아니하여야 자유로운 의식주의 생활을 영위할 수 있기 때문이다.

소욕少欲으로 만족할 줄 알 때 인간관계에서는 긴장과 갈등이 제거되고, 삶이 상호 우호적으로 바뀌어 갈 수 있다. 특히 출가승단은 걸식과 두타행으로만 살아가는 완전한 소비 공동체이다. 출가 수행자의 생활은 지극히 간소하여서 하루 한 번 정해진 시간의 탁발을 통해서 음식을 얻고, 다 떨어진 천 조각을 여러 번 기워서 입고, 심지어 주거에 대한 애착을 줄이기 위해선 나무 밑에서 잠을 자야 할 정도로 검약을 강조한다. 그러나 인간 생활에서 물질이 전혀 없을 수는 없기에 극히 최소한의 물질에 대해서도 감사하는 마음을 지니고 살아가도록 가르쳤다. 불교에서는 이러한 것을 높은 가치로 치는

191 박경준, 「지속가능한 발전과 불교경제학」, 헬레나 노르베르-호지 외, 『지식기반 사회와 불교생태학』, 아카넷, 2006, p.522에서 재인용.

것이다.

　재가불자가 이렇게 출가 수행자와 똑같이 생활할 수는 없겠지만, 그러나 역시 불교적 가치관으로 본다면 재가불자에게도 적은 것에 만족하고, 소비지출을 줄임으로써 불필요한 것들을 구매 소비하는 과정에서의 인생의 낭비를 줄이고, 지구자원의 낭비를 줄여서 수준 높은 공동체 생활을 영위하여야 한다는 덕목이 적극 요청된다.

2) 욕망의 극복

자본주의의 과대생산과 소비욕구를 극복하고, 돈과 물질 만능의 세상에서 돈과 물질이 행복하게 해 주리라는 잘못된 의식으로부터 자유로워지기 위해서는 욕망의 극복을 위한 수행이 필요하다. 한자경은 인간의 욕망을 크게 보아, 인간으로서의 존재 자체가 자아내는 욕망과 분별된 허망한 인식이 자아내는 욕망의 두 가지로 분류한다.[192] 이에 의하면 존재 자체가 자아내는 욕망(존재의 욕망)이 아뢰야식 차원의 욕망이라면, 분별된 허망한 인식이 만들어 내는 욕망(의식의 욕망)은 말나식 차원의 욕망이다. 유식唯識의 용어로 바꾸어 말하면 전자는 의타성에 의한 것이고, 후자는 분별성에 의한 것이다.

　인간의 분별심은 외계 사물이 실유實有라고 착각하고, 허망한 자신이 존재한다고 생각하고, 끊임없이 변해 가는 자신과 세계에 고정된 자성自性이 있다고 착각하는 데서 비롯된다. 이러한 분별심에 의해서 인간은 자신과 타자를 구분하고, 자기 것이라는 허망한 의식을 내어

---

192 한자경, 「욕망 세계의 실상과 그 너머로의 해탈」, 『욕망, 삶의 동력인가 괴로움의 뿌리인가』, 운주사, 2008, pp.74~75.

그것에 집착한다. 그래서 이러한 소유의 허상을 자각하기 위해서는 존재와 사물이 인연소생이라는 것, 자신의 판단과 인식은 외경外境에 의해서 만들어진 허망한 것인데, 이 외경, 즉 색성향미촉법色聲香味觸法은 고정된 실체와 자성이 없는 것임[193]을 자각해야 한다는 것이다. 인간은 그것에 실체와 자성이 있다고 자기 나름대로 착각함으로써 자기 나름대로의 분별심을 일으키기 때문에 집착하는데, 자신의 생각이 분별심에 의한 것이고, 더 이상 허망한 의식에 의지하지 않아야 한다는 자각이 있어야 비로소 외경에 의한 욕탐에서 자유로워질 수 있다. 인간의 소유의식은 '내 것'이라는 집착에서 나온다. 그것은 나라는 의식, 내가 존재한다는 의식으로부터 비롯된다. 이것의 뿌리는 신견身見, 즉 살가야견(Salkaya見)[194]이며, 이러한 생각은 잘못된 생각으로서 인간에게 고통을 초래하는 번뇌의 근원이다.

자본은 인간의 소비욕망을 자극해서 생산품을 판매하여 이득을 취하고자 한다. 시장 소비를 위한 자본의 자극은 집요하다. 그러므로 자본이 유혹하는 재화들에 대한 허망한 소비욕망을 스스로 잘 억제하고 그러한 유혹에서 자유롭기 위해서는 상당한 노력과 수행이 필요하다. 물론 불교가 아니더라도 자본이 주는 해악을 극복하기 위해서 합리적인 사고로서 소비 억제와 자발적 가난의 가치를 납득할 수는 있다. 그러나 불교는 이러한 소유욕과 소비욕망의 허망함에 대해서

---

193 『大乘入楞伽經』卷第二(대정장 16, 596b), "復次, 大慧! 法性所流, 佛說一切法自相共相, 自心現習氣因相, 妄計性所執因相, 更相繫屬, 種種幻事皆無自性, 而諸衆生種種執著取以爲實, 悉不可得."
194 김동화, 『유식철학』, 보련각, 1980, p.152.

가장 깊은 통찰력을 가지고 있고, 그것을 극복할 수 있는 구체적인 수행법이 있기 때문에 시장자본주의가 인간에게 주는 문제점과 고통을 극복할 수 있는 해결법을 제시할 수 있다. 즉 시장자본주의의 문제점을 해결하기 위해서는 여러 가지 제도적인 장치가 필요하고 사회집단적인 해결법이 필요하지만, 소유욕과 소비욕구를 극복할 수 있는 수행이 없다면 그러한 방법들도 결국에는 성공할 수 없다는 것이다.

3) 번뇌의 극복과 수행

(1) 수행의 필요성

앞에서 시장자본주의의 문제점으로 과잉생산, 과잉소비, 경쟁사회, 물신주의, 돈의 지배, 통제 불능의 자유시장 체제, 세계화에 따른 신식민주의, 자연 파괴와 지구 파괴들이 지적되었다. 그러면 이러한 문제점을 해결하기 위해서 수행되어야 할 방법들은 어떤 것인가. 우선 시장경제 체제에서 가장 근본적으로 문제가 되는 것은 과잉생산과 과잉소비이다. 그리고 그것에 따라서 혹심한 경쟁과 대중의 빈곤과 물신주의와 지구 파괴, 식민지배, 전쟁이 뒤따라온다. 그러나 아무리 생산이 많이 된다고 해도 사람들이 그것을 소비하지 않으면 기업은 망하게 된다. 그러므로 기업은 끊임없이 사람들의 욕망을 자극하여 소비를 촉발시킨다. 그 과정에서 사람들은 금전의 노예가 된다.

그렇기 때문에 우선 불교경제학에서 강조되어야 할 것은 "물질이나, 국민총생산이나, 소득이 인간을 행복하게 해 주지 않는다"는 가치관을 확립시키는 일이다. 위기극복을 위한 많은 대안들에 있어서

도 그 핵심은 역시 "물질이 인간을 행복하게 해 주지 않는다"는 내용이
다. 이를 위해서는 국민 각자가 물질에 대한 종속과 숭배를 끊어버리고
물질 없이도 충만하고 행복한 삶을 살 수 있는 훈련이 필요하다.
그런데 이것은 저절로 되는 것이 아니고 부단한 수행과 교육을 통해서
야 가능하다. '작은 것이 아름답다'는 사실을 알고, 금전이 인생을
행복하게 해 주지 않는다는 것을 알아도, 꾸준한 심성의 훈련 없이는
계속되는 불만을 스스로 억누르지 못하고 물질에 종속되는 삶을
살게 된다.

  기업은 생산품의 판매를 위해서 여러 가지 수단을 동원하여 물질에
대한 유혹을 퍼트리며, 광고를 통해서 집요하게 사람들을 유혹한다.
사람들이 그러한 것들에 유혹당하지 않기 위해서는 오랫동안의 꾸준
한 불교적 수행이 필요하다. 그것은 지족知足 수행에 해당될 것이다.
그러므로 시장경제에 의한 사회 파괴, 심성 파괴, 지구 파괴를 막기
위해서는 지족의 수행이 필수적이다. 그리고 지족 수행을 지속적으로
하기 위해서는 불자 조직을 기반으로 하는 지속적인 수행 프로그램의
운영과 참가자들의 의욕적인 참여가 필요하다.

(2) 번뇌의 극복

자본주의가 주는 해악에서 벗어나기 위해서는 여러 가지 장치가
필요한데, 이를 위해 국가가 (a) 정책차원에서 부익부 빈익빈을 치유
한다든지, (b) 대기업에 대항해서 중소기업과 자영업을 보호한다든
지, (c) 세계화에 맞서서 지역화를 실천한다든지, 혹은 (d) 과잉생산
과 소비를 방지하기 위해서 통제경제를 실시한다든지, (e) 공해방지

와 자원보호를 한다든지, (f) 자원 낭비적 산업에 대한 규제를 강화한다든지, (g) 적극적인 분배정의와 복지정책을 시행한다든지, 혹은 (h) 광고와 소비조장을 규제한다든지, (i) 검약의 정신을 기르는 도의교육을 한다든지 등의 여러 가지 조처가 필요하다.

그러나 자본주의는 인간의 탐욕을 부채질하고 인간의 이기심을 부추겨서 상품을 팔고 소비시장을 진작시키고, 경쟁을 시켜서 체제를 유지하려고 한다. 그것이 곧 자본의 생존논리이다. 자본은 극소수 자본가의 이득을 위해서 국민 전체를 돈의 노예로 만드는 것이다. 여기에서 국민 각자가 자신의 내부에 있는 탐욕심과 이기심을 제어하지 않으면 자본은 그러한 틈을 노려서 커 나간다. 그러므로 국민들이 시장자본주의의 폐해로부터 벗어나려면 우선 무엇보다도 스스로가 자신의 탐욕심을 다스릴 수 있어야 한다. 그렇지 못하다면 아무리 좋은 처방을 한다고 해도 자본의 논리에 종속될 수밖에 없다. 여기에서 불교적인 수행이 반드시 필요한 것이다.

자신의 탐욕심은 번뇌의 가장 기본인 탐심貪心에 속한다. 번뇌를 가장 간단히 줄여서 탐진치 삼독이라고도 하는데, 탐심은 이렇게 인간이 가진 번뇌, 즉 인간을 고통으로 이끄는 번뇌의 기본이다. 그리고 이러한 번뇌를 제어하는 것이 불교수행의 근간을 이룬다.[195]

---

195 번뇌는 일체 有情을 煩憂惱亂케 한다고 해서 煩惱라고 한다. 또는 일체유정을 미혹하게 한다고 해서 惑이라고도 하고, 睡眠이라고도 한다. 이 번뇌를 두 가지로 나누어서 根本煩惱(本惑)와 隨煩惱(隨惑)로 나눈다. 근본번뇌에는 貪·瞋·痴·慢·疑·見의 여섯 가지가 있고, 다시 見에는 다섯 가지가 있어서 身見·邊見·邪見·見取見·戒禁取見이 있어서 전후를 합하여 十惑이라고 칭한다.

인간의 탐욕심은 끊기 어려우며, 자본주의는 그 탐욕심을 근거로 하여 커 가는 것이기 때문에 자본의 폐해를 극복하기 위해서는 각자가 탐욕심을 다스리는 수행을 하여야 한다. 불교적 경제관으로 자본주의의 해악을 극복하자면 먼저 각자가 지족의 철학을 깨닫고 일상생활과 경제생활에서 두타행을 행해야 한다. 그러나 이것은 쉬운 일이 아니다. 자기 내부의 탐욕심을 극복해야 하는데, 탐심이란 삼독심의 가장 근본적인 것이기 때문에 끊기가 매우 어렵고 그래서 매우 적극적인 수행이 필요하다. "욕심을 버리면 된다"라고 하는 것이 말하기는 쉬우나, 현실적으로는 그리 쉬운 일은 아니다. 누구나 욕심을 버리면 될 줄은 알지만 욕심을 버리는 자는 극히 드물다. 그렇기 때문에 수행이 필요하다.

수행에는 불법이 가르치는 여러 가지 수행이 있는데, 팔정도, 8바라밀, 37조도품 등이 그것이다. 수행에는 스승이 필요하고, 이러한 수행을 혼자 수행하여 목적한 바를 이루기가 어렵기 때문에 상가(sangha)를 통한 수행, 혹은 재가 수행자의 경우에는 수행 공동체 속에서의 공동수행이 필수적이다. 이러한 수행 공동체는 경제생활을 하는 공동체와도 일치해야 하기 때문에 수행생활 공동체가 되는 것이다.

(3) 『잡아함경』과 『법화경』, 『열반경』의 소욕지족

소욕지족에 관한 가르침은 여러 곳에 나타나지만, 대표적으로 『잡아

貪·瞋·痴·慢·疑의 다섯 가지 五鈍使는 선천적인 감정의 번뇌요, 五利使는 후천적인 지적 번뇌이다. 김동화, 『불교학개론』, 보련각, 1984, pp.155~158.

함경』권45의 「아랍비경」을 보면, 마왕 파순은 아랍비 비구니를 세간의 욕락으로 유혹하려 하지만, 진리에 눈뜬 아랍비 비구니는 세간의 오욕락이 헛된 것임을 알고 만족함을 알기 때문에 마왕 파순이 스스로 물러간다.

> 마왕 파순: "인간은 이 세간을 벗어날 수 없거늘, 인가人家를 멀리 떠나 무엇을 구하려 하는가? 돌아가 다섯 가지 욕심 누리며 살아, 뒷날 후회하는 일이 없도록 하라…"
>
> 아랍비 비구니: "비유하면 예리한 칼로 해치는 것처럼 다섯 가지 욕심도 그와 같으며, 비유하면 살덩이를 베어내는 것처럼 괴로움의 쌓임도 그와 같다네. 네가 아까 말한 것 같은, 다섯 가지 욕심을 누리는 일은 그것은 누릴 만한 일이 아니요, 크게 두려워해야 할 일이니라. 모든 기쁨과 즐거움 여의고, 갖가지 큰 어둠 저버리며 모두 사라짐을 몸으로 증득하고서, 온갖 번뇌 다해 편안히 사느니라. 나는 네가 악마인 줄 깨달아 알았으니, 즉시 스스로 사라져 없어지거라…"
>
> 그때 악마 파순은 '저 아랍비 비구니가 이미 내 마음을 알고 있구나' 하고 생각하고는 근심하고 불쾌해하면서 이내 사라지더니 나타나지 않았다.[196]

---

[196] 『잡아함경』권45, 1198 「阿臘毘經」(대정장 1, 325c29), "世間無有出, 用求遠離爲, 還服食五欲, 勿令後變悔… 世間有出要, 我自知所得, 鄙下之惡魔, 汝不知其道 譬如利刀害, 五欲亦如是, 譬如斬肉形, 苦受陰亦然 如汝向所說, 服樂五欲者, 是則不可樂, 大恐怖之處 離一切喜樂, 捨諸大闇冥, 以滅盡作證, 安住離諸漏 覺知汝惡魔, 尋卽自滅去."

또 『법화경』「권발품」에서는 다음과 같이 가르친다.

마땅히 알라. ⋯ 이런 사람은 다시 세속의 즐거움을 탐내거나
얽매이지 아니하며, 부처님의 가르침이 아닌 경서와 글들을 좋아하
지 아니하고, 또는 악한 사람들과 도살자나 돼지·양·닭·개를 직업
으로 기르는 사람이나 사냥하거나 여색을 파는 사람들을 가까이하
기를 좋아하지 아니하리라. 또 이 사람은 마음과 뜻이 정직하여
바르게 생각하고, 복덕의 힘이 있어 욕심과 성냄과 어리석음으로
마음이 흔들리어 괴로움을 받지 아니하며, 질투와 아만과 삿됨과
교만과 잘난 체하는 시달림도 받지 아니하고, 이 사람은 욕심이
적고 만족함을 알아서 보현보살과 같이 『법화경』의 가르침을 철저
히 닦으리라.[197]

이처럼 이상적인 가치에 따라서 사는 사람은 세속의 즐거움을
탐내거나 그것에 얽매이지 아니하며, 악인을 가까이하지 않고, 축산
업이나 주색을 직업으로 삼는 사람을 멀리하며, 탐진치에 흔들리지
아니하고, 욕심이 적고 만족함을 알아서 『법화경』의 가르침을 철저히
닦는 사람이다. 또 『대반열반경』에서도 소욕과 지족해야만 비로소

---

197 『妙法蓮華經』「普賢菩薩勸發品」第二十八(대정장 9, 62a2), "當知是人⋯ 如是之
人, 不復貪著世樂, 不好外道經書·手筆, 亦復不喜親近其人及諸惡者, 若屠兒·
若畜猪羊雞狗·若獵師·若衒賣女色, 是人心意質直, 有正憶念, 有福德力, 是人
不爲三毒所惱, 亦復不爲嫉妬·我慢·邪慢·增上慢所惱, 是人少欲知足, 能修普
賢之行."

아라한과를 이룰 수 있음을 강조하고 있다. 『대반열반경』 「사자후보
살품」에서는 소욕과 지족에 대해서 다음과 같이 설명하고 있다.

> 세존이시여, 소욕少欲과 지족知足은 어떤 차이가 있나이까. 선남자
> 여, 소욕이란 구하거나 취하지 않는 것이며, 지족이란 조금 얻었다
> 고 해도 마음에 유감스러워 하거나 원통해 하지 않는 것이다.
> 소욕에는 조금이나마 욕심내는 것이 있지만, 지족이란 다만 법을
> 위하는 것으로 일이나 마음에 근심이나 괴로움이 없는 것이다.
> … 공경을 구하지 않는 것이 소욕이며, 얻은 것들을 모아두지
> 않는 것을 지족이라 한다. 소욕하는 수행자는 수다원이며, 지족하
> 는 수행자는 벽지불이며, 소욕과 지족을 모두 수행하면 아라한이라
> 하고, 소욕과 지족을 굳이 수행해야 하는 단계를 뛰어넘은 것을
> 보살이라 한다. … 모든 성현들이 도를 증득하고서 스스로 도를
> 증득했노라고 찬탄하지 않아도 마음에 뇌한惱恨이 없는 것을 지족
> 이라고 한다.[198]
> (또한) 악욕을 부수는 것을 소욕이라 하며, 아직은 비록 모든
> 번뇌를 끊어버리지 못했지만 여래의 수행을 좇아 배우는 것을
> 지족이라 한다.[199]

---

198 『大般涅槃經』 卷第二十五 「師子吼菩薩品」(대정장 12, 771a), "世尊 少欲知足有
    何差別 善男子 少欲者不求不取 知足者 得少之時 心不悔恨 少欲者 少有所欲
    知足者 但爲法事 心不愁惱… 不求恭敬是名少欲 得不積聚是名知足… 少欲者
    謂須陀洹 知足者謂辟支佛 少欲知足者謂阿羅漢 不少欲不知足者所謂菩薩…
    一切聖人雖得道果 不自稱說 不稱說故 心不惱恨 是名知足."
199 『大般涅槃經』 卷第二十五 「師子吼菩薩品」(대정장 12, 772b), "破惡欲者 名爲少

174

이에 의하면 소욕과 지족은 차이가 있는데, 소욕지족을 하는 자는
욕심이 완전히 극복된 성자이므로 아라한에 해당하지만, 소욕은 아직
욕심이 남아 있는 자이기 때문에 수다원에 해당된다. 소욕과 지족을
경전에 따라서 구분해 보자면 다음과 같다. 소욕이란, 첫째 구하지
않고 취하지 않으려는 것이며, 둘째 조금이나마 욕심내는 것이 있는
것이며, 셋째 공경을 구하지 않는 것이며, 넷째 악욕을 부수는 것이다.
한편 지족은, 첫째 비록 얻은 것이 마음에 차지 않더라도 유감스러워
하지 않는 것이며, 둘째 다만 법을 위하는 것으로 일이나 마음에
근심이나 괴로움이 없는 것이며, 셋째 얻은 것들을 모아두지 않는
것이며, 넷째 번뇌가 남아 있기는 하지만 부처님의 법과 행을 따라
정진하는 것이다.

(4) 도솔천

도솔천(兜率天, Tusita)은 지족천知足天, 묘족천妙足天, 희족천喜足天,
상족천上足天, 희락천喜樂天 등으로 표현된다. 대부분 만족을 뜻하는
말들이다. 도솔천은 욕계 6천의 네 번째 하늘이지만, 뜻은 '만족한다'
는 뜻이다. 『입세아비담론』 권6에는[200] "왜 제4천을 도솔타라고 하는
가. 즐거움과 기쁨이 가득하여 그 생활필수품에 대하여 스스로 만족하
고 팔정도에 대해서는 만족할 줄 모르고 닦으므로 도솔타천이라고
한다"라고 하였다.

欲 雖未能壞 諸結煩惱 而能同於 如來行處 是名知足."

[200] 『佛說立世阿毘曇論』 卷第六 「云何品」(대정장 32, 198a), "云何第四天名兜率陀
歡樂飽滿於其資具自知滿足 於八聖道不生知足 故說名爲兜率陀天."

4) 선정수행

선정수행禪定修行은 초기불교부터 지금까지 불교에서 가장 중요시하
는 수행법이다. 선정수행은 초기불교에서 계정혜의 세 가지 수행법
중의 하나로 중시되고, 팔정도 중에서는 정정正定과, 정념正念, 그리
고 정정진正精進의 세 가지 수행법이 모두 선정수행에 해당한다.
대승불교에서 강조하는 육바라밀에서도 선정수행은 물론 가장 중심
적인 위치에 있다. 그리고 선정수행은 선종禪宗이라는 종파를 형성하
여 중국과 한국, 일본에서 강력한 세력을 유지해 왔다. 또한 미얀마나
태국을 위시한 남방 상좌부 불교에서는 위빠사나를 체계화하여 많은
효과를 거두고 있다.

선정수행은 마음을 고요히 하고, 마음을 한곳에 모으는 사마타(止,
calm meditation) 수행과, 마음의 움직임과 마음의 일어나고 사라짐을
관찰하여 통찰력을 얻는 위빠사나(觀, insight meditation) 수행으로
이루어진다. 선정수행은 화두나, 신체, 혹은 일정한 대상에 마음과
감각을 집중시켜(concentration) 관찰함으로써 자신의 마음을 제어하
고, 마음 깊숙이 일어나는 탐진치를 조복시켜 마음에서 일어나는
욕망과 분노 등의 각종 현상과 작용을 조절 통제할 수 있고, 또 그러한
과정을 통해서 깨달음에까지 이를 수 있는 수행법이다. 그러므로
현대사회에서 물질의 유혹과 소유의 욕구, 광고나 물질문명으로부터
일어나는 자극에 의한 욕망을 조복 받고 그러한 욕망으로부터 자유로
워지기 위해서는 선정수행이 필수적이다. 선정수행을 통해서 스스로
의 욕망과 욕구를 극복하지 않는다면 물질로부터의 노예생활에서
벗어날 수 없다.

176

이러한 선정수행은 초기불교의 『숫타니파타』에서도 강조되는 것을 찾아볼 수 있으며,[201] 초기불교의 이론에서는 주로 사선정四禪定, 팔등지八等持, 구차제정九次第定, 오정심관五停心觀 등으로 정리되었다.[202] 한편, 중국불교에서도 다양한 선정의 이론과 방법이 개발되었는데, 이를테면 규봉종밀圭峰宗密의 5종선이나 혹은 임제의현의 선정 사료간禪淨四料簡 등이 개발되었다.[203] "감각적 욕망과 물질적 욕구가 허망한 것"이라는 점은 무상無常·고苦·무아無我로 대표되는 불교의 기본가치로 볼 때 자명하다. 그러나 그러한 이상을 현실에서 이루기 위해서는 피나는 선정수행이 필요하다는 것이다.

그런데 시장경제 사회를 살아가는 현대인으로서는 이러한 선정수행을 지속적으로 깊이 하기 쉽지 않다. 오늘날의 시장경제는 시민들이 마음 편히 선정수행을 할 수 있도록 허락하지 않는다. 노동시간은 길어지고 작업은 혹독해지며, 경쟁은 치열해지고 물질적 유혹은 끈질기다. 그러므로 이러한 어려운 환경에서 선정수행을 지속적으로 심도 깊이 해 나가자면 반드시 집단적이고 조직적이고 체계적인 선정수행

201 『숫타니파타』제69구: "獨坐와 선정을 버리지 않고, 모든 일에 항상 理法에 따라서 실행하며, 모든 생존에는 근심이 있음을 확실히 알아서 무소의 뿔처럼 혼자서 걸어가라."

제919구: "수행자는 마음이 편해야 한다. 밖에서 고요함을 찾지도 마라. 안으로 마음이 평안하게 된 사람은 집착할 것이 없다. 하물며 어찌 버릴 것이 있으랴."
202 정성본, 『선의 역사와 사상』, 불교시대사, 2000, pp.69~84.
203 규봉종밀의 5종선은 외도선, 범부선, 소승선, 대승선, 최상승선이다.(정성본, 앞의 책, p 136); 임제의현의 사료간은 奪人不奪境, 奪境不奪人, 人境具不奪, 人境兩具奪이다.(대정장 47, 497a)

이 필요하다. 그리고 이것은 도반과 스승이 함께하는 수행 공동체를
통해서 효율적으로 이루어질 수 있다.

5) 간소하게 살기(頭陀行)

(1) "간소하게 살기"의 의의

불교의 가치관을 실천하는 사람은 스스로가 자원의 낭비를 줄이고
꼭 필요한 물건만을 사용함으로 해서 물질에 대한 의존으로부터
독립적으로 살아갈 수 있다는 것을 느낄 수 있어야 한다. 그리고
다른 사람들에게도 모범을 보이도록 노력해야 한다. 그런데 이는
상가 생활 초기부터 매우 강조되었던 규범인데, 그것을 두타행이라고
한다. 소욕과 지족을 이념으로 하는 불교수행법인 두타행은 의식주
전반에 걸쳐서 검약과 청빈을 강조한다. 마하가섭(Mahākāśyapa)은
전 생애에 걸쳐서 꾸준하게 두타행을 실천하였는데, 출가 당시부터
분소의糞掃衣를 입고, 차제걸식次第乞食을 하면서 아란야阿蘭若에서
만 머물렀다. 『불본행집경佛本行集經』에 의하면 가섭이 두타행을 실
천하는 이유는 첫째, 안락한 수행과 법을 얻었다는 것을 널리 드러내
보이는 것이며, 동시에 후세의 중생들을 위하여 연민하는 마음을
내는 것으로 자신의 삶을 본보기로 삼아서 수행을 하고 실천하게
하기 위한 것이었다.[204] 이러한 두타행은 가섭 이전 시대부터 실행되고
있었다. 두타행은 당시 이미 수행자의 수행으로 정착되고 있었으며
자발적인 의지에 의해서 실행되었다. 또 두타행의 이념을 위한 방편으

---

[204] 『佛本行集經』 卷第四十六, 「大迦葉因緣品」(대정장 3, 869b), "何等爲二 一者我今
現得安樂行法 二者爲後世衆生 生憐愍故 唯願將來人衆 見我等故 學我等行."

로 사의법四依法[205]이 제시되었는데, 사의법이란 출가자가 평생 지켜야 하는 바, 음식 섭취는 걸식으로 하고, 옷은 분소의로 하고, 거주는 나무 밑에서 하며, 약은 진기약陳棄藥으로 해결하는 방식이다.

수행자에게 두타행을 권장한 본래 목적은 소욕과 지족을 바탕으로 물질에 대한 의지依支를 최소한으로 줄여서 자급자족을 실천하도록 하는 것이다. 이러한 두타행은 비단 출가 수행자에게뿐만 아니라, 오늘날 물질과 재화로 인한 자본주의의 피해를 극복하기 위해서 재가생활을 하는 불자들에게도 적극적으로 요구되고 있다. 물론 불전에 기록되어 있는 그대로 재가자들이 생활하기는 어렵겠지만, 두타행의 정신만은 현실생활에서 실천되어야 물질에 종속된 생활에서 벗어날 수 있다는 것이다.

불자의 생활목적은 지혜를 증득하고 그것을 법답게 실천하는 데 있다. 그리고 그를 위해서는 먼저 물질생활에서 자유로워져야 하며, 물질에 대한 의존을 최대한으로 줄여야 한다. 오늘날은 역사상 그 어느 때보다도 물질에 대한 숭배가 심하고, 그것에 의한 정신적 피해가 심하다. 그래서 인생고의 대부분이 물질을 둘러싸고 생긴다고 해도 지나치지 않다. 그러므로 지혜롭게 사는 사람은 물질적 구속으로부터 벗어나고, 물질에 대한 집착이 고苦의 원천임을 깨달아 물질로부터 자유로운 정신생활을 영위해야 한다. 이것이 오늘날 두타행이 강조되는 이유이다. 이를 위해서 불자들은 두타행을 실천하여 자본주의의 모순을 극복하여야 한다는 것이다. 이러한 두타행은 오늘날 사회생활

---

205 『大乘義章』卷第十五(대정장 44, 765c21), "次須約對四聖種法辨其同異 . 四聖種者 一糞掃衣 二是乞食 三樹下坐第 四有病服陳棄藥."

을 하는 불자들에게는 "간소하게 살기"라는 덕목으로 표현될 것이다.

(2) 두타행의 뜻

두타頭陀는 산스크리트 dhūta를 음사한 말로, 원래 뜻은 '흔들어 털어
버리다'라는 뜻이다. 즉 심신心身에 묻은 때를 털어버린다는 의미이
다. 곧 마음을 닦아서 의식주에 대한 탐욕을 떨어버리는 수행을 의미한
다.[206] 이러한 두타의 의미에 대해서 『대승의장大乘義章』 권15에서는
"두타란 인도말이니 중국말로 한역하면 두수抖擻이다. 이것은 탐착을
떠나는 수행이니 비유를 따라 그 이름을 지었다. 마치 옷을 털어서
먼지와 때를 없애는 것처럼 이 두타행을 닦아 탐착을 떨어버리므로
두수라 한다"[207]라고 하였다. 또 『법화경』 권5에서는 "이들은 나의
아들이니 이 세계에 의지하여 늘 두타행을 행하고, 적정한 곳을 즐기
며, 대중들이 시끄럽게 떠드는 것을 버리고, 말을 많이 하는 것을
즐기지 않는다"[208]라고 하였다.

두타행은 초기경전에서는 가섭의 12두타가 주로 언급되었으며,
의식주 생활 중에서 의衣에 관한 것 두 가지, 식食에 관한 것 다섯
가지, 주住에 관한 것 다섯 가지의 내용으로 되어 있다. 아비달마
불교의 기본 교과서인 『해탈도론解脫道論』과 『청정도론清淨道論』에

---

206 『가산불교대사림』 제5권, p.403.

207 『大乘義章』 卷第十五(대정장 44, 764b2), "頭陀胡語 此方正翻名爲抖擻 此離著行 從喻名之 如衣抖擻能去塵垢 修習此行能捨貪著 故曰抖擻."

208 『妙法蓮華經』 卷第五「安樂行品」(대정장 9, 41b15), "此等是我子, 依止是世界, 常行頭陀事, 志樂於靜處 捨大衆憒閙 不樂多所說."

180

서도 13종의 두타를 설명하고 있는 것으로 보아, 부파불교 시대에도
두타행은 여전히 강조되었음을 알 수 있다.[209] 두타행은 계정혜 삼학의
근간이 되는 것으로, 두타행을 바탕으로 해서 비로소 계율이 청정하게
지켜지고, 그것을 바탕으로 해서 선정수행과 반야수행이 가능해지는
것이다. 『대지도론』에서는 12두타를 다음과 같이 설명하였다.

> 12두타를 수행하는 것은 계율을 청정하게 수지하기 위한 것이며,
> 그것은 선정에 들기 위함이며, 선정은 지혜를 증득하기 위한 것이
> 다. 무생법인無生法忍이 바로 이 진정한 지혜이므로, 결과적으로
> 무생법인은 바로 두타행의 과보이다.[210]

즉 무생법인을 얻기 위해서는 12두타가 필요하다, 혹은 12두타로
인해서 무생법인이라는 결과가 생겨날 수 있다는 뜻이다. 이를 보면
깨달음에 이르기 위해서는 두타행이 반드시 필요한 것임을 알 수
있다. 계율을 잘 실천하려면 의식주의 생활에서 지족과 소욕의 생활을
실천하여야 한다는 것이다.

---

209 경성, 『불교수행의 두타행 연구』, 장경각, 2005, p.37.
210 『大智度論』「釋發趣品」第二十(대정장 25, 415b6), "不捨頭陀功德者, 如後〈覺魔
品〉中說 無生法忍, 此中以無生法忍爲頭陀 菩薩住於順忍, 觀無生法忍 是十二
頭陀, 爲持戒淸淨故, 持戒淸淨爲禪定故, 禪定爲智慧故, 無生忍法卽是眞智慧
無生法忍是頭陀果報, 果中說因故."

6) 12두타행

(1) 재아란야在阿蘭若處

『불설십이두타경佛說十二頭陀經』에는 석존이 아란야에 앉아 있는 대
중들을 둘러보시고서 이와 같은 아란야[211]에서 수행한다면 누구든지
자신이 원하는 불도를 얻을 수 있게 될 것이라고 말씀하셨다.

부처님께서는 "내가 아란야를 둘러보니 시방의 모든 부처님께서
찬탄하고 계시며, 무량한 공덕이 모두 여기에서 생기는 것을 보았
다. … 대승을 구하는 자는 속히 위없이 바르고 진실한 도를 얻을
것이다. 내 이제 여기에 머물러 있으므로 웃는 것이다"라고 말씀하
셨다.[212]

(2) 상행걸식常行乞食

두타행으로 걸식을 해야 하는 것은 출가 수행자가 수행 이외에 다른
생업에 종사하지 말 것을 강조하는 것이다. 그러면 재가 수행자는
어떻게 해야 하는가. 재가 수행자는 자신과 가족에게 필요한 의식주와
생활필수품을 스스로의 노동에 의해서 벌어야 한다. 여기에서 정명正
命의 가치관이 요구된다. 직업을 택하되 법다운 직업을 택해야 하며,

---

211 아란야(Araṇya)란 寂靜處, 無諍處, 遠離處로 번역되며, 시끄러움이 없는 한적한
곳으로 수행하기에 적당한 삼림, 넓은 들, 모래사장 등을 가리키는 말이다.
보통 촌락에서 1拘盧舍나 반 구로사쯤 떨어진 곳이다.(이운허, 『불교사전』, 동국역
경원, 2000)

212 『佛說十二頭陀經』(대정장 17, 720b24), "佛告迦葉 見阿蘭若處 十方諸佛皆讚歎
無量功德皆由此生 … 求大乘者速得無上正眞之道 我今住此是故喜耳."

옳지 않은 직업을 택하면 안 되고, 물질에 집착하는 직업생활을 해서는 안 되며, 살생이나 폭력을 행사하여 생업을 영위하는 직업을 택해서는 안 된다는 것이다. 그러므로 재가불자에게 있어서 정명正命의 덕목은 매우 중요한 것이다. 물론 출가자에게 있어서도 백장 선사百丈禪師의 "일일부작一日不作이면 일일불식一日不食"과 같이, 지역과 사회구조에 따라서는 출가자도 노동을 해야 한다는 요청도 요구된다. 재가자는 그 직업생활이 법다워야 함은 물론, 스스로 재산에 탐착하지 말고, 자신의 생활을 재화의 취득과 그 소모에 낭비하지 말고, 수행과 보살행을 실천하기 위해서 의식주 생활을 검약하게 해서 재화의 낭비를 막아야 한다. 그것이 재가자의 걸식행이다.

(3) 차제걸식次第乞食

차제걸식이란 걸식에 있어서 차별하지 않고 차례대로 걸식하여 평등을 실천하는 것이다. 재가자는 직업생활을 함에 있어서는 가진 자와 못가진 자를 가리지 말고 공평하게 대해 주어야 하고, 부자에게 잘해 주고, 가난한 사람이라고 해서 구박하거나 한다면 그것은 차제걸식의 평등 정신에 위배되는 일이 될 것이다. 재가자가 대가를 적게 준다고 해서 일을 대충 하거나 불평을 하거나, 혹은 상대방을 구박한다고 하는 것도 차제걸식의 정신에 어긋나는 일이다.

(4) 수일식법受一食法

하루에 한 끼만 먹는 것이 수일식법이다. 이것은 즉 절약의 정신이다. 재가자는 음식을 남기지 말고, 맛으로 먹지 말고, 지나치게 큰 집에

살지 말고, 화려한 옷을 입지 말고, 꼭 필요한 물건만을 사용하는 근검절약을 지켜야 한다. 수일식법은 수행자의 건강을 위한 것이기도 하고, 자원과 물자의 낭비를 막는 것이기도 하다. 그것은 절약하는 정신을 기르며, 음식을 자주 먹음으로 해서 수행의 정신이 해이해지는 것을 막기 위한 것이다. 따라서 재가자도 이러한 정신으로 근검절약하고, 의식주의 풍요에 매몰되지 말아야 한다. 그것이 자본주의의 해로움을 극복하는 방법이다.

(5) 절량식節量食

절량식이란 음식의 양을 절제하는 것을 말한다. 자신에게 적당한 양을 3등분하여 그 가운데 2분을 먹는 것이다. 만약 분에 넘치는 음식을 받거나 먹게 되면 바일제[213]를 범하는 것이 된다. 절량식은 경전에 따라 일단식一搏食으로 표현되는 곳도 있는데, 일단식은 한 발우에 담긴 음식만을 먹는 것이다.[214]

(6) 중후부득음장中後不得飮漿

중후부득음장은 공양 시간이 지난 후에는 과일이나 다른 음식을 먹지 않는 것을 말한다.

이 경우는 음식 즉 의식주를 아껴서 검소하게 살라는 의미도 있겠지만, 그보다는 시주의 은공을 헛되이 낭비하면 안 된다는 뜻이 더욱

---

213 바일제(波逸提, Payattika): 계율 가운데 가벼운 것이다. 墮로 번역한다. 捨墮와 單墮로 나뉜다.(이운허, 『불교사전』, 동국역경원, 2000, p.240)
214 경성, 앞의 책, p.173.

강하다. 출가 비구는 재가불자의 시주에 의해서 목숨을 연명하고 수행을 한다. 그것에 대한 감사의 은덕을 잊으면 안 되고 낭비해서는 안 된다는 의미인데, 출가자의 의식주가 스스로의 노동에 의한 것이 아니라 재가자의 도움에 따라 이루어진 것이라는 것을 명심해야 한다는 뜻이다.

(7) 착폐납의著弊衲衣

폐납의를 다른 표현으로는 분소의糞掃衣라고 한다. 분소의를 입는 뜻은, 좋은 옷에 뜻을 두게 되면 결국 좋은 옷을 구하기 위해서 많은 허물을 짓게 되므로 좋은 옷에 대한 탐착을 버려야 한다는 뜻이다. 여기에는 물론 의식주를 간소히 한다는 의미가 우선 있겠지만, 그 밖에도 수행자로서 스스로의 교만심을 버리라는 것, 남의 판단이나 평가를 의식하는 것 등을 경계하는 의미도 크다.

오늘날 자본주의 시장경제에서 사람들은 의복의 착용과 소비에 크게 지배당하고 있고, 의복의 상태에 따라서 세속적인 평가를 많이 한다. 그러나 절제와 검약의 생활을 실천하는 불자는 의복의 차림새에 초연하고 실용적이고 효율적인 의복을 착용함으로써 의복의 소비에 연연하지 않고 의연하게 의식주의 생활을 실천할 수 있다. 차림새에 초연한 태도는 교만심을 없애고, 하심下心을 수행하고, 남의 평가에 따른 종속된 삶을 극복하는 데 큰 도움이 된다.

(8) 단삼의但三衣

이는 세 가지 가사인 승가리僧伽梨와 울다라승鬱多羅僧 그리고 안타회

安陀會를 각각 한 벌씩, 모두 세 벌만 소유할 것을 강조하는 것이다. 가사는 겉옷을 말하는 것이고, 앞의 폐납의는 속옷까지 함께 말하는 것이다. 나형외도는 옷을 전혀 입지 않는데, 불교가 세 가지 옷을 인정하는 것은 옷의 긍정적인 측면, 즉 체온을 보호하고, 치부를 가리며, 생활상의 편리함을 인정하는 것이다. 이 세 가지 이유는 수행에 필요하고, 법에 어그러지지 않고, 생명을 유지하는 데 필요한 것이다. 그러나 그 이상의 옷은 탐착심을 일으키고, 재화를 낭비하거나, 이상과 교만심을 갖는 데 조인助因이 될 수 있으므로 이를 경계하였다.

(9) 총간주塚間住

속세를 멀리 여의고 중생의 잘못된 생활을 염리厭離하는 것이 불교수행의 첫 단계이다. 범부의 생활이 잘못된 것임을 느끼고, 탐진치에 의한 생활이 잘못된 것임을 통절히 느끼는 것이 발심의 첫걸음이다. 속세의 삶이 환幻에 의거한 것이고, 결국은 무상하고 허무한 것이라는 것을 느껴 진실된 것을 찾아서 수행하는 수행자는 이러한 무상관無常觀을 늘 느끼며 수행해야 한다. 그러한 목적으로 무덤 사이에서 머무는 것이다.

(10) 수하지樹下止

선정수행을 할 때에는 나무 아래에서 해야 함을 규정한 것이다. 선정수행을 하는 오랜 시간 동안에는 나무 아래에 머물러야 눈비나 햇볕을 막을 수 있다. 수행하는 데에 고루거각이나 특별한 시설을 요구한다는 것은 수행자의 검약적인 생활에 맞지 않는다. 석존께서 깨달음을 얻으신 장소가 나무 아래이기 때문에 수행자는 마땅히 나무 아래에서 머물면서 선정수행을 하는 것이다.

(11) 노지좌露地坐

노지좌는 노지주露地住라고도 표현된다. 선정수행을 위해서 나무 아래에 너무 오래 머물게 되면 그 자리에 또한 집착이 생기게 된다. 그리고 나무 아래에서만 머물게 되면 벌레나 습기의 침해를 받을 수도 있다. 그래서 노지좌와 수하지는 함께 필요하다.

(12) 단좌불와但坐不臥

눕지 않고 앉아서 수행을 해야 한다는 뜻이다. 차분한 마음으로 앉아서 지내면 산란심을 제거할 수 있다. 석존이 가섭의 두타행을 칭찬하며 모든 출가 수행자들이 가섭을 본받아서 두타행을 수행해야 한다고 강조한 내용은 다음의 『증일아함경』에서 발견된다.

> 이와 같은 가섭의 두타행을 헐뜯고 욕하는 것은 곧 나를 욕되게 하는 것이며, 두타행을 찬탄하는 것은 나를 찬탄하는 것과 같다. 또한 마하가섭이 모든 두타행을 수행해서 누실漏失함이 없으므로 모든 수행자들은 마하가섭을 좇아 배우고 수행해야 한다.[215]

---

215 『증일아함경』권5(대정장 2, 570a), "其有歎說 諸頭陀行者 則爲歎說我已 所以然者 我恒歎說諸頭陀行 其有毀辱諸頭陀行者 則爲毀辱我已 我今敎諸比丘 當如大迦葉所行 無有漏失者 所以然者 迦葉比丘有此諸行 是故 諸比丘 所學常當如

7) 정명正命 - 불교의 직업관

불교가 추구하는 시민적 직업윤리란 팔정도의 정명(正命, sammā-ājīva)에 해당한다. 정명은 올바른 방법으로 생계를 꾸려가야 한다는 뜻인데, 이는 즉 불교의 직업관에 해당한다. 석존은 출가 수행자가 생업을 갖는 것을 부정하셨다. 출가 수행자에게는 수행 자체가 하나의 생업이고 직업이다. 그래서 출가 수행자의 의식주는 탁발托鉢과 분소의糞掃衣에 의한 것이며, 다른 직업에 의존하지 않는 것이다. 바라문 바라드바자가 석존에게 "사문이여, 나는 밭을 갈고 씨를 뿌린 다음에 먹습니다. 당신도 밭을 갈고 씨를 뿌린 후에 먹으십시오"라고 한 주장에 대해서 "바라문이여, 나도 밭을 갈고 씨를 뿌립니다. 믿음은 종자요, 고행은 비이며, 지혜는 내 멍에와 호미, 부끄러움은 괭이자루, 의지는 잡아매는 줄, 생각은 내 호미날과 작대기입니다"[216]라고 한 석존의 대답은 이를 잘 말해 준다.

또한 출가자가 평생 지켜야 하는 간결한 생활방식을 사의지四依止라고 하는데, 음식은 걸식을 하고, 의복은 분소의를 입고, 거주는 나무 밑에서 하고, 약은 진기약陳棄藥만을 소유한다[217]는 법을 볼 때에도 출가자는 세속의 직업을 가지면 안 됨을 알 수 있다.

그러나 재가자의 경우는 다르다. 재가자는 생업과 가정을 가지고 생활을 영위한다. 그리고 재가자의 생업과 직업생활이 없다면 출가자의 생활도 있을 수 없다. 그러므로 재가자가 어떤 직업생활을 어떻게

大迦葉 如是比丘 當作是學."

[216] Sn. p.77.
[217] 박경준, 앞의 책, p.256.

잘 하느냐가 바로 불교경제학의 중심이 되는 주제가 되는 것이다. 이와 관련하여 『잡아함경』에는 재가자가 현세에서 올바른 경제생활을 하도록 하는 네 가지 요소들이 설해져 있다. 그것은 직업을 가지고 바르게 사는 것(方便具足), 소유한 재화를 올바르게 관리하는 것(守護具足), 현실생활의 인도자를 갖는 것(善知識具足), 올바른 직업생활을 영위하는 것(正命具足)이다.[218]

　　그러면 바른 직업이란 어떤 것인가. 『앙굿다라 니까야』 208경에는 무기, 고기, 술, 독극물 등의 판매처럼 많은 사람들에게 해를 끼치는 악한 직업에 종사하거나, 기만, 요설, 점술, 고리대금업 등 부정하고 불의한 방법으로 재화를 축적하는 것을 경계하는 내용이 설해져 있다.[219] 또 『앙굿다라 니까야』의 「디가쟈누경」에서도 다음과 같이 정의로운 재화의 축적과 삶의 방식에 대해서 설해져 있다.

　　"세존이시여, 저희 재가자들은 감각적 욕망을 즐기고 자식들이 북적거리는 집에서 살고, 까시에서 산출된 전단향을 사용하며 화환과 향과 연고를 즐겨 사용하고 금은을 향유합니다. 세존이시여, 세존께서는 이러한 저희들에게 금생의 이익과 행복을 주고 내생의 이익과 행복을 주는 법을 설해 주소서…."
　　"호랑이가 다니는 길에 사는 자여, 네 가지 법은 선남자에게 금생의 이익과 행복을 준다. 무엇이 네 가지인가. 노동을 구족함, 수호를 구족함, 선우를 사귐, 바르게 생계를 유지함이다. 그러면 어떠한

---

218 『잡아함경』卷第四(대정장 2, 23ab).
219 AN III. 제208경.

것이 노동을 구족함인가. 선남자는 농사나 장사나 목축이나 궁술이
나 왕의 신하가 되거나 그 밖에 어떤 기술의 직업을 가지고 생계를
유지하거나, 거기에 숙련되고 게으르지 않으며, 그것을 완성할
수 있도록 충분히 실행할 수 있고, 충분히 연구할 수 있는 자가
된다. 이를 노동의 구족함이라 한다."[220]

다시 말해 금생의 이익과 행복을 주는 것이 네 가지인데, 즉 노동을
잘 하고, 정의롭게 법에 따라 얻은 재물을 잘 지키고, 좋은 벗을
잘 지키고, 좋은 직업을 잘 지키는 일이다. 이는 재가자가 경제생활에
서 지켜야 할 일이다. 살생을 함으로써 생계를 유지하는 일은 올바른
직업생활이 못된다. 다른 사람을 해치거나 괴롭히거나 불행을 주어서
생계를 유지하는 일은 올바른 일이 못된다.

오늘날 사람들은 "생업을 위해서는 어쩔 수가 없다"는 말로 옳지
않은 직업생활을 합리화하고 있으나, 그것은 매우 전도된 가치관임을
알 수 있다. 생계가 "옳지 않고 다른 사람에게 고통을 주는 일을
해도 된다"는 면죄부는 되지 못한다. 오늘날 대부분의 직업이 영리를
위해서, 수입을 위해서 남을 괴롭히는 직업임을 볼 때 정명正命의
요청은 매우 중요하며, 돈을 버는 일이 우선적인 가치로 잘못 인식되고
합리화되는 시장자본주의의 시대에 정명의 가르침은 매우 필요한
것임을 알 수 있다. 돈을 버는 일이 가장 중요한 일이 아니라는 것이
불교의 가르침이다.

---

220 『앙굿다라 니까야』 5권, 대림스님 역, 초기불전연구원, 2007, pp.250~251.

5. 보시행

1) 수행법으로서의 보시행

보시행은 육바라밀 중의 첫 번째 덕목으로서 보살이 되기 위해서
실천해야 하는 으뜸가는 덕목이다. 사섭법[221]은 보살의 실천행으로
강조되는데, 여기서도 보시행은 첫 번째로 강조된다. 그런데 이 보시
행은 시장경제의 폐해를 극복하기 위한 자발적 가난의 수행을 위해서
도 가장 필요하고 효과적인 수행법이 될 수 있다. 보시행의 꾸준한
집단적 실천이 지족안락을 이룩하는 경제학의 훌륭한 수행법이 될
수 있다는 것이다. 『증일아함경』「등취사제품」에서는 다음과 같이
보살마하살이 보시행을 성취하기 위해서 갖추어야 할 네 가지 근본법
을 설하셨다.

> 첫째, 보살이 보시할 때에는 모든 중생은 먹으면 살고 먹지 않으면
> 죽는다고 생각하고, 벽지불에서 보통 사람에 이르기까지 모두
> 평등하게 보시해야 한다.
> 둘째, 보살이 보시할 때에는 머리, 눈, 골수, 뇌, 국가, 재물,
> 처자식까지도 기꺼이 보시하여 애착하는 마음을 내지 말아야 하고,
> 죽은 사람이 살아났을 때 기뻐 날뛰는 것처럼 보살은 그렇게 기쁜
> 마음으로 발심해야 한다.
> 셋째로, 보살이 보시할 때에는 그 공덕이 일체에 미치게 하고,
> 자기만의 무상정등각을 위한 것이 아니어야 한다.

---

221 사섭법四攝法은 보시布施, 애어愛語, 이행利行, 동사同事이다.

넷째로, 보살이 보시할 때에는 이렇게 서원을 세워야 한다. "이 모든 보시로 인하여 육바라밀을 구족하고 보시바라밀을 성취하여 지이다"라고.[222]

또 『증일아함경』 권4 「호심품」에서 석존과 아나빈지 장자와의 대화에는 장자의 보시하는 마음이 동물에게까지도 미치고 있음이 나타나 있다.

"그대는 항상 가난한 이에게 보시하는가." "그러하나이다, 세존이 시여. 네 성의 문에서도 널리 보시하고, 집에서도 요구하는 대로 보시하나이다. 세존이시여, 때로는 저는 이렇게 생각하나이다. 들에 사는 돼지와 개들에게도 보시하자고…." "착하구나, 장자여. 너는 보살의 마음으로 한결같이 널리 보시하는구나. … 보살은 항상 평등한 마음으로 은혜로이 보시해야 하느니라. … 장자여, 이를 보살이 마음을 편안히 하여 널리 보시하는 것이라고 하느니라."[223]

『불본행집경』에서도 사섭법과 육바라밀을 강조하고 있다. 『불본행집경』 제3권에는 "모든 부처님과 보살들은 밤낮으로 항상 일체법을 설한다. 네 가지 종류의 섭사가 있어서 중생을 거둔다. 무엇이 네 가지인가? 첫째는 보시布施, 둘째는 애어愛語, 셋째는 이행利行, 넷째

---

222 『증일아함경』卷十九,「等趣四諦品」第二十七(대정장 2, 645b).
223 『증일아함경』권4(대정장 2, 565a).

는 동사同事이다"[224]라고 설하고 있다. 또『집이문족론集異門足論』에서도 "보시布施는 음식, 탕약, 의복, 장식품, 바르는 향, 뿌리는 향, 주거, 침구, 등촉 등을 주는 것이다"[225]라고 설명하고 있다.

2) 반야경의 보시행

『대품반야경』의 「법행품」에서는 보살의 30가지 원願을 설하고 있는데, 그 제1원은 다음과 같다.

> 보살마하살이 보시바라밀을 행하고 있을 때 만약 중생이 굶주리고 추위에 떨며 의복이 찢어진 것을 보면, '나는 늘 보시바라밀을 행하여, 내가 아뇩다라삼먁삼보리를 얻었을 때 우리 국토의 중생들에게는 이런 일이 없고, 의복, 음식, 일상의 생활도구가 사천왕천, 삼십삼천, 야마천, 도솔천, 화락천, 타화자재천과 같도록 하고 싶다'고 서원해야 한다.[226]

즉 보살은 이와 같은 행을 함으로써 보시바라밀을 이루어 무상정등정각을 이룰 수 있다고 하는 것이다. 이러한 보살의 원은 결국 보살이 개인적으로 이타행을 실천하는 차원을 넘어서 사회적으로 이타행을 널리 확대하여 궁극적으로는 정토를 실현하는 것을 목표로 한다. 즉 보살의 원은 자기 자신을 위한 것이 아니고, 중생들의 행복과

---

224 『佛本行集經』 卷第二(대정장 3, 663b).
225 『阿毘達磨集異門足論』 卷第九(대정장 26, 402c).
226 『大品般若經』(대정장 8, 347b).

평안을 위한 것이다.

3) 『승만경』의 보시행

『승만사자후일승대방편방광경勝鬘師子吼一乘大方便方廣經』의 「십수
장十受章」에는 다음과 같은 승만부인의 10대 서원[227]이 기록되어 있다.

6. 세존이시여, 저는 오늘부터 깨달음에 이를 때까지 내 스스로를
위하여 재물을 모으지 않을 것이며, 받는 것이 있다면 모두 가난하
고 곤궁한 중생들을 성숙시키도록 하겠습니다.
7. 세존이시여, 저는 오늘부터 깨달음에 이를 때까지 스스로 자신을
위해서 사섭법을 행하지 않을 것이며, 모든 중생들을 위하여 애착
하지 않는 마음과 만족함이 없는 마음과 거리낌이 없는 마음으로
중생들을 거두어들여 교화하겠습니다.

승만부인에게 있어서 모든 재물은 가난하고 곤궁한 중생들을 성숙
시키기 위한 것이다. 그리고 보시, 애어, 이행, 동사의 사섭법을
행하는 것도 중생들을 위해서이고, 중생들을 위하는 수단으로 불애염
심不愛染心, 무염족심無厭足心, 무가애심無罣礙心을 일으킨다.

8. 세존이시여, 저는 오늘부터 보리에 이를 때까지 고독한 사람,
갇혀 있는 사람, 병든 사람 등 갖가지 고통과 재난을 당하는 중생들
을 보면 마침내 조금도 버리지 않고 반드시 편안하게 하기 위하여

---

227 『勝鬘師子吼一乘大方便方廣經』「十受章」第二(대정장 12, 217b~218a).

의리로써 이익되게 하고, 온갖 고통으로부터 벗어나게 한 뒤에야 떠나겠습니다.

9. 세존이시여, 저는 오늘부터 보리에 이를 때까지 만약 붙잡거나 기르거나 하는 등의 모든 나쁜 짓과 갖가지 계를 어기는 사람을 보게 되면 끝내 그대로 버려두지 않고, 마땅히 항복받을 사람은 항복받고, 마땅히 거두어들일 사람은 거두어들이겠습니다. 항복받거나 거두어들임으로써 진리가 영원히 머무르게 되고, 진리가 영원히 머무르게 되면 천상, 인간세상의 사람들이 많아지고 악도가 줄어들어 능히 여래가 굴리는 진리의 수레바퀴를 따라 구를 수 있기 때문입니다. 이러한 이익이 있으므로 거두고 버리지 않겠습니다.

이처럼 승만부인은 중생구제의 큰 서원을 세우고 고독한 사람, 갇혀 있는 사람, 병든 사람을 위해 온갖 고통을 덜어주겠노라고 한다. 뿐만 아니라 마땅히 항복받을 사람은 항복받고 거두어들일 사람은 거두어들인다고 서원하여, 적극적으로 사회악을 제거하여 이상사회를 건설할 것을 맹세하고 있다.

4) 『화엄경』의 보시행

십행十行의 첫 번째인 환희행歡喜行은 보시바라밀로 모든 중생들이 괴로움에서 벗어나 즐겁도록 하는 것이다. 보시행은 곧 즐거운 행이니, 보살이 이 행을 닦아서 일체중생으로 하여금 즐겁고 환희하게 하려고 하기 때문이다.

무엇이 보살마하살의 즐거운 행인가. 불자들이여. 보살이 큰 시주
가 되어서 가진 것을 모두 베풀되, 그 마음이 평등하여 뉘우치거나
아낌이 없으며, 과보를 바라지 않고, 이름이 남을 구하지 않으며,
이양利養을 탐하지도 않는다. 다만 일체중생을 요익되게 하며,
제불의 본래 수행하신 바를 학습하고, 청정케 하며, 증장케 하여
중생들로 하여금 괴로움을 여의고 즐거움을 얻게 하기 위함이다.
불자들이여, 보살이 이 행을 닦을 때 일체중생으로 하여금 환희하
고 애락하게 한다.[228]

가난한 사람이 있으면 보살은 큰 시주가 되어, 즉 원력의 힘에
의하여 부호가 되어 이들을 기쁘게 하고 만족하게 한다. 그러면서도
과보를 바라지 않고 아끼는 마음이 없이 이름을 내지 않는다. 물론
가난한 자를 돕는 것이 반드시 부호이어야 하는 것은 아니다. 아낌없이
돕는 마음 자체가 보살인 것이고, 현실적인 변화는 보살의 원력으로부
터 나오며, 원력 그 자체가 변화이기도 하다. 이처럼 보살은 중생들을
자신의 복밭이라고 생각한다. 이와 같이 보살은 중생들의 마음을
만족시키고 중생들을 기쁘게 하기 위해서 자신에게 있는 모든 것을
희사하되, 중생도 기쁘고 자신도 기뻐하는 것이 보살의 환희행이다.
그러나 그 과정에서는 어려움이 없을 수 없고 고통이 뒤따르지
않을 수 없다. 그래서 보살에게는 제3의 무위역행無違逆行,[229] 즉 인욕

228 『大方廣佛華嚴經』券19 第21,「十行品」歡喜行(대정장 10, 102c).
229 무위역행이란 남을 해롭게 하지 않고, 남의 물건을 취하지도 않고, 남도 취하지
않게 하며, 명예나 이익을 구하거나 탐하지 않고, 항상 인욕 유화柔和에 안주하

바라밀이 필요하다. 보살은 잘 참는 법을 닦아서 남으로부터 나쁜 말을 듣거나 생명이 위태롭게 될 때까지라도 마음이 흔들리지 말아야 한다. 한편, 이렇게 행하여 어려운 사람을 돕는 일에 스스로 공과功課를 내지 말며, 그 결과에 집착해서는 안 되므로 제7의 무착행無着行이 필요하다.

불자들이여, 어떤 것이 보살마하살의 집착 없는 행(無著行)인가. 불자들이여, 이 보살은 집착이 없는 마음으로 찰나찰나마다 아승기 세계에 들어가서 아승기 세계를 깨끗이 장엄하되 모든 세계에 집착하는 마음이 없다. … 보살이 이렇게 법계에 깊이 들어가 중생을 교화하되, 비록 말을 하나 말에도 집착함이 없고, 삼매에도 집착함이 없고, 한량없는 부처님 국토에 나아가 들어가기도 하고 보기도 하고, 그 가운데 머물기도 하되 부처님 국토에 집착함이 없고, 버리고 갈 적에도 그리워하지 아니한다.[230]

5) 『입보리행론』의 보시행

인도의 학승 샨티데바가 저술하여 오늘날까지 티베트 불교에서 누구나 익혀야 하는 『입보리행론』의 제3장 「보리심전지품」에서는 다음과 같이 보시행을 강조한다.

7. 이와 같이 행한 모든 것에서 제가 쌓은 모든 공덕으로 일체중생의

도록 한다.

230 『大方廣佛華嚴經』(대정장 10, 105c).

모든 고통이 완전히 가셔지기를 비옵니다.

8. 이 세상의 중생에게 병이 있는 한, 병에서 완전히 나을 때까지 저는 약과 의사와 그들의 간병자로 남기를 바라옵니다.

9. 먹을 것과 마실 것의 비가 되어, 굶주리고 목마른 자의 고통을 없애주며 길고 긴 기근의 시절에도 제가 중생의 먹고 마실 것이 되게 하소서.

10. 절망하고 가난한 중생에게 다함없는 재물이 되고 그들에게 필요한 여러 가지 도구가 되어 그들 곁에 항상 머물게 하소서.

이처럼 보살은 자신이 쌓은 공덕으로 일체중생의 모든 고통이 완전히 가셔지기를 간절히 비는 것이다. 그리고 보살은 병자에게 약과 의사가 되고, 먹을 것과 마실 것이 되며, 절망하고 가난한 중생에게 재물이 되고 도구가 되어서 고통받는 중생들에게 힘이 되어 줄 것을 간절히 발원한다.

11. 나의 몸과 삼세에 쌓아올린 모든 선업까지도 중생의 성취를 위해서라면 아낌없이 모두 다 주겠나이다.

12. 모든 것을 버려야 고통을 넘어서게 되고, 내 마음도 고통이 없는 경지를 이루게 됩니다. 모든 것을 포기함과 동시에 그것을 중생들에게 베푸는 것이 가장 좋은 일입니다.

13. 저는 이 몸 전체를 중생이 바라는 대로 맡기렵니다. 죽이고 욕하고 때리는 등 무엇을 하더라도 그대로 받아들이겠습니다.

18. 의지할 곳이 없는 이의 의지처가 되고, 길가는 이의 안내자가

되며, 물 건너는 사람의 배가 되고 뗏목이나 다리가 되게 하소서.

19. 저는 섬을 찾는 이에게 섬이 되고, 등불을 구하는 이에게 등불이 되며, 침구를 원하는 자에게 침구가 되고, 몸종을 구하는 이의 몸종이 되고자 합니다.

22. 허공 끝에 이를 때까지 갖가지 모든 중생계에도 그들 모두가 고통에서 벗어날 때까지 제가 그들 삶의 근원이 되게 하소서.

이와 같이 보살은 의지할 곳 없는 이의 의지처가 되고, 길 잃은 자의 안내자가 되고, 섬이 되고, 등불이 되어 허공 끝에 이를 때까지라도 중생들이 고통에서 벗어나도록 애쓰기를 결연히 맹세한다.

6) 복전사상

복전福田은 이타행을 통해서 얻어진다고 오래전부터 생각되어져 왔다. 그리고 그것은 미래의 행복의 원인이 된다는 뜻으로 중시된다. 복전을 요즘 말로 바꾸면 적극적인 복지행과 보시행을 통해서 복을 받는 일이 될 것이다. 『불설제덕복전경』에는 일곱 가지 복전에 대해서 설명하고 있다. 즉 사원寺院에 대한 다양한 보시뿐만 아니라, 과수원을 조성하고, 수목樹木을 심으며, 의약품을 병자에게 주고, 선박을 마련하며, 다리를 건설하고, 도로 주변에 우물을 파는 행위 등을 말하고 있는데,[231] 이는 곧 사회복지의 실천이 공덕의 개념과 결부된 것이다. 또 『우바새계경』에서는 이 복전을 세 가지로 세분하였다. 첫째로 공덕전公德田이란 불법승 삼보에 대한 봉사를 가리키고, 보은

---

231 『佛說諸德福田經』(대정장 16, 777b).

전報恩田이란 부모나 스승에 대한 봉사를 말하며, 빈궁전貧窮田이란
빈곤자와 병자에 대한 봉사를 가리킨다.[232]

---

232 『優婆塞戒經』「供養三寶品」第十七(대정장 24, 1051c); 정승석, 「대승불교의
    실천이념」, 실천불교전국승가회, 『실천불교의 이념과 역사』, 도서출판 행원,
    2002, pp.90~91.

제4장 자족적 경제

1. 사회와 개인

개인에게는 지족知足 수행이 필요하지만, 그러나 잘못된 사회제도가 바뀌지 않고는 문제가 해결되지 않는다. 또한 개인의 태도와 심성이 바뀐다고 해도 그것이 지속적으로 계속되기 위해서는 제도적인 변화가 뒷받침되어 주어야 한다. 『유마경維摩經』에서 말하는 "심청정心清淨, 불국토청정佛國土清淨"[233]은 불국토가 청정해지기 위해서는 우선 마음이 깨끗해야 한다는 것이다. 깨끗한 마음이 아니라면 그러한 마음을 가지고 불국토가 청정해지기를 바라는 것은 바랄 수 없는 일이다. 그런데도 이것을 거꾸로 해석해서 마음만 깨끗해지면 불국토는 저절로 청정해진다고 주장하는 것은 해석의 오류이다. 깨끗한 마음을 가지고 불국토를 청정하게 하는 작업을 실천해 나가야 하는

---

233 『維摩詰所說經』(대정장 14, 538c), "隨其心淨卽 佛土淨."

것이다. 심청정心淸淨인 개인들의 힘이 모여서 불국토를 청정하게 하고자 하는 노력의 결과에 따라서 국토도 청정해지는 것이다. 그래서 박경준은 "한 개인의 정신적 각성에 의해 자연적, 사회적 환경이 곧바로 변화하는 것은 아니며, 그가 깨달았다고 해서 이제 더 이상 해야 할 일이 없는 것도 아니다"라고 한다.[234]

강수돌은 공동체 운동이 성공하기 위해서는 연대성과 지속성이 가장 중요하다고 강조한다. 그리고 이러한 변화는 '함께' 이루어 나가야 한다. 자기 혼자 달라진다고 해서 세상이 달라지지는 않기 때문이다. 이러한 변화는 우선 정치적, 제도적인 변화라는 모습으로 나타나지만, 정치가 자본에 종속되어 있는 상태에서 자본가 스스로가 자본을 위축시키는 일을 하지는 않으며, 또한 국민들이 이 문제에 대한 지각과 의지가 없는 상태에서는 이루어지기 어렵다. 그러므로 이러한 문제의 제도적 개선을 위해서는 인식을 함께 공유하고 함께 노력하는 일이 필요하다.

1) 경제의 광정적 정의

오노 신조(大野信三)는 경제생활에 관한 한 배분적配分的 정의正義보다는 광정적匡正的 정의가 더 중대한 의의를 가진다고 말한다. 광정적이란 "잘못된 것을 바로잡는다"는 뜻이다. 그는 어떤 사람이라도 경제적인 힘을 가지고 있다는 것만으로 상대방에게 자신의 의지를 강제로 밀어붙이는 일은 용납될 수 없다고 말한다. 그것은 정의롭지

---

234 박경준, 앞의 책, p.105.

못한 일이라는 것이다.

> 광정적 정의는 유통적인 정의, 교환적인 정의라고도 불리어지고
> 있듯이, 사회에 있어서 개인을 도덕적으로 평등한 인격으로 간주하
> 고, 그 상호관계 특히 교환거래를 급부와 반대급부의 등가等價의
> 기초에 서서 규제하는 것을 요청하고, 따라서 상품과 그 대가,
> 노동과 그 임금과의 관계를 등가관계에 세우는 것을 요청한다.[235]

이러한 생각을 더 확대한다면 자본주의 사회에서 생산의 결과물을
자본가만이 소유한다는 것 자체가 정의롭지 못한 일이라고 할 수
있다. 생산의 결과는 사회가 함께 공유해야 하는 것이다. 지구 자원은
지구인의 공동의 소유임에도 자본가가 돈으로 그것을 샀다고 해서
자기 것이라고 주장하는 것은 정의롭지 못하고, 생산에 공동으로
참여한 노동자에 대한 대가도 최소한으로만 지급함으로 해서 그
차익을 자본가가 갖는다는 것도 정의롭지 못하다. 그리고 자본가는
그 과정에서 지구 파괴에 대한 대가도 지불하지 않는다. 그런 점에서
공동체가 생산의 주체가 된다든지, 공익기관이나 국가나 지자체가
생산의 주체되는 일이 필요하다.

> 부자는 채무자의 곤란한 입장을 이용해서 이익을 얻어서는 안
> 된다. … 기업의 직능집단 간의 권리와 의무도 균등하지 않으면
> 안 된다. 저축하지도, 보호받지도 못하는 노동자의 단결권을 인정

---

235 오노 신조(大野信三), 앞의 책, p.229.

하고 그 집단적인 행동을 통해 교섭을 하여 균형을 얻게 하는 일이 필요하게 된 것도 실로 이런 광정적인 정의의 원리가 있기 때문이다.[236]

그러므로 경제생활에 대한 이러한 광정적 정의란 정의롭지 못한 사회적 약속을 바로잡아 함께 잘사는 정의로운 관계를 형성하자는 것이다.

2) 사회가 먼저인가, 개인이 먼저인가

사회적 개선이나 변화 없이는 문제의 해결이 불가능하다는 주장과 인간의 변화 없이는 문제의 해결이 불가능하다는 주장이 서로 대립되는 경우가 자주 있다. 특히 불교의 경우 개인의 변화, 나 자신부터의 변화를 강조하기 때문에 이러한 대립은 자주 나타난다. 이 문제를 어떻게 볼 것인가.

우선 사회는 개인과는 초월적으로 존재한다.[237] 그리고 그 사회는 개인에게 모든 방면에서 영향을 주며 개인을 구속한다. 여기서 말하는 사회란 사회적인 것, 즉 정치나 국가나 경제제도나 문화적 전통이나 관습이나 지역사회 등을 말한다. 푸른 물속에 사는 물고기는 몸 색깔이 푸르게 되고, 나쁜 친구와 어울리면 자녀가 타락하며, 공산주의 사회에서 사는 사람들은 상거래나 계산에 익숙하지 못하다. 이에 관해서

---

236 오노 신조, 위의 책, pp.229~230.
237 노버어트 엘리아스, 최재현 역, 『사회학이란 무엇인가』, 비봉출판사, 1982, pp.34~40.

마르크스가 표현한 "존재가 의식을 지배한다"는 말은 유효하다. 사회란 단순히 개인이 여럿이 모여 있다고 해서 사회가 되는 것은 아니다. 코하시 쇼이치(孝橋正一)도 다음과 같이 말한다.

 당연히 사회는 개인 개인의 집합으로 형성되지만, 그것은 개인 개인의 단순한 산술적인 합계는 아니다. 그것은 개인의 집합으로부터 성립되면서, 그러한 여러 개인으로부터 상대적으로 독립된 존재이다. 그리고 이러한 의미에서 사회는 그 자체 독자적인 인과관계나 법칙성을 가지고 존재하고 운동하고 있다.[238]

 그러나 아무리 그렇더라도 직물織物은 실과 천으로 짜는 것이다. 실과 천이 부실하고서는 훌륭한 옷이 만들어지지 않는다. 벽돌 한 장 한 장이 부실해서는 훌륭한 건물이 지어질 수 없다. 벽돌도 좋아야 하지만 좋은 벽돌을 가지고 잘못된 건물을 지어서도 안 된다. 이로 보면 개인과 사회의 관계는 서로 돕고 유기적으로 영향을 주고받는 관계이다. 시장경제의 모순을 해결하기 위해서는 제도적 변화, 구조적 변화가 필요하지만, 동시에 개인이 탐욕심을 없애고, 두타행을 수행하며, '자발적 가난'을 할 수 있는 수행도 필요하다. 여기에서 어느 것이 더 먼저인가의 논의가 나오게 된다. 다시 코하시 쇼이치는 이렇게 말한다.

---

238 코하시 쇼이치(孝橋正一), 석도수 역, 『현대불교의 사회인식』, 도서출판 여래, 1983, p.128.

그것을 해결하는 방법은 무엇인가. 사회문제가 현 사회체제 자체의 구조적인 장애를 극복하지 못하면 사회문제는 최종적으로 해결되지 않으며, 인류는 해방되지 않는다. 그러나 동시에 기존의 제도를 전제로 사회문제를 부분적으로 해결하는 개량주의적 정책(사회정책, 사회사업, 사회보장 등)에도 어느 정도의 의의와 평가가 주어질 필요가 있다. … (사회의 개혁은) 의식의 조직, 의식적 노력과 운동의 오랜 축적에 의해서 비로소 가능성이 성숙되는 것이다. 그러므로 그 기간 동안 개량주의적 제도의 개선에 의해서 노동자, 국민대중, 지역주민의 생활과 복지를 지켜나갈 필요가 있다.[239]

이 글은 일시적인 혁명적 방법인가, 개량주의적 점진적 방법인가를 논하는 부분인데, 개인의 심성의 변화, 자발적 가난과 두타행의 생활이 반드시 우선적으로 요구되지만, 그것만으로 자본주의 모순이 해결되는 것은 아니고, 동시에 제도적인 변화가 수반되거나 우선되어야 한다는 의미로 생각할 수 있다. 그렇지 않다면 심성 변화의 노력조차 가능하지 않을 수 있기 때문이다.

3) 개인의 변화로만 가능한가

불교경제학이 다른 경제학과는 달리 개인의 내면의 변화를 우선적으로 강조한다고 해서 개인의 변화만으로 문제가 해결된다고 보는 것은 아니다. 그것은 무엇보다도 사회란 단순한 개인의 집합이 아니라는 점, 사회는 개인의 의지와는 상관없이 독립적으로 개인을 지배하고

---

239 코하시 쇼이치, 위의 책, pp.152~153.

있다는 점에서도 그러하고, 개인의 변화가 개인의 노력만으로 가능하지 않다는 점에서도 그러하다. 윤성식도 개인의 변화만을 강조하는 것은 소극적인 방법이라고 지적한다.

> 불교가 제도의 변혁보다 개인 내면의 변화를 먼저 시도했다고 해서 사회구성원이 변화하면 사회가 저절로 변화할 것으로 생각하는 소극적 입장을 취하는 것은 아니다.[240]
> 불교경제윤리에서는… 자신의 문제를 해결했다고 사회에 대해 무관심하면 결국 자신의 재물로 인한 고통도 완전히 해결하지 못한다고 생각한다. 개인 차원에서 겪는 물질로 인한 고통은 결국 자신만의 문제가 아니며 다른 사람이 겪는 물질로 인한 고통도 자신의 문제일 수 있기 때문에 불교경제윤리는 자신의 고통과 중생구제가 별개의 것이 아니라고 생각한다. 자리이타는 재물로 인한 고통에도 적용되는 것이다. … 개인의 올바른 행동이란… 기업을 변화시키고 사회 전체로 눈을 돌려 시장을 개혁하고 중생을 구제하는 보시의 정신을 구현해야 한다.[241]

문제의 해결이 개인에게만 그쳐서는 안 되는 이유는 그것이 실제로 가능하지도 않기 때문이기도 하지만, 무엇보다도 불교경제란 보살심에 근거하여 자리이타의 정신으로 사회 전체를 경제적인 문제에서 구제하고자 하는 노력이기 때문이다.

---

240 윤성식, 앞의 책, p.291.
241 위의 책, p.293.

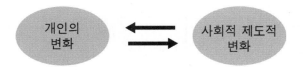

4) 자족적 경제정책

경제문제를 해결하기 위해서 국가가 직접적으로 해야 할 일과, 시민운동 혹은 공동체 운동으로 정부나 행정기구에 요구해야 할 일들은 다음과 같다.

①경제 분야로는 중소기업과 자영업종 보호, 출자총액 제한, 상호 출자 금지, 세계화에 대항하는 자립경제 확립, 광고에 대한 규제, 독과점 금지가 필요하다.

②사회, 환경, 자원보호의 분야에서는 적극적 공해방지정책 시행, 자원 보호적 기업 운영, 농업 육성, 자작농 육성, 식량자주화 수립, 지역문화 육성, 지역 공동체 보호 육성, 노동 운동의 보호, 협동조합과 사회적 기업 육성, NGO에 대한 지원, 적극적 복지정책 시행이 필요하다.

③국민교육 분야에서는 시장경제 위주의 교육 지양, 경쟁 위주의 교육정책 탈피, 도의교육과 종교교육 창달 지원, 자원 절약적 교육 강화, 경쟁문화를 끝내기가 필요하다.

그런데 정부는 자본주의의 폐해를 극복하기 위해서 스스로 이러한 일들을 적극적으로 시행하지는 않는다. 그것은 정부의 능력이 미치지

못해서일 수도 있지만, 정부가 기업과 자본의 요구에 따라서 국민에게
는 해로운 정책들을 많이 실시하기 때문이기도 하다. 오늘날 정부는
기업을 통제하기가 쉽지 않다. 그래서 자본이 정부보다 우위에 있다고
한다. 자본은 힘이 있지만 정부는 거대자본을 통제할 능력이 없다.
더욱이 세계화 체제 이후 각국 정부는 WTO나 IMF의 명령을 들어야
하는데, 여기에서는 기업의 요청에 따라서 각국 정부에 시정명령을
내릴 수도 있다.[242] 한 나라가 세계경제 체제를 탈퇴하여 고립경제를
유지하지 않는 한 이들의 명령을 어길 수는 없다. 그리고 정부는
선거에 따라서 구성되지만, 대개 자본가의 지원을 받는 보수적 정권이
정치를 담당하기 때문에 정부가 기업이나 자본의 활동을 제한하는
조처를 취할 수 있는 경우는 많지 않다.

　정부는 기업이 노동자에게 낮은 임금을 주거나 비정규직을 고용하
고, 불량품을 제조 판매하며, 가격을 조작하고, 독점기업이 시장을
조작하는 일에는 방관하고 아무 노력도 하지 않는 경우가 많다. 그렇기
때문에 경제행위와 국가권력의 주체인 개인이나 공동체는 정부가
필요한 일을 하도록 압력을 행사해야 한다. 이것은 개인이나 공동체
혹은 시민사회단체나 비정부조직(NGO: Non-Government Organiza-
tion)이 해야 할 일이다. 그것이 시민의 참여민주주의이다. 그 내용으
로는 다음과 같은 것들이 있다.

　•외국과의 교역경제, 정복경제, 의존경제를 탈피해서 자족경제

---

242 IMF, WTO의 시정명령: 월든 벨로, 김공회 역, 『탈세계화』, 잉걸, 2004, pp.98~
　　100.

수립.

- 금융업을 규제-금융을 통한 성장, 수익은 옳지 못하다.
- 소모형 생산, 소모형 생활(자원 소모형, 재화 소모형)을 지양한다.
- 농업을 중시하고, 농업 위주의 생산활동을 지원 격려한다.
- 무한 성장을 포기하고, 적절한 성장을 유도한다.
- 무력한 중소기업과 상인, 자영업을 지원한다.
- 소비를 조장하지 못하도록 광고를 규제한다.
- 대기업 위주의 경제정책을 수정한다(작은 것이 아름답다).

2. 자족적 생산 공동체

1) 자작농의 가치

근대 서양의 중농주의자重農主義者들은 "농업만이 생산적인데, 그 이유는 농업만이 자신이 소비하는 것보다 더 많은 것을 생산하기 때문"이라고 주장하였다. 그들은 상업은 비생산적이라고 주장하였다. 부富는 물질인데 상업은 물질을 생산하지 않는다고 그들은 생각하였다.[243] 그들은 자본주의적 생산방식의 폐해를 비교적 일찍이 깨달은 것이다. 농업의 중요성에 관해서 이노우에 신이치는 다음과 같이 말한다.

농업은 지구를 구하는 매우 유익한 산업이다. 농업은 우주의 영향

---

243 베르나르 마리스, 앞의 책, p.313.

을 직접적으로 받고, 천지의 혜택에 크게 의존한다. 또한 토지와 주거는 선조 전래의 것이기 때문에 농업은 조상의 은혜를 인식하는 계기도 된다. 농업에 종사하는 사람은 농경 작업을 통한 경험에서 인간을 초월한 것에 대한 깊은 외경의 관념이 자연스럽게 솟구친다. 그러나 도시에서 살고 있는 사람들은 이것을 실감할 수 없다.[244]

농업의 중요성은 첫째로 그것이 식량산업이라는 것이다. 다른 어떤 물질이나 상품도 인간 생존에 필요한 식량이라는 문제보다 더 중요한 것은 없다. 불교 발생 당시부터 지금까지도 역사상 대부분의 생산활동은 식량생산을 의미하는 농업이었다. 여기서 말하는 농업이란 영리를 목적으로 하는 기업농이 아니고, 자작농으로 이루어지는 생계경제형 농업(subsistence agriculture)을 뜻한다. 여기에는 살생을 기본으로 하는 수익형 목축업은 물론 배제된다. 뿐만 아니라 농업은 자연과 인간이 교감하는 만남의 장이다. 인간은 자연으로부터 태어나서 자연과 함께 살기 때문에 자연에서 유리될수록 인간의 삶은 척박해지고 거칠어진다. 슈마허도 『작은 것이 아름답다』에서 농업에 관해 다음과 같이 말하고 있다.

농업은 본질적으로 식량생산을 목적으로 삼는 것이라고 생각한다. 넓은 시각에서 보면 농업의 목적은 첫째, 인간이 살아있는 자연계와 연관을 유지하는 일로서, 인간은 자연계의 연약한 일부에 지나지 않는다. 둘째, 인간을 둘러싸고 있는 생존환경에 인간미를

---

244 이노우에 신이치, 앞의 책, p.180.

부여하여, 이를 고상한 것으로 만든다. 마지막으로 온전한 생활을
영위하는 데 필요한 식량이나 원료를 만들어 내는 일이다.[245]

둘째로 자국 내의 농업 부활과 자작농 육성은 매우 시급하게 되었다.
국제화시대에 있어서 무역장벽의 철폐와 금융이동 장벽의 철폐로
인하여 농산물의 국제교역이 대대적으로 이루어지고, 그 결과 역내농
업은 자본이 많은 몇몇 나라를 제외하고는 거의 파괴되어 어느 나라나
식량안보가 위협받게 되었다.

셋째로 오늘날 농업은 기업활동의 수단이 되어서 기업적 농업이
되었고, 그 결과 공장식 축산업이 생기고, 농약과 살충제의 과다
사용으로 건강이 위협받으며, 단일작물의 재배로 식생이 파괴되고
토지가 변형되며, 자연 파괴가 매우 우려되기 때문에 자작농의 중요성
은 더욱 강해진다.

넷째로 소수의 몇몇 기업에 농산물 종자가 독점되어서 종자 주권主
權이 무너지고 종자의 배급과 공급이 큰 나라에 종속되었다. 이는
종자권력에 의한 종자의 식민지배를 뜻한다. 그렇기 때문에 늦더라도
자국의 재생 가능한 종자를 보호하고, 의존적 일회성 종자의 지배에서
벗어나기 위해서도 건전한 자작농의 육성이 필요하다. 기업농으로서
는 이러한 효과를 기대할 수 없기 때문이다.

다섯째로 농업부문에서조차 대기업에 의해서 생산과 공급이 독점
된다면 국가와 국민의 운명이 극소수 재벌과 자본에 의해서 좌지우지

---

245 슈마허, 김진욱 옮김, 『작은 것이 아름답다』, 범우사, 2008, pp.123~124.

되고 그들의 이익구조에 종속되게 된다. 그러므로 부의 편중을 막고 자작농이 육성되어야 건전한 경제적 사회계층 구조가 형성될 수 있다.

여섯째로 농업의 부활은 농촌 공동체의 부활을 의미한다. 그것은 지역 공동체이고, 생산 공동체이며, 노동 공동체이다. 자본주의 시장경제에서 인류는 공동체라는 매우 소중한 것을 잃었다. 시장경제 체제로 인하여 가족이 해체되고, 지역 공동체가 해체되고, 직업 공동체가 해체되고, 여러 가지 관계의 공동체가 해체되어 인간은 개별화, 단자화되었다. 벗들과 이웃과 친척을 잃은 현대인은 쓸쓸하게 고독 속에서 모든 일을 혼자서 처리해야 한다. 그래서 사회적 폭력과 방황, 자살 등이 증가하고, 사회적 갈등과 불만 불안이 높아졌으나 이것을 해결할 방법은 없다. 그에 따라 더욱 향락적 소비, 감각적 퇴폐행위에 의존하는 사람만 증가한다.

시장자본주의의 결과로 인간이 잃게 된 것들 중에서 가장 중요한 것이 이 공동체의 상실이다. 그런데 여기에 자작농 중심의 농업이 부활된다면 농촌 공동체, 지역 공동체의 부활이 가능하게 된다. 자작농은 대개 가족 단위로 영농작업을 해야 하기 때문에 가족 공동체 또한 부활을 기대할 수 있다. 자신과 가족이 먹고 살아가야 하는 식량을 스스로의 노동으로 생산하는 일은 매우 보람 있고 가치 있는 일이며, 그것이 불교적 이상에 맞는 방법이다. 농업생태운동가인 천규석도 나 홀로 귀농이 아니라 두레 귀농, 지역순환 귀농, 생태순환적 소규모 영농이 진보의 핵심이라고 주장한다.[246] 귀농은 혼자서가 아니라 함께 노력하며, 함께 도우며, 함께 배우는 귀농이어야 그

의의가 있다는 것이다.

일곱째로 시장경제의 측면에서 농촌은 도시 실업자의 완충역할을 할 수 있다. 도시 실업자의 발생 또한 자본주의로서는 해결할 수 없는 고질적인 현상이다. 실업의 문제는 자본주의 내부에서는 해결할 방법이 없다. 자본주의가 심화될수록 실업자는 늘어난다. 새로운 기계에 의한 생산방식의 변화로 실업자가 생기고, 또 경영기법의 발달로 실업자가 생긴다. 그렇기 때문에 실업자의 문제는 자본주의 시장경제의 테두리 밖에서 찾을 수밖에 없다. 결국 실업의 문제는 자작농이라는 방법에서 찾아야 한다. 그리고 그것은 불교경제의 이념과 합치된다.

2) 바람직하지 못한 농업

(1) 영리 목적의 기업농

농업부문에 자본이 침투해서 수익성 농업, 기업형 농업이 자라는 것을 막아야 한다. 생산성과 GNP보다는 건강한 자작농의 육성이 더욱 중요하기 때문이다. 건강한 자작농이 몰락하면서 기업이 농산물을 많이 생산한다고 해도 그것은 극소수 자본가에게만 좋은 일이고, 농민 대다수는 노동자 처지로 몰락하게 된다. 결국 그러한 방법으로 생성된 부는 건전하게 재투자되지 못하고 투기자본投機資本이 된다. 편중된 부가 노동자나 농민에게 다시 분배될 수 있는 장치도 없고 역사적으로 그러한 사례도 없다. 슈마허는 기업농에 대해서

246 강수돌, 앞의 책, p.272.

경계하였다.

사회학자 김종덕은 '귀농歸農이란 자본주의를 뛰어넘는다는 데 그 의의가 있다'고 주장하며, 농업으로서도 고투입 농업, 증산 위주의 농업은 의미가 없고 그것은 자본주의의 모순을 심화하기만 할 뿐이라고 말한다. 높은 생산성과 경쟁을 강조하는 자본주의 농업은 비료와 농약 등의 화학산업에 기반을 둔 고투입 농업을 가져왔고, 거기에 더하여 이른바 생명공학이라는 이름으로 유전자 조작을 통해서 종자를 독점하여 농업을 자본에 귀속시킨다.[247] 즉 생명특허와 터미네이터(terminator) 종자種子의 독점이 그것이다. 생명특허란 유전자 변형을 시킨 재배식물에 대해서 종자특허를 내고 기존의 종자를 대치시킴으로 해서 식물종에 대한 소유권을 독점하는 것인데, 이는 자연이 인간에게 준 기본적 혜택마저도 자본화하려는 매우 불순한 기도이다.

(2) 기업적 축산

대량의 동물을 살상함으로써 경제적 이득을 얻고자 하는 축산업은 살생을 금기시하는 불교적 가치관으로 볼 때 매우 바람직하지 못하다. 축산업은 심하게 지구환경을 망치며, 사람들의 육체적 건강과 정신적 건강을 망친다. 물론 이것은 일부 목축을 생계경제로 영위하는 척박한 지역에는 해당되지 않는다. 왜냐하면 그곳은 목축 이외에는 살아갈 방법이 없는 지역이기 때문이다.

비록 영리 목적이 아니라고 하더라도 축산업은 필연적으로 도살의

---

247 김종덕, 「귀농, 자본주의를 뛰어넘는 기획」, 『인드라망』, 2001년 7·8월호(제4호), pp.5~9.

과정을 겪게 되어서 살생을 금지하는 불교적 이상에는 맞지 않는 일이다. 자기만 도살하지 않으면 괜찮다는 주장 또한 억지일 뿐이다. 기업적 축산의 잘못된 점은 매우 많이 지적되었는데, 결국 그것은 육식문화를 기반으로 하고 있다.[248] 육식이 자본주의와 결합하여 이윤 추구의 수단이 되면 그 부정적 결과가 매우 크다.

육식이 지구환경을 망칠 정도가 아니고 개인의 건강문제에만 국한 된다면 괜찮지 않는가라는 생각도 있다. 그러나 현재 지구환경 파괴와 삼림 파괴, 대기 오염, 수질 오염, 해수 오염 등은 인간의 광범위한 육식생활 때문이고, 그것을 기반으로 하는 기업적 축산업과 양식업, 원양어업 등에 기인하고 있는 것이다. 그리고 육식문화에 따른 고혈 압, 심혈관계 질환, 뇌혈관계 질환, 당뇨병, 비만, 위암, 대장암, 췌장암 등의 질병들도 개인적인 문제는 아니다. 높은 질병발생률은 자신은 물론 가족의 생활에 지대한 영향을 미치지만, 동시에 사회가 질병 때문에 지출해야 하는 비용은 막대하다. 젊은 세대가 부양해야 할 많은 노인 인구가 오랫동안 질병으로 고생한다면 그것은 사회 전체가 병드는 것이다.

불교가 발달했던 여러 나라에서는 역사적으로도 육식문화를 극도 로 억제하였다. 백제는 법왕法王 1년(599)에 살생을 금지시키고 민가 에서 기르는 매와 앵무새를 거두어 방생했으며, 고기잡이와 사냥도구

---

248 육식문화와 기업적 축산의 폐해에 관한 자료로는 ①존 로빈스,『육식, 건강을 망치고 세상을 망친다 1, 2』(아름드리미디어, 2000), ②피터 싱거, 짐 메이슨, 함규진 옮김,『죽음의 밥상』(산책자, 2008), ③제러미 리프킨, 신현승 옮김, 『육식의 종말』(시공사, 2002) 등이 있다.

를 모조리 불태웠다.[249] 고려에 들어와서도 자주 도살 금지령을 내렸는
데, 이것은 살생을 금지하는 가르침에 중심을 둔 국가정책 때문에
발동된 것이다. 서긍徐兢이 지은 『고려도경高麗圖經』에도 당시의 기록
이 발견되는데, "고려의 정치는 매우 어질다. 부처를 좋아하고 죽이는
것을 경계한다. 국왕과 대신이 아니고는 양고기와 돼지고기를 먹지
않으며 잡는 것도 즐기지 않는다"라고 적혀 있다.[250] 고려 인종仁宗은
"나의 어진 마음이 새와 짐승에게까지 미쳐야 한다. 그러므로 이제부터
고기반찬을 차리지 말라"고 지시했고, 임금들은 재齋를 올리거나
법회를 열 때에 고기를 먹지 않았다고 한다.[251]

(3) 환경 파괴형 농업

농업이라고 해도 어떻게 짓느냐에 따라서 결과는 매우 달라진다.
우선 많은 소출을 위해서, 즉 경제적 이득을 위해서 비료와 살충제를
쓰는 것은 지구를 망치고 식품을 망치며 소비자와 생산자 모두의
건강을 망친다. 그리고 무엇보다도 비료와 살충제, 그리고 종자생산
등이 대기업에 종속 의존되게 됨으로써 농업은 자본주의 시장의
일부분으로 종속되고 만다. 그러므로 농업은 비료와 살충제, 종자가
자본주의 시장으로부터 독립적으로 유지될 수 있는 건강한 농업이
되어야 하며, 그러기 위해서는 수익형 농업을 그만두고, 농업 그
자체가 목적인 삶을 살아가야 한다. 그것은 역시 돈을 많이 버는

249 이이화, 『역사 속의 한국불교』, 역사비평사, 2003, p.252.
250 위의 책, p.252에서 재인용.
251 위의 책, p.252.

것이 가장 중요한 인생의 원리라고 하는 시장경제적 가치관에서
벗어나서 자발적 가난의 불교경제적 원리로 살아가는 일이 중요하다
는 것이다. 슈마허도 농업이 자본주의 경제에 의해 피해를 입고 있는
모습을 다음과 같이 묘사하고 있다.

> 대규모의 기계화와 화학비료 및 농약의 대량사용에서 생겨난…
> 구조 아래서는 인간은 살아있는 자연계와 진실로 접촉할 수 없다.
> 그뿐 아니라, 이 사회적 구조는 폭력, 소외, 환경 파괴라고 하는
> 현대의 가장 큰 위험을 조장하고 있다. 그리고 이것이 인간적
> 가치를 무시하고 있는… 예인 것이다. 인간적 가치의 무시는 즉
> 인간의 무시이며, 이것이 경제 지상주의로부터 필연적으로 생겨나
> 는 해악害惡인 것이다.[252]

또 미국과의 쌀 거래 자유화에 관해서 이노우에 히사시가 저술한
『쌀 이야기』를 보면, "첫째로 미국의 쌀은 결코 싸지 않다. 그것은
농약이 많이 사용된 질 낮은 쌀이며, 가격조작도 감수해야 한다.
둘째로 미국의 쌀을 수입한다고 해도 미국 농민이 혜택을 보지 않는다.
미국 농민 역시 자본의 희생자이다. 셋째로 논에는 담수효과湛水效果
가 있어서 홍수를 막고 지하수를 풍부하게 만든다"라고 한다.[253] 그렇
기 때문에 중요한 것은 농업의 지역화, 소농화된 자작농으로서의

---

252 슈마허, 김진욱 옮김, 『작은 것이 아름답다』, 범우사, 2008, pp.125~126; 이노우
   에 신이치, 앞의 책, p.181.
253 이노우에 신이치, 앞의 책, pp.182~183에서 재인용.

경작이다. EC의 경우에는 미국과 달리 "농산물은 녹색 석유다"라는 사고방식이 있고, "국토를 지키는 것은 농업이다"라는 신앙이 건재하고 있다고 한다.[254]

또한 미국의 사회비평가 루이스 멈포드(Louis Munford, 1895~1990)가 쓴 『기계의 신화』에 따르면 건강한 사회란 1차 산업, 즉 농업이 70~80%가 차지하는 사회이다.[255] 그러므로 1차 산업보다 2차 산업이 발달하고, 2차 산업보다 3차 산업이 발전해야 선진국이라는 논리는 제국주의의 경제전략이자 자본의 세계체제 유지전략이라고 할 수 있다.

3) 농업생태 공동체의 사례

호주와 쿠바에서는 퍼마컬춰(Perma-Culture)라는 생태 공동체 운동을 추진하고 있다. 퍼마컬춰(Perma-Culture)는 영속적·순환적이라는 뜻의 퍼마넌트(permanent)와 경작, 농법을 뜻하는 컬춰(culture)의 합성어이다. 이는 외부지원에 대한 의존도를 최소화하되 환경에 알맞게 유기순환적으로 농사를 짓는 농법이다.[256] 쿠바는 구소련 몰락 이후에 커다란 경제적 어려움에 처하게 되고, 주민의 1차적 생존조건인 식량마저도 구하기가 어려운 상태에 처하게 되었다. 그들에게는 다른 나라로부터의 원조도 없고, 급격한 산업화도 어려웠다. 그들은 산업화가 문제를 해결해 줄 수 없다고 생각하고 자작농을 육성하고자

---

254 위의 책, p.183.
255 김종철, 『간디의 물레』, 녹색평론사, 1999.
256 요시다 타로, 『생태도시 아바나의 탄생』, 들녘, 2004, pp.84~89.

노력하였다. 그러나 당시 이미 쿠바는 상당한 정도로 도시화가 진행되어 있었고,[257] 대부분 국민이 농업을 위해서 당장 귀농歸農을 할 수 있는 상황도 되지 못했다. 이때 오스트레일리아의 비정부기구(NGO)인 '그린 팀(green team)'은 이들에게 도시에서 경작하는 도시 자작농 방법을 권유하였고, 수도 아바나(Habana)의 산타페(Santa Fe) 지역을 중심으로 농기구와 종자재배기술 지도 등을 원조함으로써 쿠바의 퍼마컬춰 운동이 시작되었다. 이 방법은 화학비료를 쓰지 않고 자원의 낭비를 최소화하는 친환경농법이다. 그렇게 해서 1997년 당시 산타페 지역에서만 915개의 가정 텃밭이 만들어졌다. 그리고 현재는 이러한 노력을 통해서 쿠바의 거의 전 지역의 식량 문제가 해결되었다. 우리나라에서도 현재 도시농업은 적극적으로 권장되고 있다. 그러나 이 방법은 "농촌지역 수행생산 공동체 부활"이라는 과제와 과잉집중된 도시문제, 또한 노인문제의 해결을 위한 귀농 등의 목적을 충족시키기에는 상당히 제한적이다.

3. 불교적 복지

1) 복지의 의의

초기불전에서는 위정자가 국민에게 제공해야 할 복지를 다음과 같이 설하였다.

---

257 공산주의 경제에서도 생산을 촉진하기 위해서 도시화 자체를 부정하지는 않는다.

- 나라 안에 빈궁한 자가 있거든 재물을 내어 구제하여 주어라.[258]
- 나라에 외로운 이와 노인이 있거든 마땅히 물건을 주어 구제하고, 가난하고 곤궁한 자가 와서 구하는 것이 있거든 거절하지 말라.[259]
- 모든 인민들에게 필요한 것을 공급하여 모자람이 없게 하라.[260]
- 왕은 보시하기를 좋아하여 외로운 노인을 모셔 봉양하며 빈궁한 이에게 보시하였다. 네 성문과 성 복판에 창고를 만들어 두고 금은보배, 코끼리, 말, 수레와 의복, 침구, 의약, 향, 꽃, 음식을 쌓고, 고독한 이를 위해서는 그 아내를 주선해 주며 갖가지로 보시하되….[261]

여기에서 말하는 왕의 보시란 결국 복지사업을 의미한다. 『잡아함』의 「공덕증장경」에도 다음과 같이 적극적 사회복지의 개념이 실려 있는데, 다른 사람들을 위해서 나무를 심어 그늘을 제공하고, 다리나 배를 건조하여 이용하도록 하는 것, 우물을 파고 객사를 지어 오가는 사람들을 쉬어가게 하는 것 등이 그것이다.

어떻게 하면 밤과 낮으로 공덕이 항상 자랄 수 있으며, 어떻게 하면 하늘에 나는가. 원컨대 자세히 설명해 주소서. … 동산에 과일나무를 심으면 나무 그늘은 맑고 시원할 것이요, 다리나 배로

258 『중아함경』(대정장 1, 521a), "若汝國中 有貧窮者 當出財物 以給恤之."
259 『장아함경』(대정장 1, 39c), "國有孤老 當拯給之 貧窮困劣 有來取者 愼勿違逆."
260 『장아함경』(대정장 1, 98c), "給諸人民 使其無乏."
261 『증일아함경』卷第四十八(대정장 2, 809a).

써 물을 건네어 주고 복되고 덕 되는 집들을 짓고, 우물을 파서 목마름을 풀어주고, 객사를 지어서 나그네를 쉬게 하며, 이렇게 하면 그 공덕은 밤낮으로 언제나 자랄 것이다.[262]

그 밖에 아쇼카 왕의 많은 치적 또한 사회복지적인 성격을 띠고 있다. 국가나 지역사회가 유아, 고아, 노약자, 병인, 빈궁자들을 돕는 복지정책은 그 자체로서 가치 있는 일이기도 하고, 동시에 사회 안정과 사회 통합에도 긴요한 일이다. 그것은 또한 결과적으로 전체 사회를 건강하게 만들어 준다. 이러한 복지사업은 이타행의 기본으로 많은 경전에서 권장되어 왔으며, 역사적으로도 교단이 복지사업에 적극적으로 참여해 오기도 하였다. 비록 교단의 힘이 약해서 적극적인 사업을 하지 못했다고 할지라도 복지사업을 적극적으로 행해야 한다는 가치관은 거듭 확인되어 왔다.

자본주의 경제논리에서도 성장과 소비가 촉진되자면 복지가 필요하다고 주장한다. 그러나 불교적 복지란 시장경제를 위한 복지가 아니다. 건강한 노동자를 공급해서 생산을 촉진하기 위한, 그리고 경제적으로 건전한 중산층을 육성해서 소비시장을 활성화시키자는 그런 의미의 복지는 아니다. 불교의 복지는 그 자체를 목적으로 하는 복지이다. 시장경제는 복지도 수단화시켜서 인간을 생산과 소비를 위한 수단으로 보는 복지를 주장하지만, 그러한 의도의 복지는 복지의 본뜻을 왜곡시킨다. 이러한 경우, 노동시장에서 필요치 않은 인력이

---

262 『잡아함경』 卷36, 997 「功德增長經」(대정장 2, 261b).

나 소비시장에서 수요화되지 못할 대상에 대한 복지는 무시되어버리기 때문이다. 인간은 시장을 위한 수단이 아니라 그 자체가 목적이다.

2) 불교복지사업

(1) 승기호-불도호

중국에서는 불교교단이 승기호, 불도호, 무진장원, 비전양병방 등의 사회복지사업을 적극적으로 운영하여 농민들의 생계에 큰 이익을 주고 사회 안정에 기여한 사례들이 있다. 승기호僧祇戶는 북위(北魏, 386~536)에서 실시된 복지제도인데, 도통都統인 담요曇曜가 연이은 흉작과 용병 때문에 곤궁하게 지내던 평제군의 주민들을 위해서 승기호를 진언하게 되었다. 승단은 이 불안정한 농민들에 대한 감독을 위탁받아서 승기속僧祇粟을 기금으로 축적하여 그것을 필요에 따라서 나누어주기도 하고, 이자를 받고 대출해 주기도 하였다. 그 결과 승단은 농민들의 가난을 구하고 농업생산을 높이는 사회정책을 대행하게 되었다. 이 승기속은 승조僧曹라는 관청에 의해 관리되었는데, 승조는 승려로 이루어져 있었다.

담요는 또 동시에 죄인이나 노예를 관리하는 불도호 제도를 운용했는데, 이는 죄인이나 노예를 사찰에 수용하여 사찰의 건립이나 청소, 경작, 기타 사업에 사역시키는 제도였다. 따라서 이 사업은 흉년의 구휼, 서민금융, 경작지의 증가, 농업 노동력의 정착, 불평분자나 범죄자의 교화와 보호를 겸한 것으로서, 당시 중국 북부지방의 경제상황에 합치되고 있었기 때문에 단기간에 북위 전체에 보급되었다.[263]

224

(2) 삼계교

삼계교三階敎는 중국 수나라 시대에 신행(信行, 540~594)이 주도한 불교운동으로, 수도 장안을 중심으로 전파되었다. 삼계교에 따르면, 불법의 교화는 때(時)와 장소(處)와 사람(人)의 세 단계에 따라서 이루어져야 하는데, 삼계교는 말법오탁의 견해에 입각해서 현실의 세태를 비판하고, 말세 범부들은 악인이라는 인식 위에서 '악인이 부처님과 진리를 믿음으로 해서 구원을 받을 수 있다'는 논리를 주장하였다.

삼계교도는 열심히 노역에 종사하여 그 수익으로 비전悲田이나 경전敬田에 공양하고 두타일식頭陀一食의 행을 실천하며 엄격한 생활을 하였다. 그리고 신도의 희사금을 기반으로 어려운 사람들에게 금전을 대출해 주어 그 이자를 불사에 쓰는 한편, 가난한 사람들을 구제하는 데에 힘을 썼다. 이것이 삼계교의 무진장無盡藏 사업이다. 삼계교는 종교적인 사업과 복지사업을 동시에 추구해 갔기 때문에 종교적 사업을 내재內財라고 부르고, 복지적 사업을 외재外財라고 불렀다.[264]

(3) 무진장원

무진장원無盡藏院은 당대唐代에 특히 발전하여 사원경제의 기초를 이룸과 동시에 사회구제사업의 기능도 컸는데, 이것은 북위(386~536)의 승기호나 양무제(재위 502~549)의 무진장에 기원을 둔 것이었

---

263 오노 신조(大野信三), 앞의 책, p.173.
264 위의 책, pp.153~154.

다. 특히 화도사化度寺의 무진장원이 컸는데, 그 대부의 목적은 사원 건물의 수리, 가난한 사람의 구제, 삼보에 대한 공양의 세 가지였다. 대부 방법도 간편하였고, 가난한 사람에 대한 대부는 무이자였다. 그러나 나중에 부작용이 커지게 됨에 따라서 당 현종에 의해서 폐쇄되었다.[265]

(4) 비전양병방

당대 측천무후(則天武后, 623~705) 때에는 비전양병방悲田養病坊이 설치되어 불교적 사회사업이 충실해지게 되었다. 비전양병방은 자비심에 의해서 빈궁자들에게 양곡을 나누어주거나 빌려주는 기능을 하고, 병자를 돌보는 기능을 하였다. 이 사회시설은 국가사업이었지만, 실제로는 사원 안에 설치되어 그 관리와 경영이 승려들의 손에 맡겨졌다. 이 비전양병방은 송대에 여러 기관으로 개편되었는데, 그중에서 사원에서 승려가 관리하였던 것은 누택원淚澤園이었다. 이는 가난 때문에 죽은 사람들을 위하여 사원이 매장을 담당하는 사업이었다. 이렇게 승려들이 복전사상에 입각하여 구빈이나 구병 내지는 교량, 도로, 우물, 도선장의 설치를 담당하는 일은 그 후로도 계속 행해졌지만, 송대 이후에는 그 활발함이 줄어들었다.[266]

---

265 위의 책, pp.173~174; 黃敏枝, 임대희 옮김, 『중국 역사상의 불교와 경제』, 서경, 2002, p.169, p.180.
266 오노 신조(大野信三), 앞의 책, pp.174~175.

226

3) 국가의 복지정책

자본주의 시장경제 구조는 빈익빈 부익부의 양극화 사회를 초래한다. 그것은 자본의 무한성장성 때문이다. 자본은 외부의 다른 통제가 없는 한 그 속성상 무한정 성장할 수밖에 없다. 그리고 자본이 성장하기 위해서는 노동자의 극빈적 생활과 소비대중의 무한소비가 필요하다. 사람들에게는 돈이 없어도 제품을 사지 않을 수 없도록 만들어야한다. 그렇지 않으면 생산된 상품이 안 팔리고 그것은 곧 자본의 죽음을 의미한다. 그렇기 때문에 이를 막기 위해서는 외부, 즉 자본에 대한 국가의 통제는 필수적이고, 생산 조절, 가격 통제, 통화 조절, 소비시장 통제 등의 국가 통제도 필수적이다. 그럼에도 이에 대해서 "자본의 일에 국가는 간섭하지 말라"는 신자유주의자들의 무분별한 주장은 스스로 자멸을 초래하는 것이다.

오늘날 가계부채 1,800조 원 시대가 공연히 온 것은 아니다.[267] 자본의 끊임없는 소비촉발 유혹에 시민들은 빚을 내어서까지 소비생활을 하게 되고, 그 결과 온 국민의 가계 빚이 1,800조 원에까지 이르게 된 것이다. 물론 여기에는 금융산업의 무리한 대출 때문도 있고, 건설업 도산을 우려한 무리한 주택담보융자라는 이유도 있지만, 결국 자본의 생존을 위해서 국민은 엄청난 채무자가 된 것이다. 세계 10위의 경제대국, 세계 8위의 무역대국이라도 국민은 채무자일 뿐이다. 이러한 상황은 세계 1, 2위의 경제대국인 미국이나 일본 국민도 마찬가지다. 경제라고 해도 자본가들만의 경제일 뿐이다.

제윤경·이헌욱, 앞의 책, pp.240~243.

이렇게 빈곤대중이 늘어나면 결국 국가는 복지정책을 쓸 수밖에 없다. 그것은 극단적으로 사회불안 해소나 사회 통합을 위해서이기도 하지만, 무엇보다도 자본가의 입장에서는 극빈계층이 없어져야 건전한 노동력을 계속 공급받을 수 있고, 극빈계층이 없어져야 소비계층이 육성되어 시장 안정이 되고 소비생활이 되살아나서 기업이 운영될 수 있기 때문이다. 그러므로 복지사업이란 그것이 인도주의적인 문제이기도 하지만 무엇보다도 자본주의 체제가 살아남기 위한 수단이기도 하다. 복지혜택마저 없다면 사회는 극단적으로 불안정하게 되어 전쟁이나 폭동, 불안, 소요가 계속되어 정치체제마저 불안하게 된다.

한편, 자본주의가 발달하고 국민소득이 높아진다고 해도 노인과 어린이는 경제적 자립능력이 없다. 그것은 자본주의가 발달해서 사회 양극화가 심해지고, 빈곤계층이 많아질수록 더욱 그러하다. 노인 인구는 점점 많아지지만 이를 경제적 측면으로만 보아서 '사회가 담당해야 할 부담'으로만 받아들이는 사회는 풍요롭고 행복한 사회일 수 없다. 이는 노인들이나 어린이들의 존재의의를 이해하지 못하고 단지 '생산능력이 없는 존재'로만 생각하는 우리 사회의 미숙함의 증거이다. 그러므로 복지라고 해도 여기에는 ①생산적 복지냐, ②소비적 복지냐, ③체제 봉합적 복지냐, ④문제해결을 위한 근본적 복지냐라는 판단이 필요하다.

4) 자치적 복지

국가나 사회의 복지정책이라고 해도 어떤 복지냐가 중요한데, 고려대 고세훈 교수에 의하면, "복지국가는 소비수단의 제공, 즉 소비적

복지를 통해서 시장 실패의 폐해에 대한 사후 교정이라는 소극적
역할을 하는 외에도, 생산적 복지, 즉 고용의 총수요를 높인다든가
인적 자원의 질을 향상시킴으로써 축적을 위한 적극적 기능을 수행해
야 한다"[268]라고 하여 국가는 일회적, 소비적 복지보다는 생산적 복지
에 노력해야 할 것을 강조한다.

소비적 복지문제에 대하여 농민운동가 천규석은 기존의 국가 복지
활동의 관행을 비판하였는데, "온 국민을 거지로 만드는 복지국가
체제는 참된 대안이 아니다. 삶의 자율성을 박탈하는 복지는 바람직한
것이 아니다"라고 하여 다음과 같이 주장하였다.[269]

힘센 자가 시혜로 해결해 주는 것은 복지가 아닙니다. … 노인을
부양할 젊은 인구는 줄어드는데 노인 인구가 늘어나서 문제라는
것 아닙니까? 젊은이한테 부양해 달라는 노인이 어디 있어요?
노인은 공동체 시설에서 죽는 날까지 일합니다. 젊은 사람이 뭘
보장해 줍니까. 오히려 노인들이 죽는 날까지 도시에 사는 자식들
뒷바라지하고 있지. 노인을 실버타운 같은 데 수용해 놓는 것이
무슨 복지입니까. 이건 당시의 공산주의 국가에 대응하기 위한
시장자본주의 국가의 음모예요. 옛날 공동체에서는 한 살부터
90살 노인, 장애인, 미치광이, 다 있었어요. 소외시키지 않고 다
감싸고 살았어요, 굶어죽이지 않고 같이 살았어요, 그게 자치적인
복지지요.[270]

---

268 고세훈, 『국가와 복지』, 아연, 2003; 강수돌, 앞의 책, p.202.
269 천규석, 「진정한 자치는 자급 자치의 삶이다」, 『녹색평론』. 2007년 9·10월호.

즉 천규석이 말하는 자치적 복지란 일방적 시혜적 복지, 소비적 복지가 아니고, 국민, 노인, 농민 스스로가 스스로를 위해서 노력하는 복지이다. 그러므로 오히려 그것을 방해하는 여러 구조, 자본적 구조, 행정적 구조를 제거하여 스스로 자율적으로 자기 삶을 개척하고 노력할 수 있도록 해 주는 것이 진정한 복지라는 것이다. 천규석이 강조하는 것은 자치 공동체가 복원되어야 한다는 것이다. 그는 "인류사의 역사는 자치 공동체 파괴의 역사"라고 하면서 "머리가 하얗게 세고 얼굴 쭈그러진 노인들을 시설 안으로 모아 넣는 것이 과연 복지적인가. 그런 시설은 많으면 많을수록 오히려 반복지적이며, 그것은 복지를 핑계로 만든 또 하나의 수탈기구"라고 하며, "기득권이 없는 밑바닥 빈민으로부터 올라오는 운동만이 세상 변화의 원동력이다"라고 말하였다.[271]

생태운동가이면서 문명비평가인 김종철도 "풀뿌리 민중의 자립, 자치, 자급의 능력을 훼손하고, 그럼으로써 인간의 자유롭고 주체적인 정신의 힘을 약화시키는 일은 복지국가의 해답이 될 수 없다"고 말하면서 단순시혜적 복지, 소비적 복지, 미봉적 복지가 문제를 해결할 수 없다고 말하였다.[272]

그렇다면 불자들 스스로가 만들어 가는 복지는 불가능한 것일까. 불교경제 공동체는 이렇게 국가가 무책임하게 시혜적으로 벌이는

---

270 천규석, 「자치 민주주의로 가는 길, 농업회생」, 강수돌, 앞의 책, p.204에서 재인용.

271 천규석, 『유목주의는 침략주의이다』, 실천문학사, 2006, p.361.

272 김종철, 「책을 내면서」, 『녹색평론』, 2007년 9·10월호, p.8.

230

복지정책의 문제점을 극복할 수 없는 것일까. 병들거나 가난하거나 불구이거나 어려운 곤경에 처한 사람들을 사회적으로 도와야 한다는 것은 불교적으로 볼 때 이상적이고 바람직한 행위라고 할 수 있다. 그것은 개인적 덕목으로 보더라도 보시에 해당하는 일이요, 사회복지란 보시를 더욱 확장해서 사회적으로 제도화한 것이라고 볼 수 있다. 복지를 통하여 소득이 재분배되고, 사회적 불안과 불만이 해소되면, 사회의 공동체 의식이 높아져서 사회 통합에 이바지될 수 있다.

한편, 복지사업은 바람직한 일이지만, 잘못 시행되는 복지는 별로 도움을 주지 못하거나 문제의 해결책이 되지 못하는 경우도 많고, 보시행을 한다는 환상과 착각을 일으켜서 오히려 해롭게 될 우려도 많다. 불교에서 일반적으로 보시행을 말할 때 요구되는 것은 무주상보시無住相布施이다. 대가를 기대하지 않는 보시이고, 반대급부를 계산하지 않는 보시이고, 좋은 일을 했다는 생각이 없이 행하는 보시이다.

5) 노동 유연화와 노동시간 단축

한편, 스웨덴의 복지국가 구상의 주요 모델이었던 렌-마이드너 모델과 프랑스의 문명비평가 앙드레 고르(André Gorz, 1923~2007)는 노동 유연화와 노동시간 단축을 통해서 복지국가를 실현하자고 주장한다. G. 렌은 자유선택사회 구상을 제출하면서 향후 선진산업사회에서조차 노동 운동의 쇠퇴, 실업과 비정규직 노동의 증가 등 여러 조건의 변화가 노동 유연화를 더욱 가속화시킬 것이라고 예상했다. 즉 이것은 노동시간의 단축, 평생교육의 확대, 휴가의 장기화, 노동이동의 증가, 서비스 부분의 증가, 여성의 노동시장 진출, 심야새벽 노동시간의 증가 등을 말한다. 즉 이것은 노동시장과 교육에의 진출입이 용이한 사회가 되었다는 말인데, 이를 오히려 기회로 보자는 말이다.[273]

여기에서 더 나아가 기존의 복지 개념에서 변화를 가져와야 한다는 대표적인 사상은 앙드레 고르가 주장하는 '문화사회론'이다. 그의 문화사회론은 지금과 같이 억압적 노동을 중심으로 사회 통합이 이루어지는 사회가 아니라, 창조적 활동을 중심으로 노동이 재구성되는 사회를 말한다. 즉 주당 20시간 정도의 과감한 노동시간 단축을 통하여 다양한 창의적 활동이 가능해지고, 전일제 노동이나 과잉 소비의 축소와 연결된다. 이는 더 짧고 더 다양하게 일하고, 다르게 생산함으로써 더욱 참되게 살자는 것이다.[274]

이러한 고르의 주장은 성장 지향의 경제를 버리고, 적절한 성장과 적절한 노동을 통해서 성장과 노동에서 해방되고, 더욱 수행과 정진, 그리고 이타행과 더불어 사는 삶의 기회를 늘이자는 불교경제학의 이상과도 잘 부합된다. 또 고르는 수혜자들에게 외적 의존성과 타성화, 객체화를 조장하는 사회적 보장소득 혹은 보조 등의 발상에 반대하며, 임금을 일생에 걸쳐 개인이 수행하는 노동량과 교환하여, 모든 시민에게 일생동안 정상임금을 보장하는 시스템을 구축하고, 필요한 노동량을 감소시킬 것을 주장한다.[275] 즉 평생 적정소득이 보장된 상태에서 모두가 조금씩 일을 하되 필요에 따라서 노동시간을 자율

---

273 강수돌, 앞의 책, p.202.

274 위의 책, p.203.

275 이를 이른바 사회신용론 혹은 국민배당론이라고 하는데, 다음을 참고할 수 있다. 『녹색평론』 111호, 녹색평론사, 2010, pp.2~44.

관리하는 사회를 만들자는 것이다. 물론 노동시간 단축에 따른 여유시간 증가가 바로 불자들의 수행과 신행생활의 기회를 획기적으로 높여주며, 이타행과 봉사활동의 기회를 만들어 주고, 그에 따라 공동체적인 의식과 서로 돕는 이웃이라는 불교경제적 이상을 실현할 수 있다.

　그런데 노동 유연화와 노동시간 단축을 통한 복지는 매우 이상적인 형태이기는 하지만, 노동 유연화가 오히려 기업에 의해서 비정규직과 임시직을 고용하여 고용불안을 야기하는 일을 미화하고 변명하는 일로 악용되어서는 안 된다. 노동 유연화 정책을 시행하기 위해서는 우선 고용 안정이 전제되어야 한다.

제5장 불교수행생활 공동체

1. 여러 가지 수행 공동체

1) 초기불교 수행 공동체

불교에서 전통적인 공동체 개념은 승가僧伽, 혹은 상가(Sangha)이다. 석존의 법을 법대로 실천하고 수행하는 사람들 집단의 중요성은 불법의 세 가지 큰 보배(三寶)로서 존중된다. 불법은 상가라는 출가 수행자들의 조직이 있었기 때문에 오늘날까지 전승되었고, 세계 방방곡곡에 전파되었으며, 수많은 도인들과 깨달은 존재들이 태어날 수 있었다.

그런데 전통적으로 상가란 비구와 비구니 중심이다. 즉 출가 수행자 중심이다. 실제로 승가를 뜻할 때 흔히 사부대중이라고 해서 재가 수행자를 포함시키지만, 그것은 어디까지나 이상적인 지향점이고, 대개는 수사적인 표현에 그친다. 또한 초기불교 혹은 석존 당시의 불교 집단에서 승가란 오직 출가자, 즉 비구와 비구니의 집단을 뜻하는 것이었다. 그 이후 부파불교와 상좌부불교, 그리고 대승불교의 역사를 통해 오면서도 재가불자들이 종단의 구성원이 되거나, 종단에서 어떤 역할을 하거나, 의사를 반영하거나, 의지를 관철시킨 적은 별로 없었다. 즉 2,500년의 불교역사 가운데서 승가라면 여전히 출가 수행자 위주가 되어 왔던 것이다. 그래서 승가라는 단어는 실제적으로는 출가 수행자 집단을 뜻하는 말로 쓰인다.

그렇다면 불자들의 상가에서 재가 집단은 필요 없는 것일까. 그렇지 않다. 불교는 발생 초기부터 재가불자들의 염원과 지지를 발판으로 삼아서 발전하였다. 재가불자들의 지지가 없다면 물론 스님들의 생계도 어렵지만, 사원의 제공, 회중의 지지 등도 성립할 수 없었을 것이다. 초기불교의 발전이 아나타삔디카(給孤獨長者), 녹자모鹿子母, 암라빨리 등을 비롯한 수많은 장자 거사들의 지원을 통해서 이루어졌고, 마가다국의 빔비사라 왕이나, 코살라국의 빠세나디 왕 등의 귀의와 지원이 없었다면 불교가 이와 같이 세계종교로 성장하기도 어려웠을 것이다.

그러나 그럼에도 불구하고 재가불자들의 구체적인 조직은 성립되지 않았다. 그리고 그럼으로 해서 불교가 일부 출가자들만의 집단으로 한정되어서, 세간생활을 등한시한다거나, 세간생활을 부정한다거나, 혹은 세간생활을 버려야 할 것으로 생각되어 오기도 하였다. 그동안 불교에는 "출가수행을 해서 한 생각 깨달으면 그것으로 끝난다"고 하는 탈세간적 생각 때문에 불교가 민중과 유리되고, 사회의 발전에 기여하지 못하고, 민중의 고통을 외면해 왔다는 단점이 있어 왔음을 부인하기 어렵다.

이제 지족의 경제학을 실천하는 수행 위주의 생활 공동체는 생산과 소비와 생활이 함께 이루어지는 공동체, 즉 수행생활 공동체 운동이 되어야 한다. 그것은 출가 수행자를 위한 것이 아니라, 자본주의의 피해를 직접적으로 받고 있는 대중, 자본주의 때문에 어렵게 살고 있는 빈민, 시장자본주의 때문에 고통받고 있는 노동자 농민의 공동체를 말한다. 불교경제학은 바로 이들의 생활을 구원해 주어야 하는 것이다. 대중이 경제문제로 빈곤하게 살고, 대중이 힘들게 살고 있기 때문에 대중이 함께 대중의 문제를 해결하고자 노력해야 한다는 것이다. 그것이 보살행이고, 그것이 이타행이고, 그것이 사회정의의 구현이다.

2) 재가수행 공동체

불교경제 공동체는 재가불자, 즉 우바이·우바새들이 중심이 되는 수행생활 공동체이다. 그래서 재가불자들이 중심이 되어 사부대중을 모두 포함시키는 개념으로는 상가라는 단어보다는 빠릿싸라는 말이 더욱 적절하다. 빠릿싸(p. parisā, s. parisad)는 새로운 말이 아니다. 이것은 한역으로는 회중會衆, 윤좌輪座라고 번역되었지만, 『니까야』 등 초기불전에는 빈번하게 등장되는 단어이다. 초기불교의 사회적 실천을 연구한 김재영은 상가가 곧 교단이라고 한다면 이 상가 교단론으로는 재가불자들의 위치가 애매하게 되어 재가불자들은 배제되는 등의 심각한 문제에 봉착하게 된다고 주장한다.[276] 결국 지금껏 재가불

---

276 김재영, 『초기불교의 사회적 실천』, 민족사 2012, p.81.

자들은 주변적인 존재로만 머물러 소외되어 왔다는 것이다. 물론 상가의 개념을 사부대중까지 확장하자는 상가 확장론도 있어 왔지만,[277] 이는 이상론으로 그치었다.

그 결과로 불교는 "집을 떠난, 집 없는 출가자들의 은둔적이고 도피적인 삶"으로 왜곡되고, 비판자들로부터 "비사회적이고 반사회적인" 것으로 부당하게 평가되었다. 이렇게 교단으로부터 재가대중이 배제됨으로써 출가불교와 더불어 불교구조의 쌍벽을 이루어야 할 재가불교의 기능이 왜곡되어 왔다는 것이다. 그리고 이것이 결과적으로 불교 자체의 사회적 실천의식과 역량을 손상시키고, 출가―재가 상호간의 긴장과 갈등 분열을 촉진시켜 왔다고도 말한다. 그래서 이러한 불교도 공동체의 결여, 사부대중 공동체적 교단의 부재가 중요한 구조적 결함이 되었다.

프랑스의 불교학자 라모뜨(Etienne Lamotte)도 인도불교의 역사를 논하는 가운데서, "경건한 재가대중들, 곧 우바새와 우바이들이 역사적으로 중요한 역할을 수행하였다"고 기술하고 있다.[278] 초기경전에는 재가대중의 존재와 역할에 관한 기록이 많이 나와 있다. 『디가 니까야』의 「열반경」은 다음과 같이 기록하고 있다.

빠딸리 마을의 우바새들은 세존께서 빠딸리 마을에 오셨다고 들었

---

277 그래서 상가락쉬타(Sangharakshita)는 그것을 마하상가(Maha-sangha)라고 주장하기도 했다. *Buddhism, A Cultural History of India*, p.87. 김재영, 앞의 책, p.82에서 재인용.

278 Lamotte, *History of Indian Buddhism*, 1988, p.54.

다. 그러자 빠딸리 마을의 우바새들은 세존께 다가갔다. 가서는
세존께 절을 올린 뒤 한 곁에 앉았다. 앉아서 세존께 이렇게 말씀드
렸다. … 거사들이여, 계행이 나쁘고 계를 파한 자들에게는 다섯
가지 위험이 있다. 무엇이 다섯 가지인가.[279]

또 『앙굿따라 니까야』에는 「빠릿싸경(會中經)」이라는 독립된 경도
있다. 여기서도 석존은 사부대중의 빠릿싸를 상정하고 있고,[280] 이는
『쌍윳따 니까야』의 「욱까쩰라경(Ukkācela-sutta)」에서도 용례를 볼
수 있다.[281] 그래서 지족의 불교경제학을 실천하는 재가와 출가를
모두 포함하는 수행생활 공동체는 상가 공동체라기보다는 빠릿싸
공동체라고 할 수 있다.

3) 국내의 수행생활 공동체

불교생태운동가인 유정길은 오래전부터 생태불교운동인 에코붓다
활동을 해 오고 있다. 그는 출가승단 이외에 우리나라에서 불교적
수행을 함께하며 생활을 함께하는 불교수행생활 공동체를 다음과
같이 정리하였다.[282]

---

279 DN II. pp.85~87, 각묵스님 역, 『디가 니까야』 2권, 초기불전연구원, 2006,
    pp.180~183. 유사한 표현이 『맛지마 니까야』 제53경 「sekha-sutta」에서도
    발견된다. 김재영, 『초기불교의 사회적 실천』, 민족사, 2012, p.86에서 인용.
280 대림스님 역, 『앙굿따라 니까야』 2권, 초기불전연구원, 2007, pp.514~515.
281 전재성 역, 『쌍윳따 니까야』 9권, 한국빠알리성전협회, 1999, p.259.
282 유정길, 「새로운 사회의 대안운동으로서의 불교 공동체」, 『불교평론』 제46호,
    만해사상실천선양회, 2011, pp.66~91.

(1) 실상사 사부대중 공동체

실상사實相寺 사부대중 공동체는 1999년 인드라망 생명공동체로부터 출발하였다. 이 공동체는 산하에 여러 개의 조직을 거느리고 있는데 ①실상사 귀농학교, ②한생명, ③실상사 작은학교, ④지리산 영농조합법인, ⑤인드라망 생활협동조합 등으로 구성된다. 불교귀농학교는 전국귀농운동본부와 협력하여 교육프로그램을 진행하고, 장기과정으로 실상사 귀농학교를 운영한다. 1년 과정의 현장 귀농학교는 도제식으로 진행된다. 인드라망 생활협동조합은 2003년에 창립되어 사찰에 생활협동조합 매장을 만들고, 유기농 생산자와 사찰을 연결시키는 역할을 한다. 실상사 작은학교는 대안학교로서 중학교 과정을 가르치며 고등학교 과정도 개설하였다. 대안학교는 귀농가족의 자녀들을 위해서 운영되는데, 귀농 후에 제도권 학교에 다니는 어려움이 있고, 동시에 제도권 교육에 많은 문제점이 있기에 올바른 교육을 희망하는 학부모와 자발적 교사들에 의해서 운영되고 있다. 공동체는 법인격을 갖추기 위해서 '사단법인 한생명'을 설립하여 운영하고, 영농상의 효율성을 위해서 영농조합법인을 설립하여 운영한다.

공동체 회원가족들의 수행을 위해서는 실상사의 기구와 조직과 시설을 최대한 이용한다. 그것이 실상사 공동체에서 중요한 부분이다. 공동체는 수행과 생업과 생활의 3요소가 함께 이루어진다는 점이 중요하다. 공동체는 첫째로 생업과 생활을 위해서 생산기구로서 농업교육을 하고 농업생산을 하며, 생산물의 판매를 위하여 생활협동조합을 운영한다. 그리고 이를 위한 영농조합법인을 운영한다. 둘째로 생활을 위해서는 공동체의 집단주거와 대안학교를 운영한다. 셋째로 수행을 위해서는 실상사를 중심으로 해서 수행 프로그램을 운영한다. 즉 실상사 공동체는 어느 한 가지 목적을 가지고 운영되는 단일형 공동체가 아니라 모든 형태의 공동체 작업이 함께 이루어지는 종합형 공동체라고 할 수 있다. 수행과 생활과 생업이 함께 이루어지려면 이러한 종합형 공동체가 되어야 한다.

귀농전문학교 교감인 이해경이 정리한 '인드라망 생명공동체'가 지향하는 귀농의 의미는 ①깨달음을 지향하는 귀농, ②생태적 가치를 지향하는 귀농, ③지역적 가치를 지향하는 귀농, ④공동체적 가치를 지향하는 귀농이다.[283] 이것은 즉 지역적 자립적 소농 운동을 통해서 자본주의적 모순을 극복하면서 도시생활의 비인간성을 해결하고, 깨달음이라는 수행을 근본으로 하여 지역화 운동과 공동체 운동을 동시에 전개해 나간다는 뜻이다. 즉 수행, 자립농, 공동체의 이 세 가지 목표가 동시에 함께 실천되어야 하고, 그럼으로써 자발적 가난을 통한 열반의 삶을 영위하고자 하는 것이다.

(2) 정토회

정토회淨土會는 생활 공동체이기는 하지만 수행을 위한 목적이 강하다. 그러나 정토회가 수행만 하는 것은 아니다. 정토회에서 함께 생활하는 생활 공동체 구성원은 서울에 약 45명, 문경에 약 60명으로 약 100명이다.[284] 그러나 정토회 전체 수행 공동체는 약 7,000명이다.

---

283 이해경, 「생태적, 공동체적 귀농운동」, 『인드라망』, 2001년 3·4월호(제2호), pp.50~54.

284 2015년 당시의 상황이다.

즉 전체 수행 공동체원 중에서 생활까지 함께하는 사람들은 100명 정도이다. 생활을 공동으로 하지 않기 때문에 이들에게는 생업이나 직업생활의 문제는 공동체에서 본격적으로 다루는 부분이 아니다. 그러나 일정한 교육 계획에 따라서 노동수행 프로그램도 진행한다.

정토회는 조직의 목적사업을 위해서 3개의 사단법인을 운영하는데, 환경 운동단체인 '에코붓다', 평화와 난민지원 기구인 '좋은 벗들', 국제개발지원기구인 '한국 JTS'가 그것이다. 정토회의 사업과 수행은 훌륭하지만, 생업과 생활을 함께 살아가면서 수행하는 불교수행생활 공동체의 측면에 있어서는 종합형 공동체라고 볼 수는 없다. 그러나 출가승단을 제외하고는 현실적으로 수행-생활형 공동체가 거의 없기 때문에 상대적으로 관심을 받는다. 유정길은 불교공동체의 의의를 다음과 같이 말한다.

공동체는 일종의 새로운 사회를 위한 씨앗이다. 우리가 공동체에 요구하는 것은 현실사회가 이루지 못한 것을 보여줌으로써 새로운 미래의 꿈을 꾸고 설계할 수 있는 실험적 결과이다. 따라서 이들에게는 다른 사회적 실천보다는 자신들의 공동체를 만들어 잘 살아가는 것 자체가 이미 사회적 실천이라고 할 수 있다. … 공동체는 성공과 실패가 중요한 것이 아니다. 성공하면 성공한 만큼 나가는 거고, 실패하면 실패하는 대로 인류에게 교훈을 축적하는 셈이 되는 것이다. 공동체 운동의 사회 전략은 '틈' 전략이다. 틈을 비집고 넓히면서 결국은 사회의 중심을 이동하게 만드는 작은 '틈'.[285]

285 유정길, 앞의 글, p.91.

4) 외국의 수행생활 공동체

(1) 사르보다야 슈라마다나(Sarvodaya Shramadana)

스리랑카(Sri Lanka)의 사르보다야 운동[286]은 재가자인 아리야라트네 (Ariyaratne, 1931~)의 주도하에 1958년부터 전개되었다. 이 운동은 인도의 사르보다야의 영향을 받은 것인데, 간디(Gandhi)와 그의 제자인 비노바 바베(Vinova Bhave)의 정신을 이어받은 것이다

사르보다야 운동의 단위조직은 슈라마다나(Shramadana)인데, 이는 일종의 봉사캠프이다. 캠프의 일과日課는 가족모임으로 시작해서 끝나는데, 모임에서는 자비희사慈悲喜捨의 사무량심과 보시布施, 애어愛語, 이행利行, 동사同事의 사섭법을 실천적 가치로 공유한다. 콜롬보(Colombo)의 날란다(Nalanda) 대학 교수였던 아리야라트네는 대학생들로 구성된 봉사캠프를 조직하였다. 이들은 카나톨루아(Kanatolua)라는 가난한 마을에 머물면서 봉사활동을 벌이고, 이를 시작으로 봉사활동이 전국 대학생으로 점점 확대되어 1966년에는 30만 명 이상의 자원봉사자에 의해서 수백 개의 슈라마다나가 조직되었다. 1967년에는 촌락각성 운동으로 100개의 촌락을 선정하여서 100촌락 개발계획(Hundred Villages Development Scheme)을 추진하였고, 1981년에는 이러한 각성 운동이 2,000개의 촌락으로 확산되었다. 1972년부터는 독일과 네덜란드의 후원단체로부터 후원금을 받기 시작했고, 규모가 커져서 NGO로 발전하였다. 1980년에는 20개 이상의 외국단체가 후원을 하게 되었고, 1985년에는 사르보다야가 활동하는

---

286 크리스토퍼 퀸·샐리 킹 편저, 박경준 역, 『평화와 행복을 위한 불교지성들의 위대한 도전』, 도서출판 초록마을, 2004, pp.181~210.

242

촌락의 수는 약 8,000곳에 달했는데, 이는 전체 스리랑카 촌락의
1/3에 해당하는 숫자였다. 스리랑카의 고질적인 민족분쟁은 사르보
다야 활동에 큰 어려움을 주었지만, 동시에 사르보다야의 활동이
민족분쟁을 해결하고 완화시키는 일에 기여하기도 하였다.

1983년에는 무장 타밀 분리독립 소요사태가 일어났는데, 이를
계기로 평화회의와 평화행진을 전개하였다. 모든 민족단체 대표들의
행진이 100일 동안 1,600km를 걸어서 분쟁이 가장 심한 지역을
통과할 예정이었다. 그러나 이 계획은 정치권의 만류와 위협으로
취소되었고, 그 이후 수차례의 평화행진이 거행되었다. 1990년 3월에
는 캔디(Kandy)에서 스리파다(Sri Pada)까지의 행진이 진행되었다.
행진을 통해서 이들은 "언제 어디서라도 용감하게 죽을 각오가 되어
있는 사람이 사르보다야에는 200만 명이나 존재한다는 사실을 무기를
든 자들에게 알려줍시다"라고 하며 무력의 사용에 당당히 맞섰다.

(2) 자제공덕회

대만의 자제공덕회慈濟功德會는 회원 각자가 "5마오(毛)로도 사람을
구할 수 있다(五毛錢 可以救人)"는 운동으로 매일 대나무 저금통에
5마오씩을 모으는 일로 시작되었다. 자제공덕회의 설립자인 증엄證嚴
스님은 화련花蓮에서 산모가 돈이 없어서 입원을 못하고 유산을 당하
는 모습을 보고 비구니 제자 5명과 주부 10명으로부터 1966년에
자제공덕회 운동을 시작하였다.[287]

---

287 김도영, 「대만 NGO의 변천 과정과 자제공덕회」, 중앙대학교 석사학위논문,
   2007, p.21.

자제공덕회의 운영위원이 되기 위해서는 지역구에 있는 기존 이사의 추천을 받아야 한다. 이 피추천자는 회원 40명 이상을 확보해야 하며 이 회원들은 한 달에 적어도 100NTD(New Taiwan Dollar. 1NTD는 약 40원)의 기부금을 내야 한다. 그리고 6개월간의 교육 과정을 이수해야 한다. 자제공덕회는 1980년에 재단법인이 되었고, 현재 자제공덕회의 활동으로는 빈민구제와 의료활동, 국내외 각종 재난에 대한 구호활동을 하고 있으며, 그 밖에 자제간호학교를 설립 운영하여 2000년에는 자제대학이 되었다. 또 1994년에는 자제의학원이라는 의과대학도 설립하였고 6개의 병원을 설립 운영하고 있다. 2000년 말에는 7,000명 이상의 운영위원과 500만 명 이상의 회원을 보유하는 조직이 되었다.[288] 자제공덕회를 연구한 김도영에 의하면 자제공덕회 역할의 의의는 ① 여성의 사회참여의 제고, ② 민간외교의 가교, ③ 전통 민간단체의 지역성 극복(자선사업의 국제화, 의료사업의 보편화, 교육사업의 완전화, 인문사업의 심도화), ④ 초종교적 참여, ⑤ 대만인의 정체성 부여로 보고 있다.[289] 이 자제공덕회의 사업을 단순시혜적인 자선사업으로 볼 수도 있으나 그 의의는 그보다 깊다.

첫째로, 이들은 의료의 상업성을 원천적으로 거부한다. 오늘날 시장경제에서 의료는 대표적으로 상업적인 것이 되었다. 그러나 인간의 생명을 좌지우지하는 의료는 시장경제에서 상품이 되어서는 안 되는 것이다. 상품이 되어서는 안 되는 것들로는 인간의 생존에 직결되고 생존의 질을 직접적으로 결정하는 것들인데, 이를테면 식량의

---

288 위의 글, pp.34~35.
289 위의 글, pp.42~49.

확보, 안전한 식량의 제공, 혹은 국민대중의 주택문제, 국민교육과 고등교육문제 등이다. 이런 것들이 상품이 될 경우 결국 대다수의 국민들에게는 생존의 고통이 되는 것이다. 그럼에도 불구하고 오늘날 자본은 이런 것들을 상품화하고 있고, 국가는 이에 대하여 방관하고 있는 현실에서 국민들의 고통은 늘어간다.

둘째로 자본주의 시장경제는 지나친 도시화로 인해서 가족을 해체시키고, 지역사회를 해체시키고, 인간 간의 유대를 해체시킨다. 그러나 자제공덕회는 500만이라는 회원들에게 소속감과 연대감을 심어주어서 공동체 의식을 회복시켜 주는 것이다. 500만 명은 대만 인구의 약 1/4이나 되는 큰 규모이다.[290]

셋째로 스스로 자신의 힘으로 어려운 사람들에 대한 보시행을 실천하게 함으로써, 재화의 진정한 가치를 느끼게 하고, 인간의 가치와 기쁨은 재화를 가지고 모으는 데 있는 것이 아니라 나누어 쓰는 데에 있다는 것을 직접 느끼게 함으로써 재화에 대한 집착을 버리게 하는 수행을 하도록 한다는 점이다.

넷째로 보통 시민의 적은 금전으로도 얼마든지 큰일을 해낼 수 있다는 공동체 운동의 모범을 보인 일이다.

(3) 아소케 공동체

태국의 아소케(Asoke) 공동체는 1976년 산티 아소케로부터 출발하여 현재 9개 지역에서 아소케 공동체가 운영되고 있다. 아소케 공동체는

---

290 2013년 현재 대만의 인구는 약 2,300만 명이다.

자본주의를 거부하며, 주는 행위(布施)를 통한 복짓기주의(Bun-ni
-yom)를 기본으로 한다. 그들은 복 짓는 수행을 통하여 오계가 지켜지
고 검소하고 소박하게 사는 것이 성취되고 발전한다고 믿고 실천한
다.[291] 아소케 공동체는 일반적으로 마을, 사찰, 학교로 이루어진다.
주민들의 중요생업은 생태주의에 기초한 농업이다. 그리고 주민들의
생활을 위한 시설로 채식식당, 슈퍼마켓, 기숙사, 출판사, 회의장
등을 갖추고 있다. 이들이 받아들인 유기농 농법은 일본의 농부인
후쿠오카가 개발한 방법이다. 경작지 이외에도 방앗간, 두부공장
등도 운영한다.

　이들은 성실하게 일하여 좋은 농산품을 생산한 뒤에 사람들에게
베푸는 것, 마을 공동체를 균형 있게 만드는 일이 바로 큰 복을 짓는
일이라는 믿음으로 생활한다. 그래서 1997년 태국에 경제위기가
닥쳐왔을 때 세계경제 위기의 영향을 받지 않고 자본주의와 대비되는
강점을 인정받았다.

　아소케의 규모는, 시사 아소케의 경우 오계를 철저히 지키는 80가정
의 200명의 재가불자들과 상좌부 스님들로 구성되어 있다. 이들은
공동체의 슬로건인 "적게 소비하고 많이 일하자"에 따라서 식사를
하루에 1~2끼만 한다. 그럼으로써 음식을 장만하는 데 드는 시간을
줄이고, 대신 수행을 하고 남을 돕는 데 더 많은 시간을 할애할 수
있다고 한다.

---

291 피쿨 와니차피차트, 「생태적 기업과 나눔의 경제 공동체」, 『불교평론』, 불교평
　　론사, 2013, pp.269~287.

(4) 거리 선(street zen)

집단적 경제행위와 선정수행을 결합시킨 형태로는 글래스만(Bernard Tetsugen Glassman)의 거리 선이 있다. 그는 미국에서 일본 선을 전파하고 수행시킨 마에즈미 하쿠유(前角博雄) 노사老師의 제자로서 뉴욕 선공동체(Zen Community of New York)의 주지이다. 그는 노숙자들의 생활향상과 그를 위한 선수행에 노력을 쏟는다. 그는 1978년 뉴욕 주 용커스(Yonkers)에 그레이스톤 만달라(Greystone Mandala) 회관을 세웠는데, 그곳에서 200명의 노숙자들에게 직업교육을 시켜, 제과점인 그레이스톤 베이커리(Greystone Bakery)를 운영하여 40여 명을 그곳에 취업시키고, 숙박시설인 그레이스톤 패밀리 인(Greystone Family Inn)을 건설하여 노숙자들의 가족을 부양하고, 종교연합단체에 관한 여러 프로젝트를 수행하였다. 모든 회원과 직원들은 새벽 4시 45분부터 매일 참선수행을 실시한다. 길거리 집중수련은 5일 과정으로 맨해튼 거리에서 노숙을 하면서 진행된다. 이들은 길거리에서 하루에 두 번씩 좌선수행을 하고, 배고픈 귀신들을 위해서 공양을 올리며, 노숙자 생활의 근본원인을 면밀히 관찰한다. 그리고 노숙자는 왜 생기는지, 노숙자 문제의 해결을 어떻게 해야 하는지를 고민한다.[292] 이 경우, 비록 그 규모는 크지 않다고 해도, 집단적 선정수행을 통해서 경제문제를 해결하고자 했고, 또한 경제문제의 실천 자체가 선수행이라는 것을 강조하여, 수행과 실천이 둘이 아님을 행동을 통해서 보여준 것에 그 의의가 있다.

---

292 장은화, 「미국의 선수행, 그 전개와 변용의 연구」, 동국대학교 박사학위 논문, 2013, pp.169~170; 『현대불교』, 2557년(2013년) 6월 4일자.

(5) 아미쉬 수행생활 공동체

기독교 사상을 중심으로 하는 수행생활 공동체의 예로는 대표적으로
아미쉬 수행 공동체를 들 수 있다.[293] 최초의 아미쉬 인들은 독일과
스위스에서 살던 사람들로, 심한 종교적 박해를 피해 미국으로 오게
되었다. 그들은 가족, 형제애, 공동체를 중시해서 세속과 분리된
채 겸손하고 평화롭게 살아야 한다고 믿는다. 그들은 청교도(puritan)
적 전통을 잘 간직하고 있는데 자본주의적 소비생활과 타협하지
않고 전기, 자동차, TV 없이 쟁기나 낫 등의 도구로 농사를 지으며
살아간다. 오늘날 그렇게까지 문명을 등지고 살아가기가 쉬운 일은
아니지만, 그렇더라도 자본과 소비가 인간의 삶을 고통으로 몰아넣는
다고 하는 그들의 믿음과 실천은 높이 살만하다.

5) 노동 운동, 환경 운동과의 연대

개인은 두 가지 방법으로, 즉 노동자로서 그리고 소비자로서 경제생
활의 주체가 된다. 그리고 경제 주체로서 스스로 경제에 자신의 의사
를 관철하는 방법으로는 노동 운동과 소비자 운동의 두 가지가 있다.
그런데 노동 운동은 단결이 전제되는데, 노동자의 단결이 그리 쉬운
일은 아니다. 그리고 노동 운동에 있어서 자본가와 그와 결탁한 정부
의 탄압은 늘 노동 운동의 장애가 되어 왔다. 노동 운동을 통해서
노동자의 권리가 보장되고 권익이 신장될 수 있다면 오늘날 노동자들
의 대중 빈곤 현상은 초래되지 않았을 것이다. 그것이 가능하지 않았

293 브래드 이고우, 생태마을연구회 역, 『아미쉬 공동체』, 들녘, 2002.

기 때문에 노동자의 대중 빈곤이 초래된 것이다. 또한 노동자의 의사가 노동 운동을 통해서 관철되는 데에는 노동자의 많은 희생이 뒤따른다.[294]

소비자 운동도 마찬가지이다. 비록 소비자 운동이 있기는 하지만 그 힘은 미약하고, 언론도 소비자 편이 아니다. 그렇기 때문에 개인으로서 경제 주체의 의사를 반영하기란 지극히 어렵다. 그러나 어렵더라도 소비자의 단결을 통한 운동으로 자신들의 의사를 반영하는 일은 반드시 필요하다. 따라서 적극적인 소비자 운동은 필요하며 노동 운동과의 연대 또한 바람직하다. 이 점은 환경 운동에서도 그러하다. 자본이 초래한 극심한 환경 파괴를 막기 위해서는 적극적인 환경 운동이 필요하며, 환경 운동과의 연대 또한 필요한 일이다.

2. 이상적 수행생활 공동체

1) 공동체의 의의

경제행위의 주체는 정부와 개인과 기업이다. 여기서 개인이란 노동자로서의 개인과 소비자로서의 개인의 양면성을 지닌다. 그리고 여기에 경제 주체가 한 가지 더 추가되는데, 그것은 공동체이다. 올바른 불교경제적 해결법은 공동체 운동을 통해서 비로소 가능하다. 개인으로는 무력하고, 정부는 무능하거나 무관심하거나 혹은 대부분의 정부가 자본가의 편에 서 있기 때문에[295] 올바른 불교적 가치관의 경제제도

---

294 쌍용자동차 부당해고의 결과로 복직운동의 과정에서만 2013년 10월 현재까지 23명의 사망자가 생겨났다.

를 구현해 갈 주체는 공동체가 되어야 한다.

이러한 공동체는 지역사회와 마을을 단위로 하며 자율적인 생활 공동체이어야 한다. 그리고 이러한 운동체의 특성으로 우선 소규모 생활단위를 중심으로 하고 단위들 사이의 유기적 연결망이 중시되며, 중앙집권이 아니라 분권과 자치를 중시한다는 원칙이 제시된다. 불교는 상가 조직, 혹은 빠릿싸 조직을 근본으로 한다. 그렇기 때문에 불교생활 공동체는 사찰 및 불교회관을 중심으로 하는 빠릿싸라는 유기적 연결망을 활용할 때에 더욱 효율적으로 생활 공동체 운동을 전개해 나갈 수 있다. 그리고 이를 위한 연수 과정이나 교육 과정, 단위조직 운영, 생산물의 공동생산과 공동판매, 그리고 소비자 협동조합이나 지역화폐 등도 연구해 볼 수 있다.

이와 같은 불교경제학적 이상을 실현할 수 있는 공동체는 불교적 수행과 경제생활이 함께 이루어지는 수행생활 공동체이고, 이러한 목표를 위한 수행생활 공동체 운동이 필요하다. 간디의 자치경제의 핵심도 역시 마을 공동체였다.

간디는 스와데시, 즉 자치경제(home economy)의 옹호자로 영국 식민지 통치 하에서 인도의 생명력을 스스로의 힘으로 소생시키려 했다. 자치경제의 핵심은 마을 공동체이며, 가능한 한 외부의

---

295 보수주의를 표방하는 정당은 진보 개혁적 정당에 비해서 자본가들의 이익을 우선한다. 그리고 우리나라를 비롯해서 일본이나 미국이나 대부분 국가에서는 보수주의적 정당이 오랫동안 집권해 오고 있다. 진보 개혁적 정당이 집권한다고 해도 자본의 요구를 거부하기란 쉽지 않다.

의존을 줄이는 것이다. "진정한 인도는 몇 안 되는 도시에서가
아니라 70만 개의 마을에서 발견될 수 있다"라는 말에서 알 수
있듯이 간디의 비전은 국민국가가 아니라 마을 공동체였다.[296]

윤성식도 연기緣起 자본주의는 필연적으로 수행 공동체적 성격을
띠어야 함을 다음과 같이 강조하고 있다.

> 인간의 어리석음, 탐욕과 타인과의 갈등, 정치·경제·사회·문화적
> 인因과 연緣의 연기緣起와 상호작용에 의해서 재물로 인한 고통이
> 발생한다면, 연기 자본주의가 공동체적 성격을 지닐 수밖에 없음을
> 알 수 있다. 타인과의 갈등, 정치·경제·사회·문화적 인과 연의
> 연기와 상호작용은 필연적으로 공동체적 해결책을 필요로 한다.
> 연기 자본주의가 지향하는 공동체는 수행하는 공동체일 수밖에
> 없다.[297]

이기심과 탐욕은 자기 자신에게도 큰 손해라는 것을 윤성식은
강조한다. 그래서 자기 자신을 위해서라도 이기심과 탐욕을 스스로
다스릴 수 있어야 한다고 말한다. 그러나 이기적 인간이 어떻게 이타행
을 할 수 있는가? 그렇기 때문에 여기에는 연기법을 이해하고 노력하
는 수행이 필요하다.[298]

---

296 강수돌, 앞의 책, p.253; 사티쉬 쿠마르, 「스와데시-간디의 자립경제철학」,
  『녹색평론』, 1997년 1·2월호.
297 윤성식, 앞의 책, p.284.

그는 또한 "공동체를 유지하지 않는다면 불교경제윤리를 준수하는 사람들은 시장의 무자비한 경쟁에서 살아남을 수 없다. 나 홀로 하게 될 경우에는 죄수의 딜렘마[299]에 처하게 된다"[300]라고 말하는데, 그것이 또한 공동체를 유지해야 할 이유가 되는 것이다. 불교경제학의 이상이 실현되기 위해서는 반드시 불교적 수행이 필요하다. 시장자본주의는 인간의 이기심과 탐욕을 긍정하고 그것을 증장시켜 가면서 유지되고 있기 때문에, 시장자본주의의 문제점을 해결하여 함께 잘사는 사회를 이룩하려면 무엇보다도 먼저 경제행위에 있어서 인간의 이기심과 탐욕이 좋다고 하는 전제前提가 매우 잘못된 것임에 대한 각성覺醒이 필요하다. 그러나 이러한 잘못된 가치관은 사회에 너무도 널리 뿌리 깊게 퍼져 있기 때문에 그것을 깨기가 쉽지 않다. 한 개인이 자기 혼자의 힘으로 그것을 실천하기에는 상당한 불이익과 어려움이 따른다. 그래서 불교적 가치관으로 무장된 수행이 없다면 이상을 실현하기가 쉽지 않다.

수행생활 공동체는 공동체로서 함께 생활하면서 선정수행禪定修行과 보시행布施行과 두타행頭陀行을 행하면서 올바른 직업생활인 정명正命을 함께 한다. 그러한 과정을 통해서 자발적 가난이 길러지고, 그에 따라 올바른 소비생활을 영위하며, 적은 소유에 만족하며 소비의

---

298 위의 책, p.294.

299 죄수의 딜렘마: 협력할 경우 서로에게 가장 이익이 되는 상황일 때조차도 개인적인 욕심으로 서로에게 불리한 상황을 선택하는 문제. 존 베일리스·스티브 스미스 편저, 하영선 외 옮김, 『세계정치론』, 을유문화사, 2012, p.230.

300 윤성식, 앞의 책, pp.294~295.

갈망에서 자유로운 생활을 영위한다. 이러한 결과는 함께 수행하는
가운데서 길러질 수 있다. 동시에 이 공동체는 이러한 이상을 실현하기
위하여 이러한 가치관을 이웃과 사회에 포교하며, 정부와 행정기관이
올바른 경제정책을 펴도록 유도하고 감시한다. 조직의 형태는 협동조
합이나 비영리법인일 수 있다. 그리고 사업의 성패는 무엇보다도
대중의 폭넓은 지지와 참여, 이해에 달려 있다. 이를 위하여 적극적인
홍보활동이 필요하며, 수행과 자발적 가난의 경제생활이 이웃에게
감화력을 줄 수 있도록 하는 성실한 실천력이 중요하다. 이를 그림으로
표현하면 다음과 같다.

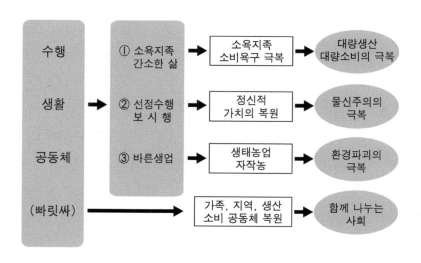

〈수행생활 공동체를 통한 시장경제의 문제점 극복〉

2) 공동체의 구조

(1) 수행구조

공동체에서의 수행은 수련관이나 사찰 혹은 법당을 통해서 이루어진
다. 물론 여기에는 적절한 수행의 지도자, 즉 법사나 스님이 필요하다.
법사라 함은 보살불교의 이념을 강조한 『법화경』에서 요구하는[301]
법사의 기능을 말한다. 여기에서는 시장경제의 모순을 극복할 수
있는 수행생활 공동체에서 요청되는 수행, 특히 선정수행과 두타행과
보시행을 철저히 수행할 것이 요구되며, 수행의 지도자 역시 그러한
자격과 능력을 갖추어야 할 것이다. 수행은 특정 종파의 수행법에
국집됨이 없이 현실에서 필요한 여러 가지 수행을 개인의 근기와
특성에 따라서 권장하는 것이 필요하다. 즉 위빠사나가 맞는 사람에게
는 그것을, 화두선이 맞는 사람에게는 그것을, 혹은 정토염불이나
절 수행을 중시하는 사람에게는 그것을 권하는 것이 좋다. 수행법의
우열은 지도자의 능력과 그 결과에 따라서 드러날 것이다. 다만 인체
생리의 구조에 따라서 새벽에는 선정수행을 하고, 낮에는 울력과
노동 혹은 생업을 하며, 야간에는 힘 자라는 대로 경전 공부를 하는
것이 좋겠다. 기존의 대부분의 사찰과 수련 조직에서도 이를 따르고
있다.

(2) 생업구조

생업의 구조는 기본적으로 자영업적인 생태농업을 권장한다. 그리고

---

[301] 『妙法蓮華經』「法師品」.

이를 위하여 공동농장들을 운영할 수 있다. 이는 영농조합의 형태를 띤다. 노동의 목적은 자기실현이다. 즉 노동을 통해서 자신의 가치를 실현하는 것이다. 그래서 수익성을 목적으로 하지 않는다. 동시에 이러한 농업은 생태적합적生態適合的이어야 하고, 잘못된 세계화를 바로잡는 지역화(localization)의 초석이 되어야 하고, 바른 먹거리 생활을 위해서도 지역음식(local food) 먹기 운동이 되어야 한다.

그러나 오늘날 시장자본주의 시대에는 자영업과 농업이 상대적으로 자본에 의해서 불리한 위치에 있기 때문에 농업을 통한 생계유지를 위해서는 나름대로 경영합리화 노력도 필요하며, 공동생산, 공동출하, 도농 간의 결합을 통한 수요개발 등의 작업도 필요하다. 그리고 이를 위한 구체적인 조직으로 영농조합의 개설 운영이 필요하다. 동시에 오늘날의 사회는 농부만으로 운영될 수 있는 사회는 아니다. 그러므로 각자 개성에 맞추어 올바른 직업(正命)의 원리와 공동체의 원리에 맞는 직업이 권장된다.

자급자족적 생태 공동체로서 이도흠은 '눈부처 생태 공동체'를 주장한다.[302] 그것은 공동생산, 공동분배의 구조로서 생산물의 60%를 공동분배하고, 20%는 재투자를 하며, 10%는 개인의 동기부여를 위하여 사용하고, 10%는 장애인 등 사회적 취약자들을 위하여 베푸는 데에 사용하도록 한다는 구조이다. 그는 특히 자기실현으로서의 노동과 자연과 공존하는 형태의 노동을 강조한다. 장애인과 사회적 취약자들을 위한 부분은 그 자체로서 보시행이다. 또한 10%의 인센티브제는

302 이도흠, 「신자유주의체제의 대안으로서 화쟁의 사회경제학」, 『불교학연구』 제33호, 불교학연구회, 2012. 12, p.187.

공동생산과 분배에 따른 생산의욕의 저하를 방지하기 위한 조처일 것이다.

(3) 생활소비구조

공동체에서의 올바른 소비생활은 사치와 낭비를 줄이고 절약하고 아껴 쓰는 것이다. 그럼으로써 적은 비용으로 만족하고 살 수 있다. 현대의 도시사회는 가족 구성원이 따로 떨어져서 살면서 주거비와 생계비, 식비 등의 생활비가 많이 들게 되었다. 그러나 농촌에서는 도시에서보다 적은 생활비로도 생활이 가능하다. 그리고 주택이나 가구, 전기용품, 각종 시설 등을 함께 씀으로써 생활비 지출을 많이 줄일 수 있다. 예를 들어 공동생활을 하는 야마기시(山岸) 공동체에서는 심지어 의복까지도 함께 사용함으로써[303] 생활비 지출을 극단적으로 줄이고 있다. 불교에서 말하는 두타행의 이상도 바로 그러한 것에 해당된다고 볼 수 있다.

생활상에서 또 하나 필요한 것이 지역화폐(local money)이다. 오늘날 시장자본주의의 모순과 문제점은 바로 잘못된 금융제도 때문에 심화된다. 금융 때문에 경제구조가 왜곡되고, 자본에 의한 수탈구조가 발생하고, 투기자본에 의해서 한 나라의 경제가 파괴되고, 심지어

---

303 송명규, 『현대 생태사상의 이해』, 따님, 2008, pp.221~229. 야마기시즘은 1950년대 일본에서 시작되었으며, 자연과 인위의 조화를 도모하여 풍부한 물자와 건강과 친애의 정으로 가득 찬 안정되고 쾌적한 사회를 이루는 것을 목적으로 한다. 우리나라에는 화성시 향남면에 약 50명 정도로 구성된 공동체가 있다.

는 정치적 불안과 전쟁까지도 야기된다고 많은 학자들에 의해서
지적되었다.[304] 화폐의 고유기능은 교환기능이고, 교환을 위한 가치척
도의 기능이었는데, 오늘날에 와서는 그에 더하여 가치축적의 기능과
가치이동의 기능이 더해지게 됨으로써, 화폐 자체가 하나의 시장자본
주의적 이윤창출의 수단으로 악용됨으로써 많은 폐해를 낳고 있다.

금본위제의 철폐로 인한 신용화폐의 발행과 지불준비제도에 의한
통화팽창의 결과로 생산투자가 지나치게 자극되고, 소비 또한 지나치
게 자극되는 등 오늘날 경제구조가 성장위주의 가치관과 경제정책으
로 된 데는 잘못된 화폐구조의 원인이 크다.[305] 그러므로 공동체 내외에
서는 지역화폐의 사용을 적극 권장함으로써 자유시장경제의 화폐제
도의 모순을 극복할 수 있는 방법을 모색하여야 한다.[306]

(4) 교육 - 문화구조

수행생활 공동체를 성공적으로 운영하기 위해서는 불교적인 수행뿐
만 아니라 공동체의 이념과 목표를 함께 공유하고 연마할 수 있는
조직적 구조가 필요하다. 이를 위해서 정례적인 교육 과정과 강연회,
행사, 문화활동 등이 필요하며, 동시에 이러한 이념을 지속적으로
홍보하고 교육할 수 있는 매체가 필요하다. 또한 공동체 구성원들이

---

304 이도흠, 앞의 글, p.172.

305 장하준, 『그들이 말하지 않는 23가지』, 부키, 2010, pp.312~315.

306 이러한 대표적인 지역화폐의 형태로는 LETS(Local Exchange and Trading System)
가 있다. 길 세이팡 등, 「레츠−상호부양의 교환체계」, 『녹색평론』 40호, 녹색평
론사, 1998, pp.95~98.

문화생활을 영위할 수 있는 공간과 시설, 그리고 프로그램을 공급할 수 있는 조직과 기구도 필요하다. 한편, 자녀들의 교육을 위한 학교도 필요하고, 부녀자들의 노동과 사회활동을 위한 탁아소와 유아원 등의 시설도 필요하다. 이러한 시설들은 공동체의 규모에 맞추어 설치된다.

3. 결론

①적은 생산, 적은 소비

시장자본주의의 생산과잉과 그에 따른 소비주의를 극복하자면 국민 각자가 소비욕구를 줄이고, 많이 가지는 것에 대한 환상을 버려야 한다. 또한 자본주의 소비시장에서의 광고와 홍보는 의도적 소비창출을 위한 것임을 자각해야 한다. 시장자본주의는 생산된 상품을 팔기 위해서 광고를 하고 소비를 조장하는데, 대중은 여기에 무비판적으로 경도되어 금전의 노예가 된다. 그리고 사람들은 그것을 위해서 치열한 경쟁을 하게 되고, 그것을 위해서 노동전선에 투입되어 열악한 노동조건에서도 평생을 고생하게 된다.

그러므로 노동자들의 단결로 노동조건을 개선하고 높은 임금을 받는 일도 중요하고 필요하지만, 우선 자본주의 소비시장이 선전하고 유혹하는 물질들이 인생에서 꼭 필요한 것들이 아니고, 인간이란 소박하게 살수록 좋은 것이라는 불교적 자각이 필요하다. 그럼으로써 소비시장의 규모를 줄이고 생산의 규모를 줄여서 노동의 질을 놓이고 지구자원의 낭비를 막고 지구의 파괴를 막아야 한다.

② 자주적 경제구조

또한 오늘날 시장자본주의의 폐해가 대부분 대자본의 무한팽창에서
부터 기인하는 것이기 때문에 자본의 무한팽창을 막는 일에 주력해야
한다. 자본은 우선 2차 산업과 3차 산업을 기반으로 해서 커나가지만,
2, 3차 산업의 성장이 한계에 부딪치게 되면 자본은 1차 산업 부문에까
지 침투하여 농업과 목축업, 수산업 등을 기업화하고 상업화하여
1차 산업의 생산기반과 생산구조를 파괴한다. 그렇기 때문에 무엇보
다도 농촌의 소농과 자작농을 보호 육성해야 하고, 농업이 기업화되는
일을 막아야 한다.

이러한 자본의 폐해는 국내자본에 의해서만 이루어지는 것이 아니
다. 오늘날 신자유주의 세계질서에서는 세계자본 혹은 거대자본이
미개발국에 침투하여 기초 생계경제를 무너뜨리고 그것을 세계자본
에 편입시켜 자족적인 경제를 어렵게 만든다. 그러므로 세계자본으로
인한 피해를 막자면 지역화를 도모해야 하고, 자본의 국가 간 이동을
억제하여 자국의 생계경제를 보호하여야 한다. 이를 위해서 역시
생산 공동체 운동과 분배, 소비 공동체 운동이 필요하다.

③ 수행생산 공동체

결국 공동체 운동은 경제행위 전반에 걸쳐서 필요하며, 동시에 불교적
수행이 전제되어야 하는데, 그것은 탐욕과 이기심에 기반하는 자본주
의적 가치관에서 벗어나 물질에 얽매이지 않는 자유로운 마음의
상태를 누리는 것이다. 그리고 그러한 수행은 공동체적으로 이루어져
야 한다. 불교의 수행이란 처음부터 사부대중의 상가(sangha) 혹은

빠릿싸(parisā)라는 공동체를 통해서 이루어져 왔다. 결국 시장자본주의의 모순을 극복하기 위해서는 생산과 소비 및 수행을 함께 유기적으로 할 수 있는 '수행생활 공동체' 운동이 필요하다.

④정부의 역할과 의식변화

기업가가 불교경제윤리를 자율적으로 준수하는 일은 바람직한 일이기는 하지만 현실적으로는 쉽지 않다. 그것은 불교적 기업가가 윤리의식이 떨어진다거나 불교적 수행이 모자라서가 아니다. 오늘날 시장자본주의 사회에서 기업가는 치열한 경쟁에서 도태된다. 그렇다면 문제의 해결방법은 정부의 역할과 소비대중의 의식 변화에서 찾아야 한다. 정부는 자본의 집중화를 막아주고, 소상공인이나 자영업자와 농민을 보호하고, 외국자본(세계화)으로부터의 공격을 막아주는 역할을 해야 한다. 또한 정부는 대중의 의사보다는 자본의 이익에 봉사할 우려가 매우 높기 때문에 대중의 이익을 구현할 수 있는 정부를 만들기 위해서는 정치의 민주화가 보장되어야 하며, 대중의 의사를 정치적으로 반영시킬 수 있는 비정부기구나 결사체도 필요하다. 그리고 소비대중의 소비양식과 의식을 변화시키기 위해서는 생활 공동체 운동이 필요하며, 이러한 생활 공동체와 수행 공동체는 함께 이루어져야 하기 때문에 "생활-수행" 공동체 운동을 통해서 시장자본주의의 폐해가 극복되어야 한다.

⑤불교적 가치관의 확립

불교적으로 이상적인 경제생활이란 생산부문에서는 근면한 것이고,

소비부분에서는 검약과 두타행을 하는 것이다. 그리고 그것이 가능하기 위해서는 지족知足의 수행이 필요하다. 물질에 대한 욕망을 제어하고, 물신주의를 극복하고, 상대적으로 적은 물질로 생활하면서 행복을 추구하고 불만 없이 살기 위해서는 불교적 가치관의 확립이 필요하다. 많은 것을 소유하려고 하지 말고 많은 것을 소비하는 일을 좋게 보지 않고, 자발적 가난으로 적게 소유하고 적게 쓰는 것에 만족하며 살기 위해서는 불교적 가치관에 의한 수행이 절대적으로 필요하다는 것이다.

자발적 가난의 가치관으로 무장된 불교 수행자는 보다 많은 물질을 취득하기 위해서, 혹은 사회적으로 높은 자리에 앉기 위해서 서로 싸우고 상대방을 물리쳐야 하는 경쟁의 대열에 끼어들지 않는다. 그러는 동안에 높은 정신적 세계를 추구하는 수행에 몰두한다. 그리하여 높은 정신적 만족과 정신적 안정, 평안, 행복을 얻을 수 있다.

경쟁의 대열에 끼어들지 않는 것은 경쟁 상대방을 해치지 않는 이타행이 되고, 스스로가 안온한 인생을 살 수 있는 기회가 된다. 물론 그러기 위해서는 사회가 가능한 한 경쟁이 없는 사회가 되어야 하고, 그러한 사회를 건설하는 보살행을 해야 한다.

⑥ 수행생활 공동체

이러한 목적을 달성하기 위해서는 수행 공동체가 필요하다. 혼자서는 지속적으로 수행하기 어렵고, 수행이란 함께 닦는 데서 발전이 오고, 또한 수행이란 자기 혼자만 할 것이 아니라 이웃과 동료, 가족에게도 적극적으로 권해야만 하는 일이기 때문에 그것은 공동체적

작업을 통해서 하여야 한다. 가능한 한 지역단위를 중심으로 동일한 공동체 내에서 수행 공동체, 생산 공동체, 소비조합이 동시에 이루어지는 것이 바람직하다. 아무리 자발적 가난과 안분지족, 검약생활의 두타행이 좋다고 해도 수행을 통해 이룩된 높은 정신적 경지가 아니면 적은 것에 만족을 느끼며 행복하게 살기 어렵다. 그러므로 지구를 보호하고 시장자본주의의 폐해를 불식시키는 지족의 불교경제를 실천하기 위해서는 수행을 통해 도달되는 높은 정신적 경지가 필요하다.

⑦ 불교수행 공동체의 요건

시장자본주의의 모순을 극복하고 함께 잘살 수 있는 사회를 건설하기 위해서 불교생활 공동체가 지녀야 할 요건은 무엇일까. 그것은 다음 세 가지가 갖추어져야 할 것이다.

첫째, 수행으로 충만한 삶 – 단순히 공동체 운동을 한다고 해서 이상이 이루어지는 것은 아니다. 절에 가서 기도만 한다고 해서, 혹은 참선 안거 횟수가 많다고 해서 모두 성불할 수 있는 것은 아닌 것과 같다. 수행을 하는 것은 자기 속에 있는 탐진치의 불을 끄고 번뇌의 영원한 소멸을 이루기 위함이다. 그리고 자신 속에 있는 물질의 허망함, 소유 욕구의 허망함을 깨닫고, 감각적 욕망에 흔들리지 않으면서 자발적 가난의 생활을 할 수 있게 되기 위함이다. 그러기 위해서는 스스로가 참답게 그리고 열심히 수행해야 하며, 공동체가 수행을 잘할 수 있도록 수행환경도 잘 조성되어 있어야 한다.

둘째, 자급자족적 탈속의 삶 – 시장자본주의의 원리에 따라가는 삶을 그대로 살아서는 시장자본주의의 모순을 극복할 수 없다. 그러기 위해서는 행복경제학의 원리, 살림의 경제학의 원리, 지구를 구하는 경제학의 원리, 연기 자본주의의 원리에 따른 삶을 실천해야 한다. 상품생산을 위한 삶을 살지 말고, 소비에 종속되는 삶을 살지 말며, 경쟁원리에 따른 삶을 살아서는 안 된다. 물신주의에 지배받지 말아야 하며, 소유나 지위로 사람을 평가해서도 안 된다. 동시에 그런 평가를 받는 남의 시선으로부터도 자유로워져야 한다. 타인의 시선과 평가를 의식해서 상품을 구입하거나, 과시를 위한 소비생활을 해서도 안 된다. 그런 생활은 자본의 유혹에 종속되는 생활이며, 결국 그것은 금전의 노예가 되는 생활이다.

셋째, 국가정책을 적극적으로 유도하는 삶-자기 혼자만 자본의 유혹으로부터 자유로워진다고 해서 목표가 달성되는 것은 아니다. 이웃과 가족이 시장자본주의가 주는 고통에서 벗어나지 못한다고 할 때 자신의 마음도 편할 수는 없다. 또한 사회가 자본을 통제하는 힘이 약하고 자본의 힘이 일방적으로 강해져 간다면 결국 시장자본주의에서 자유로울 수 있는 사람은 없게 된다. 그렇다면 자기 자신의 개인적 극복도 실패로 돌아가게 된다. 그렇기 때문에 사회 전체가 시장자본주의로부터 자유로운 사회가 되어야 한다. 그리고 그것을 위해서는 정부의 여러 가지 적극적 규제가 필요하다.

시장자본주의는 그것을 파괴하고자 하는 움직임에 대한 저항이 완고하다. 그렇기 때문에 소욕지족이라는 불교경제의 이상을 실현하기란 쉽지 않고, 거센 방해와 도전을 받게 된다. 그럼에도 이상적인 사회의 건설을 위해서 노력해야 한다는 것은 보살행자로서의 당위이다. 즉 불교경제의 이상을 실현하기 위해서는 훌륭한 보살행자가되어야 하는데, 그것은 곧 생활상에서 육바라밀을 부단히 실천해야한다는 것을 의미한다. 자기만의 지족적인 삶을 영위할 것이 아니라, 다른 사람들의 가치 있는 삶이 가능하도록 사회제도와 체제를 개선시키는 일은 보살행자로서 당연해 추구해야 할 가치이다. 그리고 이러한가치의 구현을 위해서는 육바라밀의 수행이 필요한 것이다. 이렇게일정한 지역을 기반으로 하여 수행과 생산과 소비생활을 함께하는종합형 수행생활 공동체 운동이 필요하다.

참고문헌

〈단행본〉

강수돌, 『살림의 경제학』, 인물과사상사, 2009.

경성, 『불교수행의 두타행 연구』, 장경각, 2005.

고세훈, 『국가와 복지』, 아연, 2003.

교수불자연합회, 『불교의 현대적 조명』, 민족사, 1989.

김대환, 『자본주의의 이해』, 비봉출판사, 1986.

김동화, 『유식철학』, 보련각, 1980.

_____, 『불교학개론』, 보련각, 1984.

김수행, 『정치경제학원론』, 한길사, 1988.

김재영, 『초기불교의 사회적 실천』, 민족사, 2012.

김종철, 『간디의 물레』, 녹색평론사, 1999.

민석홍, 『서양사개론』, 삼영사, 2004.

배영수, 『서양사강의』, 도서출판 한울, 2012.

박경준, 『불교사회경제사상』, 동국대학교출판부, 2010.

박승옥 『잔치가 끝나면 무엇을 먹고 살까』, 녹색평론사, 2008.

박태원, 『대승불교의 사상』, 민족사, 1989.

송병락, 『글로벌 지식 경제시대의 경제학』, 박영사, 2001.

실천불교전국승가회, 『실천불교의 이념과 역사』, 도서출판 행원, 2002.

안병진, 『진보의 미래』, 동녘, 2009.

양상철, 『경제사학습』, 세계, 1987.

여익구, 『불교의 사회사상』, 민족사, 1981.

우경윤, 『세계사-동양편』, 두리미디어, 2007.

윤성식, 『불교자본주의』, 고려대학교출판부, 2011.

이슈투데이 편집국, 『소비사회』, 이슈투데이, 2010.

이이화, 『역사 속의 한국불교』, 역사비평사, 2003.

이재창·멱정·월포라 외, 『현대사회와 불교』, 한길사, 1981.

이정전, 『시장은 정의로운가』, 김영사, 2012.

이준구·이창용, 『경제학원론』, 법문사, 1997.

이희익, 『불교의 교단생활』, 불광출판부, 1984.

정성본, 『선의 역사와 사상』, 불교시대사, 2000.

제윤경·이헌욱, 『약탈적 금융사회』, 부키, 2012.

조순·정운찬·전성인·김영식, 『경제학원론』(제9판), 율곡출판사, 2011.

조영기·김철우·김진수, 『경제학원론』, 비즈프레스, 2012.

조용훈, 『동서양의 자연관과 기독교 환경윤리』, 대한기독교서회, 2002.

청정국토만들기운동본부 편, 『불교와 환경보존』, 아름다운세상, 1998.

천규석, 『유목주의는 침략주의이다』, 실천문학사, 2006.

한자경, 『유식무경』, 예문서원, 2000.

나카무라 하지메(中村元), 차차석 옮김, 『불교정치사회학』, 불교시대사, 1993.

나카무라 히사시, 윤형근 옮김, 『공생의 사회 생명의 경제』, 한살림, 1995.

노버어트 엘리아스, 최재현 역, 『사회학이란 무엇인가』, 비봉출판사, 1982.

더글러스 러미스, 김종철·최성현 옮김, 『경제성장이 안 되면 우리는 풍요롭지
　　못할 것인가』, 녹색평론사, 2002.

데이비드 리스먼, 류근일 옮김, 『고독한 군중』, 동서문화사, 2011.

로버트 하일브로너·윌리엄 밀버그, 홍기빈 옮김, 『자본주의 어디서 와서 어디로
　　가는가』, 미지북스, 2010.

리처드 하인버그, 송광섭·송기원 옮김, 『미래에서 온 편지』, 부키, 2010.

미셸 초스도프스키, 이대훈 옮김, 『빈곤의 세계화』, 당대, 1998.

미야자카 유쇼, 편집부 역, 『불교에서 본 경제사상』, 도서출판 여래, 1990.

미즈노 코겐(水野弘元), 『불교용어기초지식』, 들꽃누리, 2002.

미카엘 엔데, 차경아 역, 『모모』, 청람, 1988.

베르나르 마리스, 조홍식 옮김, 『무용지물 경제학』, 창비, 2008.

베블렌, 정수용 역, 『유한계급론』, 광림사, 1977.

브래드 이고우, 생태마을연구회 역, 『아미쉬 공동체』, 들녁, 2002.

브르노 프라이·알로이스 스터쳐, 김민주·정나영 옮김, 『경제학 행복을 말하다』, 예문, 2008.

샨티데바 저, 최로덴 역주, 『입보리행론 역주』, 하얀연꽃, 2009.

슈마허, 김진욱 옮김, 『작은 것이 아름답다』, 범우사, 2008.

스펜서 웨어트, 김명진, 도로시 넬킨, 매완 호, 하트무트 메이어, 조 커밍스, 『대중과 과학기술』, 잉걸, 2001.

쓰지 신이치, 장석진 옮김, 『행복의 경제학』, 서해문집, 2009.

_____, 권희정 옮김, 『슬로이즈뷰티풀』, 일월서각, 2010.

아담 스미스, 박세일 역, 『도덕감정론』, 비봉출판사, 2009.

아마티아 센, 원용찬 옮김, 『센코노믹스』, 갈라파고스, 2002.

아지뜨 다스굽따, 강종원 옮김, 『무소유의 경제학』, 솔, 2000.

앙드레 고르, 임희근·정혜용 옮김, 『에콜로지카』, 생각의 나무, 2008.

에드워드 파머 톰슨, 나종일 외 역, 『영국 노동계급의 형성』, 창비, 2000.

에리히 프롬, 오제운 역, 『소유냐 존재냐』, 시사영어사, 1987.

엘린 메익신스 우드, 정이근 역, 『자본주의의 기원』, 경성대학교 출판부, 2002.

오노 신조(大野信三), 박경준·이영근 역, 『불교사회경제학』, 불교시대사, 1992.

요시다 타로, 위정훈 옮김, 『의료천국, 쿠바를 가다』, 파피에, 2011.

_____, 안철환 옮김, 『생태도시 아바나의 탄생』, 들녘, 2004.

우에다 요시부미, 박태원 역, 『대승불교의 사상』, 민족사, 1989.

월든 벨로, 김공회 역, 『탈세계화』, 잉걸, 2004.

웨인 엘우드, 추선영 옮김, 『자본의 세계화, 어떻게 헤쳐나갈까』, 이후, 2007.

이노우에 신이치, 박경준 역, 『지구를 구하는 경제학』, 우리출판사, 2008.

이반 일리치, 황성모 역, 『탈학교의 사회』, 삼성미술문화재단, 1970.

_____, 이한 역, 『성장을 멈춰라: 자율적 공생을 위한 도구』, 미토, 2004.

장 보드리야르, 이상률 옮김, 『소비의 사회』, 문예출판사. 1999.

제러미 리프킨, 이원기 역, 『유러피언 드림』, 민음사, 2005.

제임스 E. 매클렐란 3세·해럴드 도른, 전대호 옮김, 『과학과 기술로 본 세계사 강의』, 모티브북, 2006.

조셉 니덤, 임정대 외 역, 『중국의 과학과 문명』, 을유문화사, 1989.

268

_____, 김영식·김제란 역, 『중국의 과학과 문명: 사상적 배경』, 까치글방, 1998.

존 갈브레이드, 김태선 역, 『불확실성의 시대』, 홍성사, 1978.

_____, 노택선 옮김, 『풍요한 사회』, 한국경제신문, 2010.

존 드 그라프 등, 박응희 옮김, 『소비중독 바이러스 어플루엔자』, 나무처럼, 2010.

존 벨라미 포스터 지음, 추선영 옮김, 『생태계의 파괴자 자본주의』, 책갈피, 2003.

존 스탠필드, 원용찬 옮김, 『칼 폴라니의 경제사상』, 한울아카데미, 1997.

칼릴 지브란, 함석헌 옮김, 『예언자, 사람의 아들 예수, 날마다 한 생각』, 한길사, 2009.

칼 폴라니, 박현수 옮김, 『거대한 변환』, 민음사, 1991.

캐빈 대나허, 박수철, 『IMF와 세계은행을 없애야 할 10가지 이유』, 모색, 2003.

코하시 쇼이치(孝橋正一), 석도수 역, 『현대불교의 사회인식』, 도서출판 여래, 1983.

크리스토퍼 퀸·샐리 킹 편저, 박경준 역, 『평화와 행복을 위한 불교지성들의 위대한 도전』, 도서출판 초록마을, 2004.

키무라 타이켄(木村太賢), 박경준 역, 『原始佛教 思想論』, 경서원, 1992.

페트라스와 벨트마이어, 원영수 옮김, 『세계화의 가면을 벗겨라, 21세기 제국주의』, 메이데이, 2008.

하랄드 빌렌브록, 배인섭 옮김, 『행복경제학』, 미래의 창, 2006.

한스 페터 마르틴·하랄트 슈만, 강수돌 역, 『세계화의 덫』, 영림카디널, 1997.

헬레나 노르베리-호지, 김종철·김태언 옮김, 『오래된 미래』, 녹색평론사, 1998.

_____, 김영욱 외 옮김, 『행복의 경제학』, 중앙북스, 2012.

헬레나 노르베리-호지 외, 『지식기반 사회와 불교생태학』, 아카넷, 2006.

황민지黃敏枝, 임대희 옮김, 『중국 역사상의 불교와 경제』, 서경, 2002.

Easterlin, Richard A. *Income and Happiness: Toward a Unified Theory*, Mimeo, University of Southern California, Los Angeles, 2000.

Gray, John, *False Down; The Delusions of Global Capitalism*, Granta Publication, London, 1999.

Payutto, P.A. *Buddhist Economics*, Buddhadhamma Foundation, 1994.

〈논문〉

김도영, 「대만 NGO의 변천 과정과 자제공덕회」, 중앙대학교 석사학위논문, 2007.

김종덕, 「귀농, 자본주의를 뛰어넘는 기획」, 『인드라망』, 2001년 7·8월호(제4호).

박경준, 「원시불교의 사회, 경제사상 연구」, 동국대학교 박사학위논문, 1992.

_____, 「생산과 소비에 대한 불교의 기본 입장」, 『한국불교학』 제18권, 한국불교
학회, 1993.

_____, 「불교적 관점에서 본 소비대중문화」, 『불교학보』 제36집, 동국대학교
불교문화연구소, 1999.

_____, 「지속가능한 발전과 불교경제학」, 헬레나 노르베리-호지 외, 『지식기반
사회와 불교생태학』, 아카넷, 2006.

_____, 「불교 공업설의 사회학적 함의」, 『불교학보』 제52집, 동국대학교 불교문화
연구소, 2009.

박찬국, 「금욕주의와 쾌락주의를 넘어서」, 정준영 등, 『욕망, 삶의 동력인가 괴로움
의 뿌리인가』, 운주사, 2008.

유정길, 「새로운 사회의 대안운동으로서의 불교 공동체」, 『불교평론』 제46호,
만해사상실천선양회, 2011.

윤영해, 「포스트 모더니티와 생태불교학」, 헬레나 노르베르-호지 외, 『지식기반사
회와 불교생태학』, 아카넷, 2006.

이병욱, 「자발적 가난과 느림의 삶」, 『불교복지, 행복과 대화하다』, 학지사, 2009.

이재창, 「불교의 사회경제관」, 『불교학보』 제10집, 불교문화연구원, 1973.

이해경, 「생태적, 공동체적 귀농운동」, 『인드라망』, 2001년 3·4월호(제2호).

이현옥, 「용수의 정치이념과 그 실제-보행왕정론을 중심으로」, 『한국불교학』
제24집.

장은화, 『미국의 선수행, 그 전개와 변용의 연구』, 동국대학교 박사학위논문,
2013.

정기문, 「경제문제의 인식과 경제논리에 대한 비판: 불교경제학의 입장에서」,
『강원대학교내 일반연구비보고서』, 2002.

_____, 「경제학의 논리에 대한 불교적 시각」, 『선과 문화』, 한국선문화학회,
2005년 6월(제2호).

정승석, 「대승불교의 실천이념」, 실천불교전국승가회, 『실천불교의 이념과 역사』, 도서출판 행원, 2002.

정준영, 「욕망의 다양한 의미」, 정준영 등, 『욕망, 삶의 동력인가 괴로움의 뿌리인가』, 운주사, 2008.

조성택, 「법과 업: 초기불교의 사회철학적 이론을 위한 시론」, 『한국불교학』 제34집, 한국불교학회, 2003.

_____, 「깨달음의 사회화에 관련한 몇 가지 고찰」, 『불교학연구』, 제24호, 불교학연구회, 2009.

윤영해, 「포스트모더니티와 생태불교학」, 헬레나 노르베르-호지 외, 『지식기반사회와 불교생태학』, 아카넷, 2006.

조준호, 「무명과 공: 욕망의 비실재성에 대한 불교적 고찰」, 고려대학교 철학연구소, 『극복대상으로서의 욕망』, 한국학술정보(주), 2011.

차상엽, 「초기유식학파의 무분별지에 대한 연구」, 동국대학교 석사학위논문, 1998.

천규석, 「진정한 자치는 자급 자치의 삶이다」, 『녹색평론』, 녹색평론사, 2007년 9·10월호.

한자경, 「욕망 세계의 실상과 그 너머로의 해탈」, 정준영 등, 『욕망, 삶의 동력인가 괴로움의 뿌리인가』, 운주사, 2008.

해주스님, 「화엄경의 보살도에 대한 고찰」, 『태공송월주스님 화갑기념논총, 보살사상』. 조계종출판사. 1996.

랄프 네이더, 「한미FTA와 기업식민주의」, 『녹색평론』, 녹색평론사, 2006년 11·12월호.

반다나 시바, 「시애틀의 역사적 의의」, 『녹색평론』, 녹색평론사, 2000년 3·4월호.

사티쉬 쿠마르, 「스와데시 – 간디의 자립경제철학」, 『녹색평론』, 녹색평론사, 1997년 1·2월호.

헬레나 노르베르-호지, 「세계화 경제와 불교」, 『녹색평론』 제34호, 녹색평론사, 1997년 5·6월호.

_____, 「빈곤과 불교적 생활방식」, 헬레나 노르베리-호지 외, 『지식기반 사회와 불교생태학』, 아카넷, 2006.

미야자카 유쇼(宮坂宥勝), 「불교와 자본주의」, 여익구 편, 『불교의 사회사상』, 민족
    사, 1981.

Easterlin, R.A. 1995, *Will Raising the Incomes of All Increase the Happiness
    of All?* Journal of Economic Behavior and Organization, Vol. 27.

찾아보기

【A ~ Z】

GDP 26

GNP 26

GNP의 한계 27

GNP의 허구 26

Slow is Beautiful 121

【ㄱ】

가격 50

가격 통제 226

가치 50

간디 28, 80, 106, 124, 241

강수돌 41, 47, 202

개발(development) 82

개인의 수행 135

갤브레이스(John Galbreith) 52, 68

거리 선(street zen) 246

경세제민經世濟民 15

경전敬田 224

경제복지 지수(ISEW) 115

경제성장 115

경제성장 효용체감의 곡선 115

경제행위 51

경제후생지표 27

고독 84

『고독한 군중』 84

『고려도경高麗圖經』 217

고려 인종仁宗 217

고전경제학 159

공덕전公德田 198

「공덕증장경」 221

공동농장 254

공동분배 254

공동생산 254

공동체 경제 136

공동체 파괴 59

공동출하 254

공산주의 51

광정적匡正的 정의 202

교육 49

교육의 핵심 49

교환가치 50

구차제정九次第定 176

국민경제의 진전에 대한 역치가설 121

국민 순복지(NNW) 117

국민총생산 26

국민총행복 지수(GNH) 122
국민행복 115
국제통화기금(IMF) 92
「권발품」 172
귀농歸農 215
그린 팀(green team) 220
근대경제학 103
글래스만(Bernard Tetsugen Glassman) 246
금융자본 24
금전만능의 가치관 159
『기계의 신화』 219
기계화 108
기업농 214
기업적 농업 91
기업적 축산 215, 216
김종덕 215
김종철 229

【ㄴ】
나카무라 히사시(中村尙司) 22
나 홀로 귀농 213
낙수경제론 40
낙수효과 이론 39
남방 상좌부 불교 175
내부지향형 84
노동가치설 30
노동 공동체 213
노동시간 단축 230

노동 유연화 230
노동으로부터의 소외 102
노동자 34
노드하우스(William Nordhaus) 27
녹색 석유 219
녹자모鹿子母 234
농업 부활 212
농업의 목적 211
농업의 부활 213
농업의 중요성 210
농촌 공동체의 부활 213
누택원淚澤園 225
눈부처 생태 공동체 254

【ㄷ】
『담마빠다(法句經)』 153
담요曇曜 223
대기 오염 216
『대반열반경』 172, 173
『대승의장大乘義章』 179
대안학교 238
대중 빈곤 24
대중 빈곤 사회 61
『대품반야경』 192
데이비드 리스먼 84
도농 간의 결합 254
『도덕감정론』 18, 27
도덕경제 139
도덕적 타락 101

도살 금지령 217

도시사회 59

도시화 59

독점자본 33

두레 귀농 213

두타행 170, 177, 253

「등취사제품」 190

『디가 니까야』 236

「디가쟈누경」 188

【ㄹ】

라모뜨(Etienne Lamotte) 236

라캉(Lacan) 150

레닌 63

렌-마이드너 모델 230

루이스 멈포드(Louis Munford) 219

리카르도(David Ricardo) 30

린 화이트 2세(Lynn White, Jr.) 128

【ㅁ】

마샬(Alfred Marshall) 28

마샬 살린스(Marshal Sahlins) 72

마을 공동체 249

「마태복음」 52

마하가섭 177

만스홀트(Mansholt) 130

만족(contentment) 152

만프레트 막스 네프(Manfred Max-Neef)
  121

말나식 차원의 욕망 165

머레이(Murray) 149

모모 45

무생법인 180

『무소유의 경제학』 124

무소유 정신 33

무주상보시無住相布施 230

무진장원無盡藏院 223, 224

『문중자文中子』 15

물물교환 23

물신주의 57, 161

물질의 진정한 가치 155

물질적 욕구 151

미셸 초스도프스키(Michel Chosdov-
  sky) 89

미야자카 유쇼(宮坂宥勝) 145, 157

미카엘 엔데(Michael Ende) 45

민주화 37

【ㅂ】

백장 선사百丈禪師 102

백제 216

100촌락 개발계획(Hundred Villages De-
  velopment Scheme) 241

『법구경』 154

법왕法王 216

『법화경』 172

베르나르 마리스(Bernard Maris) 48

베블렌(Thorstein Veblen) 28, 70

276

벤저민 프랭클린 45
「보리십전지품」 196
『보살본행경』 157
보살불교 253
보살심 207
보시행 190, 253
보은전報恩田 199
보호무역정책 94
복전福田 147, 198
복지 43
복지국가 227
복지사업 222, 227
복지정책 222, 227
봉사활동 232
부익부 빈익빈 30
부자강박증 57
분배 43
불교경제 공동체 229
불교경제윤리 207, 251
불교경제의 과제 138
불교경제학 43, 103, 106, 125
불교경제학의 이상 251
「불교와 자본주의」 145
불교의 노동관 102
불교의 생활관 103
불교적 가치관 135
불교적 사회사업 225
불교적 수행 151
불도호 223

『불본행집경佛本行集經』 177, 191
『불설십이두타경佛說十二頭陀經』 181
『불설제덕복전경』 198
불안 84
비경쟁 43
비노바 바베(Vinova Bhave) 241
비소비(Non-Consumption) 162
비영리법인 127
비용의 사회화 35
비전悲田 224
비전양병방悲田養病坊 223, 225
비정부조직(NGO) 209
빈궁전貧窮田 199
빈부격차 32
빔비사라 왕 234
빠릿싸(Parisā) 140, 235
「빠릿싸경(會中經)」 237
빠릿싸 공동체 237
빠릿싸 조직 249
빠세나디 왕 234

【ㅅ】
사단법인 한생명 238
사르보다야 운동 241
사마타 175
사선정四禪定 176
사섭법 190, 191
사유재산제도 34, 143
사의법四依法 178

사의지四依止　187

사이쵸(崔澄)　128

「사자후보살품」　173

사회건강 지수(FISH)　116

사회악의 근원　143

사회적 기업　127

사회주의 경제제도　17

『산가학생식山家學生式』　128

산업자본　24

산업재해　26

산티 아소케　244

살가야견(Salkaya見)　166

살림의 경제　136

살아있는 기계　109

삼계교三階敎　224

삼림 파괴　216

상가(Sangha)　140, 233

상가 조직　249

상부구조　51

상부상조의 경제　137, 139

상호회사　127

생계경제(Subsistence economy)　22

생계경제형 농업　211

생리적 욕구　149

생명특허　215

생산生産　16

생산 공동체　213

생산 공동체 운동　258

생산과잉　54

생산수단　34

생산의 3요소　156

생산 조절　226

생태불교운동　237

생태순환적 소규모 영농　213

생태 파괴　26

생활 공동체 운동　249

생활 - 수행 공동체　259

샨티데바　196

서긍徐兢　217

서비스 교역에 관한 일반협정(GATS)　95

석유위기　91

선정수행　175, 253

세계무역기구(WTO)　85, 93

세계무역 체제　95

세계은행　96

세계자본　88

세계화　85, 107

세계화의 본질　85, 86

「세기경世紀經」　143

『세일즈맨의 죽음』　84

센 지수(Sen Index)　119, 120

소비 공동체 운동　258

소비극복 운동　75

소비생활　49

소비시장 통제　226

소비의 신화　69

소비자 운동　248

소비자 협동조합 249

소비재消費財 16

소비촉발 유혹 226

「소연경小緣經」 143, 144

소외 84

소욕少欲 164, 173

소욕과 지족 174

소욕지족少欲知足 74, 170

『소유냐 존재냐』 146

소유의식 166

소통과 연대 139

수질 오염 216

수행 공동체 177

수행생산 공동체 258

수행생활 공동체 249, 259

『숫타니파타』 176

슈라마다나(Shramadana) 241

슈마허 28, 49, 77, 80, 99, 211, 218

스와데시 249

슬로 라이프(slow life) 73

승가僧伽 233

승기호僧祇戶 223

『승만경』 193

승만부인의 10대 서원 193

시간은 금 45

시민사회단체 209

시장경제 22

시장권력 38

시장자본주의 17

식민주의 107

식민주의 체제 95

식민지배 87

신견身見 166

신식민지배 85

신자유주의 18, 82

신자유주의 세계화 88

신행信行 224

실상사 귀농학교 238

실상사 사부대중 공동체 238

심리적 욕구 149

12두타 179

쌀 거래 자유화 218

『쌀 이야기』 218

『쌍윳다 니까야』 147, 237

쓰지 신이치(辻信一) 73, 121

【ㅇ】

아나타삔디카(給孤獨長者) 234

아난 163

아담 스미스(Adam Smith) 18, 27

아란야 181

「아랍비경」 171

아뢰야식 차원의 욕망 165

아리야라트네(Ariyaratne) 241

아마티아 센(Amartya Sen) 118

아미쉬 수행 공동체 247

아소케(Asoke) 공동체 244

아쇼카 왕 222

안분지족安分知足 74

암라빨리 234

『앙굿다라 니까야』 188, 237

앙드레 고르(André Gorz) 230

야마기시(山岸) 공동체 255

양극화 사회 226

어플루엔자(affluenza) 46

에덴동산으로부터의 추방 102

에리히 프롬 146

에코붓다 237, 240

연기緣起 자본주의 131, 250

연대의식 139

「열반경」 236

영농법인 127

영농조합 254

영리 목적의 기업농 214

오노 신조(大野信三) 202

『오래된 미래』 67, 89

오정심관五停心觀 176

오폐수 방류 26

올바른 직업(正命) 254

왕통王通 15

외부지향형(타인지향형) 84

욕구 148

욕망(taṇha) 152

욕망의 극복 165

욕탐(raga) 148

용역用役 15

『우바새계경』 198

우전왕 163

「욱까쩰라경(Ukkācela-sutta)」 237

월든 벨로(Waldon Bello) 93, 96

위빠사나 175

『유마경維摩經』 201

유전자 조작 215

유정길 237

『유한계급론有閑階級論』 70

육바라밀六波羅蜜 135, 191

『육방예경』 103, 156

육식문화 216

윤성식 131, 207, 250

윤좌輪座 235

의식의 욕망 165

의욕(chanda) 152

이노우에 신이치(井上信一) 125, 210

이노우에 히사시 218

이도흠 254

이반 일리이치(Ivan Illich) 47

이스털린(Richard A. Easterlin) 110

이스털린의 역설(Easterlin Paradox) 110

이타행 232

인간개발 지수(HDI) 117, 119

인간중심주의 128

인간 파괴 81

인드라망 생명공동체 238

인드라망 생활협동조합 238

인드라망 자본주의 131

일리히(Ivan Illich) 83

일일부작 일일불식(一日不作 一日不食)
    102
『입보리행론』의 보시행 196
『입세아비담론』 174

【ㅈ】
자급자족적 생태 공동체 254
자기 조정적 시장 36
자리이타의 경제 126
자리이타의 불교경제학 126
자발적 가난 136, 153, 163
자본 16, 51
자본가 34, 51
자본가들만의 경제 226
자본에 대한 국가의 통제 226
자본의 노예 81
자본의 무한성장성 226
자본주의 51
자본주의적 생산 17
자연 파괴 76
자영업적인 생태농업 253
자원資源 16
자원의 낭비 91
자유무역협정(FTA) 85
자유시장 21
자작농 육성 212
자제공덕회慈濟功德會 242
자족自足 43
자치경제 249

자치 공동체 229
자치적 복지 229
『작은 것이 아름답다』 77, 211
『잡아함경』 153
장 보드리야르 26, 67, 73
『장아함長阿含』 143
『장아함경』 131
재가불자 234
재가 집단 234
재화財貨 15
적은 생산 257
적은 소비 257
전통지향형 84
절제의 미덕 159
정념正念 175
정명正命 187
정정正定 175
정정진正精進 175
정치권력 38
정토회 239
제국주의 63, 86
제임스 토빈(James Tobin) 118
조안 로빈슨(Joan V. Robinson) 27
존재의 욕망 165
종자種子의 독점 215
좋은 벗들 240
죄수의 딜렘마 251
주식회사 미국 93
중농주의자 210

증엄證嚴 스님 242

『증일아함경』 186, 190, 191

지구를 구하는 경제 126, 127

지구를 구하는 경제학 125

지구위기 77

지구환경 파괴 216

지니 계수(Gini coefficient) 119

지리산 영농조합법인 238

지속가능성 139

지역 공동체 59, 213

지역순환 귀농 213

지역음식(local food) 254

지역화(localization) 106, 254

지역화폐 249, 255

지족 173

지족 수행 168

지족의 철학 170

직업훈련소 46

【ㅊ】

참여민주주의 209

천규석 213, 228

『청정도론清淨道論』 179

축산업 215

【ㅋ】

케인즈(John Maynard Keynes) 28, 89

코하시 쇼이치(孝橋正一) 64, 205

【ㅌ】

타인지향형 84

토빈(James Tobin) 27

통화 조절 226

투기자본 214

트루먼 대통령 82

【ㅍ】

파유토(Payutto) 55

파이 이론(Pie 理論) 65

팔등지八等持 176

팔정도八正道 135

퍼마컬쳐(Perma-Culture) 219

평등 43

평화의 경제 126

폴라니(Karl Polanyi) 22, 36, 53

폴 새뮤얼슨(Paul A. Samuelson) 115

『풍요한 사회』 74

【ㅎ】

하부구조 51

학교교육 48

학교는 죽었다 47

한국 JTS 240

해수 오염 216

『해탈도론解脫道論』 179

행복경제학 122

헬레나 노르베리-호지 67, 73, 89

협동조합 127

「호심품」 191

화도사化度寺 225

『화엄경』의 보시행 194

확대재생산 54

환경 운동 248

환경 파괴형 농업 217

환경호르몬 26

회중會衆 235

김광수(金光洙, 圓通)

서울대학교 치과대학을 졸업하고, 동 대학에서 치의학 박사학위를 취득하였다.

건강사회를 위한 치과의사회 회장, 대한구강보건협회 부회장, 한국산업구강보건협회 이사장, 건강한의료복지사회적협동조합 이사장, 한양여자대학교 치위생과 교수를 역임하였다.

대학시절 한국대학생불교연합회에서 활동했으며, 이후 대한불교조계종 포교사 및 국제포교사를 품수 받고 활동하였다.

2014년 동국대학교 대학원 불교학과에서 철학박사 학위를 취득하고, 동 대학 불교학과에서 외래강사로 강의했으며, 현재 정의평화불교연대 공동대표를 맡고 있다.

신자유주의와 상생의 불교경제학

초판 1쇄 인쇄 2023년 6월 16일 | 초판 1쇄 발행 2023년 6월 26일
지은이 김광수 | 펴낸이 김시열
펴낸곳 도서출판 운주사

(02832) 서울시 성북구 동소문로 67-1 성심빌딩 3층

전화 (02) 926-8361 | 팩스 0505-115-8361

ISBN 978-89-5746-738-1 93220 값 20,000원

http://cafe.daum.net/unjubooks 〈다음카페: 도서출판 운주사〉